Salões, Circos e Cinemas de São Paulo

Coleção Debates
Dirigida por J. Guinsburg

Equipe de realização — Revisão: Plinio Martins Filho; Iconografia: Vicente de Paula Araújo; Diagramação: W. Grieco; Produção: Plinio Martins Filho.

vicente de paula araújo
SALÕES, CIRCOS E CINEMAS DE SÃO PAULO

EDITORA PERSPECTIVA

Copyright by Editora Perspectiva, 1981.

Todos os direitos reservados. A reprodução desta obra por qualquer meio, parcial ou total, sem autorização expressa da Editora, sujeitará o infrator, nos termos da Lei n.º 6.895, de 17.12.1980, às penalidades previstas nos artigos 184 e 186 do Código Penal, a saber: reclusão de 1 a 4 anos e multa de Cr$ 10.000,00 a Cr$ 50.000,00.

EDITORA PERSPECTIVA S.A.
Av. Brigadeiro Luís Antonio, 3.025
01401 — São Paulo — Brasil
Telefone: 288-8388
1981

*À memória
de PAULO EMÍLIO SALLES GOMES,
grande estudioso,
batalhador e defensor
do cinema brasileiro.*

SUMÁRIO

Agradecimento 9

PRIMEIRA PARTE: ANTES DE SERRADOR

1897 — O Primeiro *Vitascópio* de Edison em São Paulo 13

1898 — O Dr. Cunha Sales Traz o Cinematógrafo *Lumière* 27

1899 — Diversões, Peste Bubônica e o Fim do Mundo 33

1900 — O Salão *Paris em São Paulo* do Italiano Vitor de Maio 49

1901 — Os Bondes Elétricos Aposentam os Burricos da *Viação* 57

1902 — Os Diabos Falantes do Salão *Paulicéa Phantástica* 73

1903 — Touradas e o Cinematógrafo perdem para o *Foot-Ball* 91

1904 — As Primeiras Filmagens Paulistanas e a Patinação 101

1905 — Pantomimas de Dudu das Neves e o Balão do *Ferramenta* 111

1906 — Carnaval dos Tipos Populares e o Panorama do Padre 123

SEGUNDA PARTE: DEPOIS DE SERRADOR

1907 — Do Café-Concerto Eden-Theatre ao Cinema Bijou-Theatre 137

1908 — *O Crime da Mala* e a Primeira Fita Cantante Paulista 151

1909 — As Fanhosas Viúvas Alegres daquele Tempo 165

1910 — Um *Guarani* Francês e as Fitas de Botelho e Campos 179

1911 — O Primeiro Vôo de Aeroplano e as *Jupe-Culottes* Caboclas 191

1912 — Heróis do Ano: Edu Chaves, Max, Capozzi e Bigodinho 205

1913 — Domínio da Companhia Cinematográfica Brasileira 217

1914 — Guerra em Paris e o Velho Polytheama em Chamas 233

TERCEIRA PARTE: SALÕES, CIRCOS E CINEMAS

Índice dos Filmes Citados 329
Índice Onomástico 341

AGRADECIMENTO

Nossos agradecimentos aos que nos estimularam de toda forma, enviando-nos cartas, livros, convites, críticas de trabalhos anteriores, etc.: Carlos Roberto de Souza, Ismail Xavier, Jean-Claude Bernardet, José Inácio de Melo Souza, José Ramos Tinhorão, Rudá de Andrade, Ruth Vampré Humberg, Alex Viany (RJ), Guido Maranhão (Olinda, PE), Dr. José Otávio Guizzo (Campo Grande, MS), Prof. Sílvio do Vale Amaral (RJ), Antônio Mendes *(Folha de São Paulo),* José Carlos Avelar *(Jornal do Brasil,* RJ), Rogaciano Leite Filho *(O Povo,* Fortaleza, CE), Salvyano Cavalcanti de Paiva *(O Globo,* RJ), Stella Senra *(Opinião,* RJ), Walter Zingerevitz *(Visão,* RJ) e revista *Nacional* do Banco Nacional S.A.

Agradecemos também aos funcionários da Seção de Periódicos da Biblioteca Municipal "Mário de Andrade":

Antônio Teófilo, Caetano Gama, Carmem Lúcia S. Jaquinta, Efigênio F. de Oliveira, José Pavan, Jovelino Duarte, Macedo Barros e Messias Silva; não podemos deixar de mencionar os nomes das dedicadas funcionárias da Seção de Obras Raras: Aparecida Bolani, Licínia Nigro, Maria Glória Meira, Regina Dantas e Rosina Lasalvia.

Todas as reproduções fotográficas de *O Pirralho, Fon-Fon, Revista Teatral* e *Álbum Imperial*, devemos à competência profissional de Lourdes Nigliavacca, do Serviço de Microfilmes da referida Biblioteca.

Outro agradecimento especial devemos à Divisão de Iconografia e Museus da Prefeitura de São Paulo, na pessoa de sua Diretora, Daisy Ribeiro de Morais Barros e também de Edison Pacheco de Aquino, Chefe do Arquivo, pela cessão de preciosas e nítidas cópias fotográficas de logradouros paulistanos do passado.

Estivemos na Hemeroteca "Júlio Mesquita", do Instituto Histórico e Geográfico de São Paulo, onde fomos favorecidos pela fidalguia do Dr. Barreto do Amaral e servidos com a eficiência e boa vontade da bibliotecária Cleonice Lechner.

E, por fim, agradecemos ao Centro de Pesquisadores do Cinema Brasileiro, Fundação Cinemateca Brasileira e Biblioteca "John Kennedy", de Santo Amaro.

Primeira Parte: ANTES DE SERRADOR

1897: O PRIMEIRO *VITASCÓPIO* DE EDISON EM SÃO PAULO

> *O acolhimento que tem tido o tríplice divertimento do Salão da Paulicéa, constituiu uma revelação para nós que nunca vimos em um compartimento tantas pessoas reunidas. O concerto, o microfonógrafo e o vitascópio são o divertimento predileto do nosso público.*
>
> O Comércio de São Paulo, 2.2.1897, p. 2.

São Paulo, cidade de imigrantes europeus, principalmente de italianos, possuía uns 200 mil habitantes, cento e poucas indústrias movidas a vapor, dando ocupação para perto de 5 000 operários, com 8 jornais diários (o maior deles, *O Estado de São Paulo,* com uma tiragem média de 6 mil exemplares), 8 livrarias e 3 teatros.

Seria quase desnecessário escrever que as diversões e as atividades esportivas eram raras e algumas domingueiras. A *boccia* praticava-se com muito barulho nas bodegas do Brás e do Bexiga. Nos dois frontões da cidade, explorados por uma só empresa, os pelotários, também apaixonados e bulhentos, não desmentiam a sua origem ibérica a começar pelo nome, Juan, Lajona, Tolosa, Aramburo, Odria, Robles, Gamborena, Videgaia, Ayestaron...

O *cricket* e o *football* introduzido recentemente jogavam-se em uma chácara do Bom Retiro entre chefes, altos funcionários e empregados dos bancos e estabelecimentos comerciais ingleses da cidade.

Neste ano, como o *football* ainda engatinhava, o esporte da moda entre os paulistanos foi sem sombra de dúvida o ciclismo, talvez por ser praticado conjuntamente por toda a família: o chefe, a esposa, os filhos e as moças. Para tanto foi inaugurado na Rua da Consolação o Velódromo e com isso São Paulo passou a ser também o paraíso dos fabricantes de bicicletas. Surgiram diferentes marcas na praça, a inglesa *Humber Cycles,* a francesa *Peugeot,* a alemã *Concordia,* a americana *Columbia, Cleveland, Clement, Defiance, Monarch, Styria, Brennabor* e outras.

Quanto às diversões, não eram ainda fixas, permanentes. Apareciam na parte central da cidade e distribuíam seus programas nas ruas, pregavam outros nas árvores, muros, taipas, paredes, tapumes, etc. Um ou dois dias antes, anunciavam na seção teatral dos diários os seus espetáculos, como este:

O AMAZONAS EM SÃO PAULO

Abre-se hoje, domingo, 24 do corrente, às 7 horas da noite, à Rua Quinze de Novembro, 17, antiga Confeitaria Fasoli, a GRANDE EXPOSIÇÃO ZOOLÓGICA.

Quem não conhece a fauna do Pará e Amazonas por certo não poderá fazer uma idéia do que é a referida exposição, a primeira que aparece neste gênero, composta exclusivamente dos primeiros animais do Alto Amazonas.

Entre outros muitos animais de que compõe a exposição, tornam dignos de nota os seguintes:

Uma enorme onça que durante muitos meses se tornou o terror da vila de Arimatéia, na imensa margem do Tocantins.

Um enorme jacaré que arrebatou uma criança da beira de um lago e foi perseguido por mais de trinta pessoas, sendo afinal morto a tiros de rifle.

Um imenso pirarucu, pescado num lago à margem do Rio Purus.

Uma grande quantidade de pássaros em árvores representando uma mata; aves aquáticas, formando tudo isto um belo conjunto.

Do dia 24 em diante, estará aberta todas as noites, das 7 às 10 horas. Bilhetes à venda na porta da mesma exposição das 7 às 10 horas da noite.

Preços: 2$000 para entrada para homens; crianças, 1$000[1].

Os circos de cavalinhos ou os de touros (munidos das respectivas licenças retiradas na prefeitura e na polícia) vinham e armavam suas lonas ou tábuas no lugar predeterminado, geralmente um largo ou um terreno baldio:

CIRCO AMERICANO
Largo do Jardim da Luz.
Empresa R. Spinelli

HOJE   HOJE
Grande e variado espetáculo com novo programa
da   CIA. CHILENA
sob a direção do artista
JOSÉ FERNANDEZ
Estréia esta semana LOS RICHARDS, no extraordinário trabalho aéreo intitulado
LOS CANBIOS
a última palavra em ginástica
Preços e horas do costume
Espetáculos todas as noites, não chovendo[2].

As diversões mecânicas (fonógrafos, fotografia animada, lanterna mágica, presépios movimentados) e as artísticas (museus de cera, concertos vocais e instrumentais, números de café-concerto, etc.) também procuravam salas ou teatros nos pontos centrais do Triângulo:

SALÃO DA PAULICÉA
EDISON'S ELECTRICAL EXHIBITION
PROFESSOR KIJ & JOSEPH

A ÚLTIMA MARAVILHA
HOJE   HOJE
O VITASCOPE
Fotografia Viva
Combinação com o moderno MICROFONÓGRAFO, de grande buzina, para ouvir-se sem necessidade de tubinhos auditivos.
No Salão de Concertos da
PAULICÉA
Rua Quinze de Novembro
Função permanente das 8 às 10 horas da noite.

1. *O Comércio de São Paulo*, 24.1.1987, p. 3.
2. *Idem*, 27.1.1897, p. 1.

Os intervalos serão preenchidos pela excelente orquestra da Paulicéa.

Esta maravilha científica, última criação do genial EDISON, apresenta em tamanho natural a reprodução fiel das cenas vivas da vida quotidiana dos povos e da natureza.

O novo fonógrafo que acompanha esta exibição é um moderno aperfeiçoamento especial para salão, que permite ouvir clara e distintamente, SEM NECESSIDADE DO TUBINHOS auditivos.

Magnifíco e variado repertório de canto, bandas e orquestras, excêntricos, etc., etc., em seis línguas diferentes.

INGRESSO, 2$000

SENSAÇÃO DO DIA! A VER!

A MARAVILHA DAS MARAVILHAS![3]

O noticiarista referiu-se na sua seção "Palcos e Salões", ao sucesso e ao público enorme que havia comparecido ao "belo salão daquela casa". E foi mais longe ao escrever que nas sessões do dia 1.º de fevereiro, muita gente ficou de pé, o que obrigou o proprietário do salão, Domingos José Coelho, a providenciar novas cadeiras e mesas.

Mas a verdade é que o Coelho não estava mesmo com sorte. Uma semana depois o mesmo jornal publicava:

Por se ter quebrado uma das peças do *vitascópio*, deixa de funcionar temporariamente naquele salão o engenhoso aparelho de Edison que ali esteve exposto durante esta última quinzena[4].

Outro anúncio esclarecia de modo cru e rude a real situação do empresário Coelho:

CONFEITARIA PAULICÉA

Traspassa-se o contrato desta casa e vende-se o estabelecimento, visto o proprietário não poder dirigi-lo por estar doente. Aceitam-se propostas até o dia 30 do corrente.

Informa-se no mesmo estabelecimento[5].

Pobre Coelho! Tempos depois, a Confeitaria Paulicéa ia a leilão com todas as suas mercadorias, móveis, espelhos, lustres, fogão econômico, tachos de cobre, bateria de cozinha, caixas de vinhos e outras bebidas, balcões, serviço de cristal, armações, cadeiras, mesas, cofre de ferro, um piano *Boisselot*, uma grande máquina para fazer 200 sorvetes em 15 minutos, etc.

3. *Idem*, 2.2.1897, p. 3.
4. *Idem*, 7.2.1897, p. 2, «Palcos e Salões».
5. *O Estado de São Paulo*, 19.3.1897, p. 4.

EDISON'S electrical exhibition
Professor Kij & Joseph
A ultima maravilha

HOJE   **HOJE**

O VITASCOPE

PHOTOGRAPHIA VIVA

Combinação com o moderno micro-phonographo, de grande buzina, para ouvir-se sem necessidade de tubinhos auditivos.

No salão de concertos da Paulicéa

Rua 15 de Novembro

Funcção permanente das 8 ás 10 horas.

Os intervallos serão preenchidos pela excellente orchestra da Paulicéa.

Esta maravilha scientifica, ultima criação do genial Edison, apresenta em tamanho natural a reproducção fiel das scenas vivas da vida quotidiana dos povos e da natureza.

O novo phonographo que acompanha esta exhibição é um modelo no aperfeiçoamento especial para salão, que permitte ouvir clara e distinctamente, sem necessidade dos tubinhos auditivos.

Anúncio do Vitascópio de Edison.

..., sra. Léa Leormel.

A peça que se leva constitue o segredo que a sra. Léa guarda como surpresa aos que lá forem lhe levar os seus applausos.

Por nossa parte desejamos á beneficiada uma platéa cheia de espectadores, e o palco repleto de flôres.

EXPOSIÇÃO ZOOLOGICA
(RUA 15 DE NOVEMBRO N. 17)

Continúa a attrahir a curiosidade, esta importante exposição de animaes da Amazonia.

SALÃO DA PAULICÉA

O acolhimento que tem tido o triplice divertimento daquelle salão constitue uma revelação para nós que nunca vimos em um compartimento tantas pessoas reunidas. O concerto, o micro-phonographo e o vitascopio são o divertimento predileto do nosso mundo que se diverte. O Coelho da Paulicéa já mandou fazer mais mesas e cadeiras para todos os que vão procurar no seu salão uma *soirée* agradavel, estarem á vontade e não ficarem de pé como aconteceu ante-hontem e hontem.

Os successos de Araguara

Noticiário do Salão da Paulicéa.

Anúncio de bicicletas.

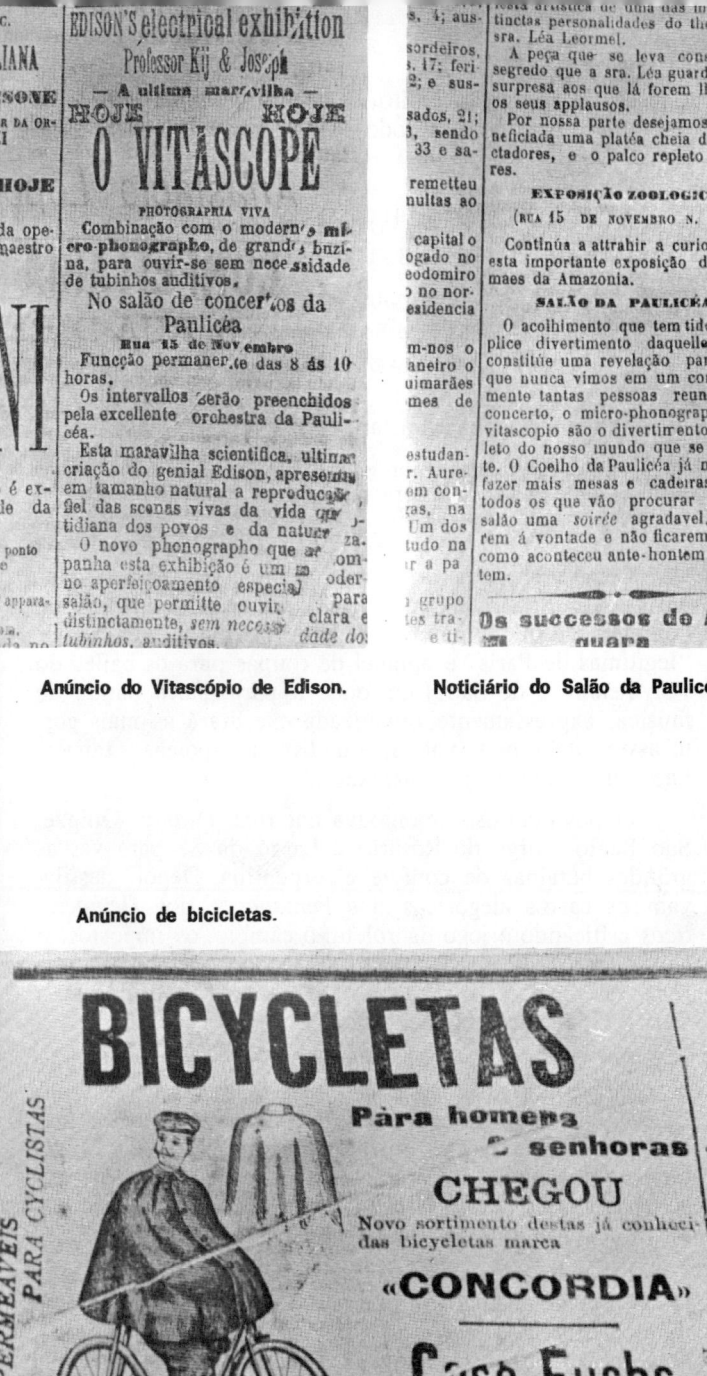

Outra exposição muito visitada foi o museu de cera de A. Diniz, que abria todos os dias, das 10 da manhã às 10 da noite:

HOJE

GRANDE EXPOSIÇÃO

de figuras de cera dos vultos mais importantes da época.

Rua José Bonifácio, 37-A

ENTRADA, 1$000[6]

Comentário do cronista:

A exposição consta de um grupo de vultos políticos e homens célebres. Os trabalhos em cera são de rara felicidade e merecem ser vistos pelo nosso público[7].

Com a chegada do carnaval, uma das festas mais antigas do Brasil, algumas casas comerciais anunciavam confetes coloridos, máscaras de todos os tipos, serpentinas "legítimas de Paris" e aluguel de roupas para os bailes do Polytheama e do São José, onde a paradisíaca banda de música, expressamente organizada executará as mais gostosas e delirantes valsas, quadrinhas, polcas, tangos, habaneras, mazurcas e maxixes.

O povo curioso amontoava nas ruas Direita, Quinze, São Bento, Largo do Rosário e Largo da Sé para ver as grandes batalhas de confete e serpentina. Depois desfilavam os carros alegóricos dos *Fenianos* e dos *Democráticos* criticando o jogo da roleta, o câmbio, os impostos, o eterno *Tim-Tim,* o saneamento do Estado, a empresa funerária, as eleições, o Teatro Apolo e uma homenagem a Carlos Gomes, recentemente falecido.

Por outro lado, para falar de coisas sérias, lutava-se na Bahia contra as chamadas forças fanáticas de Antônio Conselheiro. Telegramas dos jornais davam conta de um carregamento de armas interceptado no Norte de Minas Gerais, destinado a Canudos, levado por tropeiros. O governo enviou para o sertão baiano consideráveis reforços a fim de abrir uma campanha decisiva contra os jagunços.

Em princípios de março, correram na Capital notícias insistentes do malogro militar em Canudos, com a morte do Cel. Moreira César e do Cel. Tamarindo. Foi realizada uma passeata monstro em São Paulo com *vivas* à Repú-

6. *O Comércio de São Paulo,* 16.2.1897, p. 4.
7. *O Estado de São Paulo,* 9.3.1897, p. 3.

blica e *morras* à monarquia. Alguns mais exaltados arrombaram a porta do diário *O Comércio de São Paulo*, invadiram as oficinas e a redação, quebrando e inutilizando todos os móveis e empastelando o material gráfico. E o jornal ficou sem circular quase três meses.

Voltemos às diversões. Localizamos um anúncio do nosso conhecido Prof. Kij:

> Vende-se um fonógrafo recentemente chegado de New York, com todas as garantias da Casa Edison como o último e mais aperfeiçoado em suas milagrosas oficinas, com seleto e já conhecido repertório que tanto sucesso tem feito nas principais cidades do Estado.
>
> Acha-se instalado com todos os acessórios e pronto a funcionar para experiência das pessoas que pretenderem comprá-lo, em casa do proprietário ao Largo da Liberdade n.º 39, sobrado, São Paulo.
>
> O motivo da venda não desagradará ao pretendente. Aproveitem pois a pechincha[8].

Na Vila de Santo Amaro foram realizadas festas em homenagem ao Divino Espírito Santo. Entre as diversões contavam-se: fogos de artifício, pau-de-sebo, leilão de prendas, balões, corridas em sacos, *porco ensebado*, procissão e baile na casa do festeiro Bento Forster.

Às 8 horas da noite, será exibida no Largo da Matriz a reprodução de magníficas vistas de uma lanterna mágica, de propriedade do Dr. Luís de Souza, que gentilmente a oferece ao festeiro para recreação do público[9].

Mais um anúncio de venda, desta vez de um imigrante italiano:

> REALEJO — Vende-se um *Harmonium-pan*, quase novo, do fabricante Gaviolli, com 4 cilindros, tendo cada um 8 peças de música, sendo quadrilhas, valsas, polcas, *schottishs* e mazurcas, entre elas as conhecidas músicas: *Estrada de Ferro da Bahia* (quadrilha francesa), *Princesa Imperial* (quadrilha figurada), *Pólo Americano* (idem), *Lanceiros* (idem), a valsa *Sobre as Ondas*, *A Canção do Marujo* (de *Sinos de Corneville*) e o *Hino Nacional*.
>
> Informa-se nesta tipografia[10].

Um dia surgiu no Brás um circo de touros e o empresário distribuiu cartazes no bairro anunciando uma corrida de 5 bravíssimos touros e a estréia do cavaleiro

---

8. *O Comércio de São Paulo*, 4.6.1897, p. 3.
9. *Idem*, 8.6.1897, p. 3.
10. *Idem*, 18.7.1897, p. 3.

português Avelino Costa. Dois dias depois o crítico de "Palcos e Salões" chamava o circo de "praça de... bois, sim, de bois mansos como carneiros. De sorte que os cartazes distribuídos lograram o povo quando anunciaram 5 bravíssimos touros".

Na Rua Quinze, no antigo salão da Paulicéa inaugurava-se uma sala de concertos:

PROGREDIOR

Hoje, domingo, tocará a bem conhecida orquestra dos

BERSAGLIERI

das 7 horas da noite até a meia-noite[11].

Outro anúncio da Rua Quinze, coração da cidade:

CIA. FORTUNA
SALÃO URÂNIA

HOJE   Quinta-feira, 29 de julho de 1897   HOJE
Benefício da senhorita

ADELINA TAVARES

Dedicado em Homenagem à Imprensa Paulista.

Os bilhetes acham-se com a beneficiária que pede e agradece a proteção do respeitável público de São Paulo e da Imprensa.

Espetáculo das 10 às 5 da tarde e das 6 às 10 da noite[12].

Cobrava-se o preço de 1$000 por pessoa e a nota interessante é que neste salão "exibia-se uma orquestra popular, constituída de instrumentos de cordas variados, guisos, garrafas, paus, caçarolas, únicos neste gênero".

Na festa da Penha apareceram divertimentos diferentes, por motivo da expressa proibição dos jogos de azar que lá surgiam todos os anos.

Entre os divertimentos, tem chamado muito a atenção do povo, o fonógrafo, que ali tem sido exibido por um moço brasileiro, o Sr. Carmo Barra.

É verdade que a admirável invenção de Edison tem sido a tal ponto exposta, que já perdeu, não obstante ser nova, o seu ar de novidade. Todavia, o fonógrafo que funciona na Penha é incomparavelmente mais aperfeiçoado do que os conhecidos até então.

Assim, não tem ele aquele rumor produzido pelo funcionamento e que tanto obstava a nitidez do som. Os discursos de emi-

11. *Idem*, 29.7.1897, p. 3.
12. *Idem*, 5.9.1897, p. 2.

THEATRO POLYTHEAMA

Empreza M. Ballesteros
GRANDE COMPANHIA DE OPERETAS, MAGICAS E REVISTAS
Do theatro Recreio Dramatico do Rio de Janeiro
Propriedade de SILVA PINTO

Direção scenica do actor Colás — Maestro regente da orchestra, Simões Junior

HOJE Sexta-feira, 10 de setembro **HOJE**
Festival artistico do actor **LEONARDO**

Ultima representação da comedia-revista de costumes brasileiros, em 3 actos e 12 quadros, original do laureado escriptor ARTHUR AZEVEDO, musica dos maestros Nicolino Milano, Assis Pacheco e Luiz Moreira

A CAPITAL FEDERAL

Toma parte toda a companhia e corpo de coros
Uma banda de musica militar, generosamente cedida, executará no jardim do theatro os melhores trechos de musica de seu repertorio.

Principiará ás oito e meia em ponto

Anúncio do Polythema com uma gravura do famoso cômico e cançonetista Leonardo.

ÚLTIMA HORA

RIO, 9

As forças contra Antonio Conselheiro

O general Argollo, ministro da Guerra, recebeu hoje um telegramma do coronel Moreira Cesar, no qual lhe participa aquelle official ter chegado a Queimados.

Medidas sanitarias

Noticiário de Última Hora sobre Canudos. (OCSP, 10.2.1897, p. 2)

Rua XV de Novembro, vendo-se um bonde puxado a burros seguindo na direção da Igreja do Rosário, no largo do mesmo nome. (Fotografia gentilmente cedida pela Divisão de Iconografia e Museus da Prefeitura do Município de São Paulo).

nentes oradores são perfeitamente repetidos, de modo que não se perde uma só palavra, ainda que proferida num tom baixo.

Entre as peças do seu repertório, tão seletamente escolhido, tem despertado um deles a maior admiração: é uma variação a pistom, executada na Exposição de Chicago, por ocasião do grande e célebre concerto, em que tomaram parte os mais afamados cultores da música[13].

Outra diversão muito concorrida na festa da Penha:

COLISEU FESTA ALEGRE
Na Freguesia da Penha
Rua Cerqueira César

HOJE   Domingo, 8 de agosto de 1897   HOJE

Ao meio-dia INAUGURAÇÃO do
FRONTÃO FRANCÊS
com exercícios de ciclismo e pelota.

O primeiro quadro de pelotários do Frontão Paulista disputará várias quinielas simples. Os distintos *amateurs* do Club Atlético da Pelota jogarão um PARTIDO.

O espetáculo será amenizado, nos intervalos, por uma excelente BANDA DE MÚSICA.

Preços: entrada geral, 1$000 — arquibancada superior, 2$000[14].

A empresa frisava mais tarde em outro anúncio:

De 1.º de setembro em diante, enquanto durarem as FESTAS DA PENHA, haverá espetáculos diariamente.

Um grupo limitado de boêmios resolveu fundar nesta Capital um ponto de encontro nos moldes do famoso *Chair Noir* parisiense. A iniciativa partia de um intelectual que usava o pseudônimo de *Michel Bohème* e no meio daquele francesismo tão natural e inevitável da época, se salvava o objetivo: criar e divulgar a cançoneta brasileira. Chamava-se excentricamente *Cabaré do Sapo Morto* e seus fundadores atendiam por nomes de guerra: *João da Ega, Gambrinus, M. B., Zulmo Marco, Orpheolino, Gozo Alagoa, Ramiro Manso, Georges Flores, Rossi Clair, Jules Vallet, Mix Max, Feiarrão* e outros.

Estampamos aqui, resumidamente, uma de suas primeiras convocações:

Os burgueses que se quiserem deliciar com a cançoneta e o monólogo poderão comparecer ao brejo, marchando numa *tournée* de *chopps*, como preceitua o artigo III.

13. *Idem*, 8.8.1897, p. 4.
14. *Idem*, 29.10.1897, p. 4.

O mês de outubro iniciava com as primeiras notícias de vitórias das forças expedicionárias do General Artur Oscar nos sertões baianos. O povo festejou a queda de Canudos, reunindo-se no Largo de São Francisco e depois percorrendo as ruas centrais, acompanhado das bandas de música do 2.º Batalhão e do Regimento de Cavalaria. Foi decretado feriado na cidade. À noite, o Polytheama deu um espetáculo pelo Cia. Lírica Italiana de F. Mattia, com a ópera *O Trovador*, em homenagem à "valente brigada policial de São Paulo, vencedora de Canudos", com a presença do Dr. Campos Sales, Presidente do Estado.

No fim do mês, voltava da Bahia o Batalhão Paulista, que foi recepcionado com discursos e mais discursos. O comércio fechou ao meio-dia e os teatros São José e Polytheama deram funções de gala:

TEATRO POLYTHEAMA

HOJE, pela CIA. DRAMÁTICA ITALIANA TIOZZO-CUNEO
o drama em 3 atos, 1 prólogo e 1 apoteose, de C. G. Camilli

O BOM JESUS ou O FANÁTICO DE CANUDOS

Títulos dos quadros:

PRÓLOGO — O delito da floresta; mãe e filho; a emboscada; o parricida.

ATO I — O profeta de Cristo; a vida no sertão; o incógnito; Giordana, a heroína; os federais; o assalto.

ATO II — A morte gloriosa de Moreira César; o acampamento; a mensagem; o combate; viva o Brasil!

ATO III — A vitória e o sacrifício; Canudos; o assalto à igreja; heroísmo; o último beijo; sacrifício; a vitória do exército; viva a República!

GRANDE APOTEOSE — O triunfo da República, notável trabalho pintado expressamente para esta peça, pelo exímio cenógrafo Dell'Acqua.

PREÇOS:

Frisas e camarotes, 25$000; cadeiras de 1.ª, 4$000; varandas, 2$500; gerais, 1$500[15].

Mas o drama de Canudos no teatro ia continuar na vida real. Antes de completar trinta dias de comemoração da vitória, os jornais paulistanos traziam nas primeiras páginas:

ATENTADO CONTRA O
PRESIDENTE DA REPÚBLICA

15. *Idem*, 6.11.1897, p. 1.

ASSASSINATO DO MINISTRO DA GUERRA
FERIMENTO NO CORONEL MENDES DE MORAIS[16]

Os jornais adiantavam que o autor do atentado no Rio era um alagoano de 24 anos de idade, chamado Marcelino Bispo. A bala destinada ao Presidente Prudente de Morais acertara no General Bittencourt. O fato teve grande repercussão em São Paulo.

Na Rua de São Bento n.º 91 (agora Rua Moreira César) o conhecido Prof. Kij apresentava e vendia interessantes álbuns de fotografia animada.

Fabricados nos Estados Unidos, esses álbuns são superiores aos congêneres fabricados na Alemanha, visto como, sendo igual o fundo dos retratos, as figuras se destacam mais[17].

Outros importadores da fotografia animada estavam estabelecidos na Rua da Quitanda:

FOTOGRAFIA ANIMADA
4.ª e última remessa
EDIÇÕES esgotadas na EUROPA

PAUPÉRIO & COMP., primitivos importadores desta AGRADÁVEL DIVERSÃO, participam que acabam de receber

NOVAS COLEÇÕES
30 variedades a escolher entre as quais
ALGUMAS COLORIDAS

Cada exemplar   500 réis
6 Rua da Quitanda 6
PAUPÉRIO & COMP.[17]

Em um barracão, perto da atual Rua Formosa, foi inaugurada uma exposição:

O pintor Almeida Júnior abre ao público, no dia 23 do corrente, na Rua do Paredão, junto ao Viaduto, a exposição de sua grande tela — *Partida da Monção*.
A exposição, que durará três meses, estará aberta das 10 horas da manhã às 4 da tarde. A entrada será de 1$000 por visitante, excetuando-se aos sábados, que será de 2$000[18].

16. *Idem*, 16.10.1897, p. 1.
17. *O Estado de São Paulo*, 17.12.1897, p. 4.
18. *Idem*, 20.12.1897, p. 2.

O Polytheama, outro velho barracão coberto de zinco, abrigou por alguns dias um museu de cera:

TEATRO POLYTHEAMA

Empresa Manuel Ballesteros
Solene exposição do completo Museu Anatômico e Etnológico.
Mais de 1.000 preparados em cera de HENRIQUE DESSORT.

HOJE — Domingo, 26, às 2 horas da tarde e às 10 horas — HOJE
da noite e todos os dias

O abaixo assinado já teve a honra de expor há dois anos passados no Teatro Apolo desta Capital UMA PARTE do seu museu, tendo então a satisfação de ser honrado com a presença de um público escolhido e numeroso.

O Museu estará aberto das 10 horas da manhã às 10 da noite.

Não se permitirá a entrada senão aos adultos de ambos os sexos.

ENTRADA: 2$000

Henrique Dessort[19]

Vista do Viaduto do Chá com um bondinho da Viação Paulista. Pode-se calcular o movimento de São Paulo em 1893, pelos transeuntes que passavam no momento (Reprodução fotográfica do Autor, O Pirralho n.º 75 [Rio], 25.1.1913).

19. *O Comércio de São Paulo*, 25.12.1897, p. 4.

1898: O DR. CUNHA SALES TRAZ O CINEMATÓGRAFO *LUMIÈRE*

TEATRO APOLO — Estréia hoje a Cia. de Novidades excêntricas do Dr. Cunha Sales. Será exibido o cinematógrafo Lumière, *que tanto agradou na Capital Federal.*
O Comércio de São Paulo, *13.2.1898, p. 2.*

Na Rua da Boa Vista, estreava uma companhia:

TEATRO   APOLO
HOJE   9 de janeiro de 1898   HOJE
às 8 e meia horas
SUBLIME   ESPETÁCULO!!!
INTRANSFERÍVEL

pela distinta CIA. FRANCESA DE VARIEDADES, dirigida pelo popularíssimo ilusionista FAURE NICOLAY

que tem causado o maior entusiasmo nos mais importantes teatros do mundo.

NOVIDADES!! VARIEDADES!!

O mais belo e variado espetáculo conhecido até hoje!!

1.ª parte (ouverture) — Últimas criações de magia elegante.

2.ª parte (sinfonia) — Cenas de grande admiração pelas festejadas artistas Rosina, Paula e Luísa Nicolay.

3.ª parte (sinfonia)

O DIAPHANORAMA UNIVERSAL

deslumbrantes quadros fantásticos em perfeita combinação com o

CYNEMATOGRAPHO

maravilhoso aparelho que reproduz os movimentos da vida e as fotografias animadas apresentadas pelo distinto professor Elétrico, o célebre matemático MR. LUÍS NICOLAY

SURPRESA DE ENTUSIASMO!

Preços: camarotes, 25$000; cadeiras de 1.ª classe, 5$000; ditas de 2.ª, 3$000; gerais, 1$500.

Venda de bilhetes durante o dia até as 7 horas, na Charutaria Brasil, na estação de *bonds* no Largo do Rosário e no Teatro Apolo.

Depois do espetáculo haverá *bonds* para todas as linhas[1].

Outro anúncio explicava que "o maravilhoso aparelho será colocado à vista de todos". O crítico, para falar a verdade, não gostou da *Volta ao Mundo* e de outros quadros repetidos do cinematógrafo. Referiu-se com algum entusiasmo, isto sim, às "graciosas filhas" do ilusionista Nicolay.

O aparelho exibido pelos irmãos Nicolay não era ainda o verdadeiro cinematógrafo de Lumière. Este seria apresentado um mês depois, no mesmo teatro, pelo afamado empresário Dr. Cunha Sales, que vinha de uma temporada vitoriosa no Teatro Lucinda, do Rio:

TEATRO APOLO
Empresa: Porto Mayor & Cia.

HOJE 13 de fevereiro de 1898 HOJE

Estréia da

GRANDE CIA. DE NOVIDADES EXCÊNTRICAS

Diretor: Thomaz Mayor

Diretor de orquestra: Doménico Baccaro

1. *O Comércio de São Paulo*, 9.1.1898, p. 4.

O jovem PROF. OSCAR, artista brasileiro, prestidigitador.

A MULHER PÁSSARO executado pela gentil Srta. Carmen e apresentado por Mlle Ywonne.

A VOLTA DE CANUDOS — cantado em português por YWONNE, a célebre mulher-barítono.

O verdadeiro CINEMATÓGRAFO LUMIÈRE, o melhor que até hoje tem aparecido no Brasil, segundo a opinião do público e da imprensa.

Preços: frisas e camarotes, 25$000; cadeiras de 1.ª, 5$000; ditas de 2.ª, 3$000; gerais, 1$500.

Funções todas as noites às 8 e meia horas[2].

No mesmo teatro funcionava, desde a manhã, um *phonographo Edison*, que cobrava 200 réis para ouvir-se cada cilindro.

No carnaval, o Apolo deu seus bailes, mas

antes de principiar o baile, o Cinematógrafo exibirá ao público cousas impossíveis!!! Um numeroso grupo de *dandys* mostrará ao público como se dança e requebra um maxixe endiabrado, que fará babar os moços e tremelicar os velhos.

A seção "Palcos e Salões" de *O Comércio* não cansava de recomendar: "O cinematógrafo, o mais perfeito que tem aparecido no Brasil" ou então "vale a pena ver o cinematógrafo".

As primeiras vistas exibidas em São Paulo aparelho trazido pelo Dr. Cunha Sales foram naturais, cômicas e mágicas.

As naturais: *Batalha de Flores e Desfilar de Carruagens do High-Life Parisiense, Desembarque do Presidente Francês em Carnet, Desfilar do Regimento de Cavalaria Francesa, Entrada na Exposição de Paris* (sobre a visita do presidente francês à Exposição), *O Presidente da República Francesa Passeando nos Campos Elísios, Cortejo do Casamento do Príncipe de Nápoles, Grande Tourada na Espanha, Saída de uma Missa na Catedral de Roma, Tempestade no Mar, Derrubada de um Muro, Jardim Italiano, Via Dolorosa e a Entrada do Santo Sepulcro, Passagem da Rainha Vitória, Desfilar das Tropas Alemãs Perante Guilherme II, Saída do Mercado na Turquia, Cortejo do Casamento da Princesa da Inglaterra, Exercício de Artilharia em Ordem de Fogo*, etc.

As cômicas: *Atribulação de um Criado como Porteiro, Briga de Mulheres Portuguesas, Viajantes e Ladrões e Cenas Infantis*.

2. *Idem*, 13.2.1898, p. 4.

As mágicas não podiam deixar de ser as cenas rápidas e cheias de trucagens feitas por um mestre e iniciador do gênero, o francês Méliès. Uma delas foi *Faust et Margueritte,* aqui exibida pelo Dr. Cunha Sales com o título de *Metamorfose de Fausto e a Aparição de Margarida.*

No dia 6 de março, a empresa despedia-se do Apolo com esta clássica explicação:

ATENÇÃO — A Empresa, retirando-se para Campinas no dia 8, agradece penhoradamente ao ilustrado público e à digna imprensa desta Capital, o bom acolhimento que lhe foi dispensado.

Outrossim, declara nada dever nesta praça e bem assim achar-se quite com os seus artistas e empregados[3].

Denunciava o jornalista *Fabrício Pierrot* (Dr. Couto de Magalhães) que o público paulistano pouco ia aos teatros e às diversões que não possuíam o demônio do jogo. Escrevia nas páginas do seu diário que a capital artística não passava de uma cidade do vício e do jogo.

E para desespero do *Fabrício* mais uma casa de jogo ia abrir suas portas:

SÃO PAULO SPORT
Rua Moreira César n.º 35
(Antiga de São Paulo)

INAUGURAÇÃO HOJE
Quinta-feira, 5 de maio
Espetáculos diários das 7 horas às 12 da noite[4].

Até que um dia o Dr. João Bueno, intendente de Polícia e Higiene, mandou fechar os boliches (vulgo *frontões*) existentes nesta cidade. O colunista *José Bemol,* do mesmo jornal de *Fabrício Pierrot,* glosou a situação dos empresários:

Olhe tu — qualquer sujeito,
Ao povo aqui leva o couro
Montando frontão. Depois,
Se cai, cavalga o Tesouro.
Ou senão cavalga... os dois.

O Comércio voltou à carga:

Aproxima-se o fim destas casas do vício, onde a mocidade se perde e onde o operário rouba o pão à família, em proveito dos exploradores do jogo. A Câmara Municipal votou na sua lei do

3. *Idem,* 6.3.1898, p. 4.
4. *Idem,* 5.5.1898, p. 4.

orçamento um imposto proibitivo de 96 contos de réis para o jogo da péla com venda de *poules.* Nem se diga que facilmente pagará o frontão esse imposto.

Está dado o tiro de misericórdia. Preparemos a cera para o moribundo e a pá de cal da nossa maldição!

Na Rua Moreira César, também chamada de São Bento pelos conservadores, o homem dos fonógrafos,

Sr. Carmo Barra, inaugurou seu estabelecimento. A imprensa fez-se representar por diversos jornalistas, cada um dos quais pronunciou algumas palavras, que foram tomadas pelo fonógrafo aperfeiçoado.

Grandes festividades são anunciadas no *Parque Bois de Bologne* (antiga Chácara da Floresta, na Ponte Grande), com banda de música, corridas de bicicletas, regatas, cavalinhos, corridas em sacos, corridas de patos no Tietê, *mât de cocagne,* baile de crianças, baile campestre, jogos, atrações e embandeiramento completo do parque.

E como fecho da notícia:

Hábeis retratistas tirarão diversas fotografias do local, assim como de grupos.

Um anúncio de venda:

CINEMATÓGRAFO E FONÓGRAFO

Vendem-se essas duas máquinas quase novas. O fonógrafo de Edison, com repertório novo, e o cinematógrafo, com fotografias animadas.

Tratar com Breton, Rua da Boa Vista n.º 43 (Hotel Jardineira)[5].

Na localidade de Bom Sucesso, em Conceição de Guarulhos, realizou-se a festa da padroeira Nossa Senhora do Bom Sucesso e "à noite houve um belo divertimento de fantasmagoria".

Em São Paulo, antes de surgir a famosa Casa Edison, já dois comerciantes vendiam fonógrafos: o Prof. Kij e Carmo Barra. É deste último o anúncio abaixo:

FONÓGRAFOS

Vendem-se alguns dos modernos fonógrafos que estão funcionando à Rua Moreira César n.º 30-A. Trata-se com o proprietário Carmo Barra[6].

5. *Idem*, 31.7.1898, p. 3.
6. *O Estado de São Paulo*, 1.12.1898, p. 5.

THEATRO APOLO

ESPLENDIDO SUCCESSO DO DIA
HOJE-19 de janeiro de 98-HOJE
ás 8 1/2 horas

Penultima noite de maravilhas

pela distincta companhia franceza de variedades dirigida
pelo popularissimo illusionista

FAURE NICOLAY

que tem causado o maior enthusiasmo nos mais importantes theatros do mundo

PROGRAMMA DIFFERENTE DA FUNCÇÃO ANTERIOR
1ª parte - Ouvertura pela orchestra

GRANDE ACTO DE MAGIA ELEGANTE

2ª parte - Symphonia pela orchestra – Sublimes scenas palpitantes
de grande illusão pelas festejadas artistas

Rosina, Paula e Luiza Nicolay

3ª parte - Fantasia pela orchestra

O grande dyaphanorama universal

EM COMBINAÇÃO COM O CELEBRE

CYNEMATOGRAPHO

O maravilhoso apparelho será collocado á vista de todos, pelo distincto professor Mr. Luiz Nicolay.

NOVAS SURPRESAS DE ENTRUIAIMOS

Preços: Camarotes, 20$; cadeiras de 1ª 3$, cadeiras de 2ª 2$, geraes, 1$500. Venda de bilhetes, durante o dia até ás 7 horas, na charutaria Brasil, na Estação dos bondes no largo do Rosario e no theatro Apollo.

Depois do espectaculo haverá bonds para todas as linhas.

Anúncio do "Cynematographo" de Faure Nicolay no Teatro Apolo.

FRONTÃO BOA VISTA

48 - Rua da Boa Vista - 48
S. PAULO

Funcções todos os dias, ás 2 horas da tarde e ás 7 horas da noite.

Emocionantes quinielas duplas e simples disputadas com a mais escrupulosa seriedade.

Ao Frontão!
Ao Frontão!

Anúncio do Frontão Boa Vista.

Anúncio do cinematógrafo "Lumiére" do Dr. Cunha Sales.

GRANDE INTERMEDIO

O joven professor OSCAR

Brilhantes sortes de prestidigitação executadas por esse artista brasileiro

O MARAVILHOSO E NOTAVEL QUADRO

A MULHER PASSARO

executado pela gentil signorita Carmen, apresentada pela distincta laureada cantora Mlle. Ywona, que cantará a celebre *Ronde Infernale* Titans

A volta de Canudos

Grande successo!! – Contado em portuguez pela Ywona

O VERDADEIRO

Cinematographo lumière

o melhor que até hoje tem apparecido no Brasil, segundo a opinião do publico e da imprensa

Preços Frizas e camarotes 20$, Cadeiras de 1ª 3$, Ditas de 2ª 2$, Geraes, 1$500.

N. B. Os bilhetes encontram-se à venda na bilheteria do theatro ou, por especial obsequio, na CHARUTARIA BRASIL, Ponto central dos bonds, largo do Rosario, 5.

Funcções todas as noites ás 8 1/2 horas.

1899: DIVERSÕES, PESTE BUBÔNICA E O FIM DO MUNDO

> *De ordem do Dr. Diretor do Serviço Sanitário, faço público que quem levar, durante os primeiros três dias, camundongos e ratos mortos e apreendidos somente nesta Capital, para serem incinerados no Desinfetório Central, à Rua Tenente Pena (Bom Retiro), receberá a importância de 400 réis por animal apresentado.*
>
> O Estado de São Paulo, 21.11.1899, p. 3.

Na Rua de São Bento n.º 14, quase em frente ao jornal *O Comércio de São Paulo*, apareceu um cinematógrafo que dava sessões, mostrando "cenas movimentadas de Paris, Londres, Milão, Veneza, etc. — tudo isto por 1$000".

As vistas apresentadas na estréia foram as seguintes: *Um Temporal nas Costas de Cornuailles, Pedreiros Destruindo uma Casa* e *Os Pombos de São Marcos em Veneza*. E garantia a propaganda que "essas exibições interessavam não só a crianças como a marmanjos".

Um de seus programas:

MOTOSCÓPIO
Rua de São Bento n.º 14

A mais maravilhosa de todas as invenções modernas, reproduzindo com a maior fidelidade a vida e o movimento em quadros animados de tamanho natural.

Não deixem as exmas. famílias de ir visitar tão recreativo e cômico espetáculo, e não percam tempo, pois é esta a

ÚLTIMA SEMANA

Programa caprichosamente escolhido entre as melhores vistas do repertório.

GARGALHADAS!!   GARGALHADAS!!

Funções todas as noites desde as 6 e meia horas da tarde em diante[1].

Apesar de anunciar várias vezes as suas últimas exibições, o proprietário "daquele engenhoso aparelho que reproduz com exatidão, cenas da vida real animada" — só se despediu de São Paulo no dia 5 de março, domingo.

Por ocasião do carnaval, os estabelecimentos comerciais, como sempre acontecia em todos os anos, anunciavam as novidades surgidas. A Casa *Vitória Store,* da Rua de São Bento, 29, avisava que possuía um grande sortimento de *confetti* de mica, também chamados de *Chuva de Ouro,* os quais foram condenados pelos médicos, por sua nefasta ação contra os olhos.

O Salão *Taco de Ouro,* na Rua Marechal Deodoro, esquina da Rua Senador Feijó, prometia mirabolantes bailes à fantasia nos dias de carnaval a 2$000 a entrada. O Teatro Polytheama comunicava que, nos seus bailes, a banda de música, dirigida pelo Maestro Pepino, executerá novíssimas polcas, tangos, habaneras, valsas, quadrilhas e *tutti quanti.*

Depois do tríduo momesmo, a cidade voltava ao seu ritmo de trabalho e normalidade. Voltavam também os seus problemas. Um deles era a jogatina desenfreada que

---

1. *O Comércio de São Paulo,* 21.2.1899, p. 4.

atraía vagabundos, ébrios e desordeiros nos frontões e nos cafés-cantantes do Brás.

Contra estes, a Prefeitura decidiu agir:

Por ato de ontem, o Sr. Prefeito Municipal cassou a licença concedida a Salvador Lazzaro, proprietário do *Café Central,* do Brás, consentindo apenas no funcionamento do mesmo até às 10 horas da noite.

Esta medida foi devido às constantes reclamações que eram dirigidas pelas autoridades policiais do Brás. A Prefeitura, sabemos, usará de igual medida para com todos os cafés-cantantes, que se acham funcionando em vários distritos desta Capital[2].

Perto do Polytheama anunciava-se a abertura de um café-concerto:

ELDORADO PAULISTA
TEATRO-CONCERTO

HOJE   Sábado, 18 de março de 1899   HOJE
ESTRÉIA   ESTRÉIA
A mais alta novidade da Paulicéa

ELENCO:
MLLE. ELISA DE MARSY — *chanteuse lyrique.*
MLLE. JULIETT MERYAN — *diseuse.*
MLLE. MARIE GRANG — *chanteuse du genere.*
CECILIE SERRY e AMELIA VAITZ — bailarinas italianas.
Sras. LOLA MARTINEZ, CARMEN FERNANDEZ, DOLORES GARCIA, JUAN ANORES, barítono espanhol — e o cançonetista brasileiro

ARTUR BRASIL
PREÇOS: camarotes e frisas, 10$000 — entrada geral, 2$000
Às 8 e meia horas
AO ELDORADO!   AO ELDORADO![3].

Apesar de recente, o Eldorado forneceu muito material para a seção policial dos jornais:

Tendo a polícia recebido denúncia de que se exibiu anteontem no palco do Eldorado uma menor espanhola de 7 para 8 anos de idade, o delegado Dr. Herculano de Carvalho intimou os proprietários daquela empresa a não permitirem mais a exibição da referida menor[4].

No dia 2 de maio, um assistente jogou uma flor para a atriz Illona que estava no palco. O amante da

---
2. *Idem,* 26.3.1899, p. 2, «Gazetilha».
3. *Idem,* 18.3.1899, p. 4.
4. *Idem,* 20.4.1899, p. 2, «Gazetilha».

Anúncio do Motoscopio.

Anna, Amador Franco, Tertuliano Delfim e representantes da imprensa e de muitas outras pessoas, realisou-se hontem a installação da agencia postal daquelle bairro, a qual ficou a cargo do prestavel capitão Mattarazzo que offereceu aos presentes um copo d'agua.

CINEMATOGRAPHO «LUMIERE»

Recebemos hontem, em nosso escriptorio, a visita do sr. Victor di Maio, que acaba de installar á rua 15 de Novembro, junto ao *Estado de S. Paulo*, um magnifico e luxuoso salão, onde pretende exhibir moderno e aperfeiçoado cinematographo *Lumière*.

Hoje, ás 7 horas da noite, haverá uma exhibição especial, dedicada á imprensa, sendo o salão aberto sabbado proximo ao publico.

Nesse dia o cinematographo funccionará das 6 horas da tarde ás 10 da noite, e dahi, em deante, a começar das 2 horas da tarde.

Gratos pela gentileza do convite.

PRINCIPIO DE INCENDIO

Hontem pelas 3 horas da madrugada manifestou-se um principio de incendio no botequim denominado *Chopp do Evaldo*, de Emma Ballerini, á rua da Bôa Vista, 174.

Deu aviso ao corpo de bombeiros, que compareceu com a habitual promptidão, o sol...

Noticiário sobre o italiano Vitor de Maio.

cantora, enciumado, não gostou e daí originou-se um tumulto, com cacetadas e navalhadas. Seis dias depois, outro espectador vaiou a atriz Charlotte Fanet. Várias pessoas se envolveram e houve feridos e a necessária intervenção policial.

Na Rua Quinze de Novembro, exibia-se o grupo Renyto em "seus magníficos trabalhos musicais em copos, garrafas e violão". Uma novidade notada pelo noticiarista foi um aparelho de projeção:

CINEMATÓGRAFO — Ontem, às 8 horas da noite, tivemos ocasião de apreciar no *Salão do Progredior,* a exibição dessa interessante fotografia animada, digna de ser vista.

Foram executados vários trechos de música pela excelente orquestra e diversas vistas foram exibidas. Hoje continua a bela diversão[5].

Grande acontecimento artístico estava reservado ao Polytheama na noite de 12 de maio: a *première* de *O Boato,* de Arlindo Leal, revista de fatos locais sucedidos nos anos de 1897 e 1898, divididos em 10 quadros:

1.º) O Boato; 2.º) Vultos e Fatos; 3.º) A Bacanal de Momo; 4.º) Projetos de Casamento; 5.º) São Paulo, Esmeraldas e Chilenos; 6.º) O Vulcão de Santos; 7.º) Jogatina e Eletricidade; 8.º) A Cozinha Literária; 9.º) O Dr. Milagroso; 10.º) Glória do Civismo.

Os cenários focalizavam pontos paulistanos: Largo do Rosário, Largo da Sé, Largo do Palácio, Estação do Norte, Hotel D'Oeste, o Palácio de Momo, etc.

A história girava em torno de um casal e sua filha vindos a São Paulo por ocasião do carnaval. O ator Nazareth personificava o roceiro, Olímpia Montani, a filha, Hermínia Adelaide no papel de *Antarctica.* Canário fazia um imigrante italiano, João Barbosa era o *Wenceslau de Queiroz,* Peixoto o *Padre Bacalhau,* Engênio Oyanguren, o jornalista *Rotellini* (fundador da *Fanfulla),* Matos, o *Gomes Cardim* e Campos na pele de um conhecido advogado.

As músicas, do maestro paulista Manuel dos Passos, com letras de Arlindo Leal, tinham títulos bem paulistanos: *Tango da Cantareira, Maxixe do Teatro da Moda, Coro dos Fazendeiros, Jota do Coliseu Festa Alegre, Walsa du Roleta, Schottish da Serpentina, Coro das Beatas, Tango da Caninha do Ó, Maxixe da Mulata, Coplas da*

5. *Idem,* 26.4.1899, p. 2, «Gazetilha».

Carta, Cançoneta da Bohemia, Walsa da Noite, Terceto dos Fiscais, Bacharel de Momo, Couplets do Tenente do Diabo, Ali Babá, marcha e *Valsa de Dorinha.*

O Polytheama apanhou uma grande assistência. O público riu muito com as peripécias da família de matutos percorrendo as ruas centrais da cidade, ao som de alegres cançonetas.

Antes de terminar o mês de maio, violento incêndio na Ladeira de São João ameaçou o Polytheama que ficava em frente ao Mercadinho. Foram destruídas quatro casas pertencentes à Cia. Antarctica e danificado o *buffet* do teatro:

> Deve-se a um verdadeiro milagre o não ter sido destruído o velho casarão do Polytheama. Um pouco de vento na ocasião bastaria para que tal fato sucedesse[6].

No Largo da Concórdia apareceu o Circo Universal, de propriedade de Albano Pereira e com três *clowns,* Antônio Freitas, Henrique Oson e Henrique Grunewald. No dia 20 de junho, os índios guaranis que vieram a pé de São João Batista do Rio Verde para pedir ao governo providências contra a invasão de suas terras por bandos de ciganos, compareceram ao Circo Universal. "Riram-se a valer — e... divertiram muito as pessoas que ali se achavam".

No *Progredior,* todas as noites, além de boa música, exibe-se um magnífico cinematógrafo, representando 15 novas vistas[7].

Um dia surgiu na Rua Quinze de Novembro um italiano vindo do Rio de Janeiro para abrir aqui o *Salão New York em São Paulo:*

> Recebemos ontem, em nosso escritório, a visita do Sr. Vitor de Maio, que acaba de instalar à Rua Quinze de Novembro, junto ao jornal *O Estado de São Paulo,* um magnífico e luxuoso salão, onde pretende exibir moderno e aperfeiçoado cinematógrafo *Lumière.*
>
> Hoje, às 7 horas da noite, haverá uma exibição especial dedicada à imprensa, sendo o salão aberto sábado próximo ao público.
>
> Nesse dia o cinematógrafo funcionará das 6 horas da tarde às 10 da noite, e daí em diante, a começar das 2 horas da tarde.
>
> Gratos pela gentileza do convite[8].

6. *Idem,* 27.5.1899, p. 1, «Violento Incêndio».
7. *Idem,* 11.6.1899, p. 2, «Palcos e Salões».
8. *Idem,* 20.7.1899, p. 2, «Gazetilha».

Outro melhoramento que São Paulo ia receber neste ano, a instalação da luz elétrica e força motriz para suas indústrias.

Em anúncio datado de 10 de agosto,

a *The San Paulo Railway Light and Power Company Limited,* com escritório à Rua de São Bento n.º 57, 1.º andar, se propõe a fazer contratos para o fornecimento da corrente elétrica para luz, força motriz, calor, cozinha e outros misteres, sendo o serviço contínuo, podendo-se fazer uso da corrente a QUALQUER HORA DO DIA OU DA NOITE (o grifo era da própria Cia.)

A corrente no medidor — continuava o anúncio — será cobrada na razão de 800 réis por kilo-watt-hora. O gasto, numa lâmpada de 16 velas, seria de 40 réis por hora de serviço.

E finalizava o comunicado:

A Cia. contrata também o funcionamento de motores desde 1/2 cavalo até 1.000 cavalos, a corrente sendo vendida por medidor a preço fixo por mês.

Um dos melhores circos vindos a São Paulo instalou-se, em agosto, na Praça da República. Chamava-se Pery e pertencia aos irmãos Anchises, Políbio e Aristotelina Pery. Trazia muitos funâmbulos, *jockeys,* malabaristas, mágicos, ginastas, palhaços, o diabo. Suas pantomimas atraíam muita gente.

Tomava-se conhecimento através da leitura dos jornais da época de que as ruas da cidade careciam de policiamento. E as casas eram assaltadas por audaciosos meliantes, enquanto os soldados cochilavam nos *galinheiros* do Polytheama, assistiam às corridas de bicicletas no Velódromo, admiravam as pernas brancas das cantoras do Eldorado, gozavam com os maxixes e lundus dos cafés-cantantes e se deleitavam com as facécias dos *clowns* do circo Pery.

No dia 1.º de setembro, o jornalista *Fabrício Pierrot* foi aplaudir *O Guarani,* levado no Polytheama pela Cia. Italiana da empresa Milone. No dia seguinte escrevia:

A imprensa foi unânime em criticar o Sr. Giovanni Peirani por se ter apresentado de *cavaignac* no papel de *Peri,* da popular ópera de Carlos Gomes. A mim o fato não surpreende muito, porque já vi no teatro de Botucatu um *Peri...* de *pince-nez!*

O Polytheama, useiro e vezeiro em apresentar espetáculos pouco recomendáveis, ainda em setembro, exibiu o jejuador italiano Giovanni Succi, que ficou encerrado em um aposento envidraçado junto ao botequim do teatro.

Com oito dias de jejum, passando só a água mineral, Succi *roeu a corda*. É que a proeza não estava rendendo bom dinheiro. A freqüência era pequena.

Só foram vê-lo uns representantes da imprensa, alguns artistas da Cia. Della Guardia, os *garçons* e outros empregados do teatro, além de meia dúzia de eternos curiosos.

Grande festa religiosa foi promovida na Vila Mariana em benefício das obras da Capela de Nossa Senhora da Saúde, com a participação de três bandas de música: *Giuseppe Garibaldi,* de Vila Mariana, *16 de Julho,* de Santo Amaro e a dos meninos do Instituto de Ana Rosa. Divertimentos programados: leilão de prendas, dança dos caiapós, luta romana, pau-de-sebo, *quem pega o galo?,* fogos de artifício, etc.

No dia 20 de setembro, aniversário da unificação da Itália, vieram do Rio de Janeiro 125 sócios do Circolo Operaio Italiano. Desembarcaram às 9 horas da manhã, debaixo de foguetório, na estação do Norte. Todos incorporados, fizeram a pé o trajeto: Largo da Estação, Avenida Rangel Pestana, Travessa do Brás, Rua do Gasômetro, Ladeira João Alfredo, Rua Quinze, Largo do Rosário, São Bento, Direita, Viaduto, Rua do Paredão, Rua da Consolação e Velódromo.

Foram em romaria depositar flores no túmulo do socialista Polinice Mattei, assassinado no ano anterior, e depois, às 2 horas, compareceram ao Velódromo, onde realizaram-se as corridas em homenagem aos visitantes. Entre estes encontramos relacionados os nomes do cinegrafista Afonso Segreto e de seu irmão Caetano, presidente da Società de Beneficenza, do Rio. Encontramos também uma pequena notícia referente ao cineminha carioca de Pascoal Segreto:

Serão tomadas fotografias para o animatógrafo do *Paris no Rio*[9].

De outra notícia sobre as mesmas comemorações, extraímos este indício de filmagem, talvez a primeira feita na Capital de São Paulo:

Os Srs. Segreto e Orestes Cibuto tiraram várias fotografias[10].

9. *Idem,* 20.9.1899, p. 1, «XX de Setembro».
10. *Idem,* 22.9.1899, p. 2, «Gazetilha».

O ator João Barbosa fez o papel do crítico Wenceslau de Queiroz em *O Boato*, **revista paulistana de Arlindo Leal. (Caricatura de J. Carlos)**

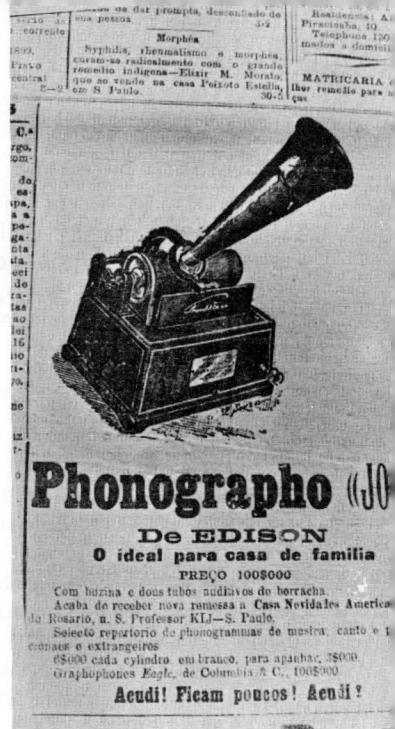

Anúncio do fonógrafo "Joia" de Edison.

O Viaduto do Chá media 240 metros de comprimento por 14 de largura, e até março de 1897, cobrava-se três vinténs de pedágio. (Fotografia gentilmente cedida pela Divisão de Iconografia e Museus da Prefeitura do Município de São Paulo).

O filmezinho de Afonso Segreto, *Circolo Operaio Italiano em São Paulo* foi exibido em setembro de 1899 no *Salão Paris no Rio*.

Em resposta a um ofício da sociedade União Internacional Protetora dos Animais a respeito de maus tratos aos touros, a Prefeitura de São Paulo declarou que não eram proibidos por lei os espetáculos de touradas, os quais se achavam regulamentados na tabela de impostos pela Lei n.º 216.

Já outras notícias revelavam o lado triste e sombrio dos espetáculos circenses. Como esta:

> Sabemos que o Dr. Pedro Arbues Júnior, 1.º delegado de polícia, está processando um dos palhaços do circo Pery, que é acusado do defloramento de uma menor, de cor preta[11].

Também o jogo contribuía para a devassidão dos costumes na época. As autoridades receberam denúncia de que na Quermesse da Rua Formosa n.º 12, em benefício da Maternidade de São Paulo, praticava-se jogo proibido, como a Torre de Paris, Jaburu, Mascote, Hipódromo, Roleta, Cavalinhos de Pau, Tômbolas e Dados. A polícia cercou o local e prendeu os jogadores. "Os indivíduos que freqüentavam a Quermesse eram na maior parte italianos de baixa classe", informavam os jornais do dia seguinte.

Por outro lado, o Prof. Kij, sem recorrer a jogos, anunciava:

> FONÓGRAFO (JÓIA) DE EDISON
> O ideal para casa de família
> Preço: 1000$000
> com buzina e 2 tubos auditivos de borracha.
>
> Acaba de receber nova remessa a CASA NOVIDADES AMERICANAS, Rua do Rosário n.º 8, PROFESSOR KIJ, São Paulo.
> Seleto repertório de fonogramas de música, canto e prosa nacionais e estrangeiros.
> 6$000 cada cilindro em branco, para apanhar, 3$000.
> Grafofones EAGLE, da Columbia & Cia., 100$000.
> ACUDI! FICAM POUCOS! ACUDI![12]

Na Rua Quinze de Novembro surgia uma novidade semelhante:

11. *Idem*, 14.10.1899, p. 1.
12. *Idem*, 19.10.1899, p. 3.

SALÃO PROGREDIOR
GRANDE
GRAFOFONE

Assombrosa descoberta!!!
A maior novidade do século XIX!!!

Primeiro aparelho deste gênero que vem ao Brasil, sendo o mais aperfeiçoado possível!!!

Reprodução fiel e exata da voz humana!!!

OUVE-SE A CEM METROS DE DISTÂNCIA

Grande, seleto e variado repertório como: bandas marciais, óperas, romanzas, diálogos em português, italiano, inglês, francês, etc., etc.

TODAS AS NOITES — das 8 horas em diante.

Exibe-se conjuntamente com o conhecido e aplaudido SEXTETO no

SALÃO PROGREDIOR
ENTRADA, 2$000[13].

Nessa altura, navios procedentes da Europa traziam para o Brasil hóspedes indesejáveis: os ratos e suas pulgas transmissoras. Em Santos apareceram três casos suspeitos de peste bubônica:

A peste bubônica! A terrível peste negra está em Santos! E ontem não se falou em outra coisa nesta pacata cidade de São Paulo: nem na baixa do café, nem na alta... da libra esterlina.

E a Capital foi mobilizada contra o roedor sinistro:

A Empresa da Limpeza Pública começou ontem o serviço de matança de ratos.

No fim de outubro, o paulistano começava a fugir das funções noturnas:

O espetáculo anunciado para ontem no Teatro Polytheama não se realizou devido a terem sido apenas vendidas oito cadeiras.

Os primeiros casos de peste bubônica surgiram na parte obreira do Brás:

Foi ontem removida para o hospital do Isolamento uma menor de 3 anos de idade, filha de uma família estrangeira, moradora à Avenida Rangel Pestana n.º 206. A casa foi imediatamente destelhada e desinfetada, sendo removidos para o hospital todos os moradores.

13. *Idem*, 21.10.1899, p. 3.

No hospital foi feito o devido exame bacteriológico sob os cuidados dos Drs. Emílio Ribas e Cunha Vasconcelos, sendo encontrado no sangue da menor o micróbio da terrível peste negra[14].

Sérias medidas saneadoras foram adotadas pelas autoridades: limpeza de terrenos baldios e de córregos, retiradas de águas estagnadas nas ruas, vistoria médica nos prédios e demolição de barracões e velhas casas infestadas de baratas e ratos, distribuição de folhetos (com instruções higiênicas) e de creolina, sabonetes e venenos de ratos.

Em outubro, o Desinfetório e Incineratório da Rua Tenente Pena pagava 200 réis por rato morto apresentado; no dia 5 de novembro, o preço ia para 300 réis e quinze dias após, subia para 400 réis. O jornal *O Estado* achava que "não havia dinheiro mais bem gasto". Já *O Comércio*, inimigo da República, criticava: "Desce o câmbio, mas sobe, em compensação, o preço dos ratos".

A especulação dos roedores antevia bom lucro às farmácias, drogarias e boticas:

MORTE DOS RATOS!!!

O veneno mais certeiro encontra-se na FARMÁCIA DO CASTOR, Rua do Comércio, 5-A[15].

Outro anúncio:

GUERRA AOS RATOS

Específico para matar ratos. Preparado na *Fábrica de Produtos Farmacêuticos*, de Carlos Meissner. Encontra-se em todas as farmácias[16].

E, finalmente, outra propaganda:

MATA-RATOS

Veneno infalível, lata, 1$200. Vende-se na Rua Direita, 24.
César Castilho[17].

Na Chácara Butantã (recentemente adquirida pelo governo do Estado por 100 contos de réis), o Dr. Vital Brasil Mineiro de Campanha inoculava culturas mortas em cavalos cedidos pelo Regimento de Cavalaria, para a preparação do sérum antipestoso.

14. *Idem*, 11.11.1899, p. 1, «Peste Bubônica».
15. *O Estado de São Paulo*, 1.11.1899, p. 3.
16. *O Comércio de São Paulo*, 28.10.1899, p. 3.
17. *O Estado de São Paulo*, 4.11.1899, p. 3.

A Capital artistica

A Paulicéa — Tirem-me esta ópera e este teatro... e arranquem-me o coração!

Anúncio do grafofone do Salão Progredior.

...ui: 4$, 5$, 8$, 10$, 14$, 20$
...5$, 40$, 45$, 50$, 60$, 70$
...0$ e 120$, mais barato do que
r outra casa.

...mores perfeitos, lilaz, margaridas e diver-
...s, 12$, 15$, 20$, 25$, 30$, 35$ e 40$
preços reduzidos

...enta de coroas de missanga
FABRICA DE FLORES
é **Loureiro da Cruz**
...odoro, 33 (pegado ao antigo
theatro S. José)
até 2 nov.

EM DE CAFÉ

a torração e moagem de
m um **excellente motor**
e "**Otto**", e um torrador
kilogr., ferro batido. O
é o proprietario não
esta do negocio; para

E' o depurativo e regenerador do sangue mais produ-
zido em todo o Brasil.
Tem seu attestado na VOZ DO POVO.
Vende-se em todas as pharmacias e drogarias desta
capital. Unicos depuratarios
Baruel & Comp.
RUA DIREITA, 1   LARGO DA SÉ, 2

SALÃO PROGREDIOR

HOJE   HOJE
GRANDE
GRAPHOPHONE

Assombrosa descoberta!!!
Maior novidade do seculo XIX!!!
Primeiro apparelho deste genero que vem ao Brasil, sendo o mais
aperfeiçoado possivel !!
Reproducção fiel e exacta da voz humana!!!
Ouve-se a cem metros de distancia!
Grande, selecto e variado repertorio, como: bandas marciaes, ope-
ras, romanzas, dialogos, em portuguez, italiano, inglez, francez etc. etc.
Todas as noites — das 8 horas em deante
Exhibe-se conjuntamente com a...

Já não bastasse o flagelo da peste para impressionar e torturar o paulistano, outra ameaça amedrontava o povo: a previsão do astrônomo austríaco Rudolf Falb de que o mundo acabaria no dia 13 de novembro de 1899. A terra seria destruída pela passagem do cometa de Biela, debaixo de uma tremenda chuva de estrelas cadentes e meteoritos.

No Brasil, a profecia tornou-se tão grave que foi necessária a intervenção do governo federal para tranqüilizar o povo:

> Pelos cálculos que acaba de proceder o diretor do Observatório do Rio de Janeiro, está provado que é materialmente impossível o encontro da terra com o cometa Biela, que, a 13 do corrente, se achará a mais de 400 milhões de quilômetros distante da Terra. A profecia de Falb não tem razão de ser.
>
> Deverá ser dada a maior divulgação a este telegrama.
>
> (a) Severino Vieira, Ministro da Indústria, Viação e Obras Públicas[18].

Mesmo assim, o povo paulistano saiu às ruas, praças e várzeas na noite fatídica de 13, conforme registrou a seção "Notícias Diversas" de *O Estado*, do dia seguinte:

> A anunciada chuva de estrelas cadentes fez com que muita gente se conservasse ontem nas ruas até altas horas da noite, curiosa de asisstir ao fenômeno.
>
> O céu, porém, devido à neblina, tornou-se sombrio depois das 11 horas, sendo impossível observar qualquer fenômeno que acaso tenha produzido, pelo menos até às 2 horas da madrugada, hora em que a nossa folha ia entrar para a máquina.

E as diversões neste período?, perguntará o leitor. Bem, os teatros funcionaram normalmente, embora com pouco público. Vamos recorrer ao testemunho de *Fabrício Pierrot*, que deu um apanhado geral da situação:

> São Paulo, a Capital artística, é uma grande cidade, tem muitas ruas e um sem-número de casas, mas infelizmente não possui à noite nenhum ponto de diversão.
>
> O Polytheama, um barracão ordinário de madeira e zinco, indigno mesmo de qualquer companhia de 3.ª classe, só é suportável, quando muito, com circo de cavalinhos.
>
> O nosso hóspede, que desejar passar alguns momentos de distração, tem que entrar no Progredior para engolir alguns chopes ou no Eldorado, para ouvir a voz de cana rachada da Sra. Campoamor.

18. *O Comércio de São Paulo*, 11.11.1899, p. 1, «O Cometa de Biela».

Não há diversões nesta Capital, e morreíamos de tédio, se uma ou outra vez não tivéssemos para distração noturna a banda de música do *Salão New York em São Paulo,* banda que provavelmente é mantida por algum especialista em moléstia do ouvido...[19].

Uma das maiores razões para a pobreza de diversões noturnas em São Paulo era a deficiente energia elétrica. Muito em breve a Capital conheceria melhoramentos na iluminação, serviço de *tranways* e fornecimento de força motriz. Convidados pela *São Paulo Light and Power,* um grupo de jornalistas visitou em Santana do Parnaíba o local onde se realizavam obras para a construção da usina hidrelétrica com o aproveitamento da cachoeira do Rio Tietê.

Um anúncio comercial:

LANTERNA MÁGICA

Vende-se uma com 30 vistas. Rua de São João n.º 55. AO CARIOCA[20].

E assim terminou o ano de 1899. No interior do Estado, nas fazendas, vilas e cidades grandes, fizeram-se bailes animados e outras comemorações de júbilo, uma vez que a profecia de Falb tinha falhado.

---

19. *Idem,* 27.11.1899, p. 1, «Rabiscos».
20. *O Estado de São Paulo,* 22.11.1899, p. 3.

1900: O SALÃO *PARIS EM SÃO PAULO* DO ITALIANO VITOR DE MAIO

> *Continua todas as noites a atrair grande concorrência o Salão Paris em São Paulo, do Sr. Vitor de Maio, à Rua do Rosário, 5. Hoje, serão exibidas novas vistas no cinematógrafo.*
> O Comércio de São Paulo, 12.10.1900, p. 2.

A peste bubônica ainda era combatida com todas as forças e recursos e os casos suspeitos que apareciam eram cuidadosamente examinados e estudados pelos Drs. Emílio Ribas, Adolfo Lutz, Arnaldo Vieira de Carvalho, Sinésio Rangel Pestana, Rego Barros, João Pedro da Veiga, Teixeira Mendes, Antônio Vasconcelos, Assis Monteiro, Ilídio Guaritá, Alfredo Medeiros, etc.

A corrida aos ratos continuava. Tanto que *Fabrício Pierrot* observou humoristicamente:

> Já não há mais vagabundos,
> Nem malandros baratos:
> Andam por estes mundos
> Na caçada dos ratos.

Um mês depois, por decreto federal, todo o território paulista tinha sido declarado limpo e suspensas, portanto, todas as medidas sanitárias que estavam em vigor. Isto queria dizer que o carnaval paulista ia ser alegremente, doidamente, festejado.

A *Loja do Japão,* da Rua de São Bento n.º 34 e José Bonifácio, 33, anunciava suas máscaras de papelão e arame para crianças e adultos, lanternas, archotes e a "última novidade", as *bolas de confete.* Outro comerciante estampava um anúncio no jornal:

O SABÃO MAYPOLE tinge qualquer fazenda — sedas, lãs, algodões, penas e fitas. Para o carnaval uma grande economia, pois se pode tingir de cores lindas os vestidos antigos.

Os donos de salas nas ruas centrais também anunciavam:

ALUGAM-SE duas janelas durante o carnaval e um quarto para rapazes, à Rua de São Bento, 35-C, sobrado.

O maior atrativo do carnaval residia no desfile dos carros alegóricos das três sociedades mais importantes: os *Galopins,* os *Fenianos* e os *Democráticos,* que criticavam os fatos marcantes do ano anterior. Os *Galopins* exibiram um carro com uma velha rabugenta e horrenda representando a Europa, oferecendo um cesto cheio de ratos ao jovem Brasil; a outra crítica (dos *Fenianos*) era um grande cofre todo esburacado pelos ratos. Criticavam também os lerdos burros da Viação Paulista, as medidas saneadoras e o imposto do selo.

Em fins de março, um agradável divertimento foi inaugurado:

PRAÇA DA REPÚBLICA
MONTANHAS RUSSAS
INAUGURAÇÃO
HOJE   Domingo, 25 de março de 1900   HOJE
às 3 horas da tarde

Alugam-se algumas lojas que ainda se acham vazias, por baixo das *Montanhas Russas,* e por preços módicos[1].

1. *O Comércio de São Paulo,* 25.3.1900, p. 4.

Cobrava-se a entrada de 1$000 e funcionava diariamente das 4 da tarde até meia-noite, com banda de música, cinematógrafo e uma "roda para meninos, imitação da grande roda que é um dos atrativos da Exposição de Paris".

No salão do Eden Club, à Rua Florêncio de Abreu, o Prof. Kij, dono das casas *Novidades Americanas,* apresentou no dia 31, aos associados o aparelho fonógrafo *Concert,* "uma das mais engenhosas invenções de Edison".

Outro anúncio das

MONTANHAS RUSSAS

Praça da República

A LANTERNA MÁGICA

JOÃO MINHOCA

BANDA DE MÚSICA MILITAR

(composta de 62 figuras regida pelo maestro Joaquim Antão Fernandes)

Adultos . . . . 1$000
Crianças . . . . 500 réis[2].

O dia 7 de maio foi um dia histórico para a Capital. Com a presença do presidente do Estado Rodrigues Alves, do vice-presidente Domingos de Morais, secretariado, autoridades, imprensa, engenheiros da *Light* e convidados, foi inaugurada a primeira linha de *bonds* elétricos da América do Sul: a linha 13, Barra Funda.

Na usina da *São Paulo Railway Light and Power Company Limited,* situada na Rua Monsenhor Andrade, o Sr. James Mitchell convidou o Dr. Rodrigues Alves a pôr em movimento a primeira máquina geradora da força elétrica.

Depois foram todos para o depósito da Cia. na Alameda Barão de Limeira e de lá saíram 6 *bonds* com as bandeiras brasileiras e norte-americanas, seguindo pela alameda, Rua General Osório, Santa Efigênia, São João, Líbero Badaró até o Largo São Bento. Os *bonds* tinham capacidade para 45 pessoas.

2. *Idem,* 21.5.1900, p. 2.

E concluía o noticiário:

Os carros elétricos foram depois franqueados ao público, correndo sempre cheios, não havendo incidente algum[3].

Em fins de julho, vinham notícias de Monza, na Itália, revelando que o Rei Humberto havia sido assassinado por um anarquista. Nas ruas centrais de São Paulo principalmente nas Ruas São Bento e Quinze, era enorme o movimento de italianos nas portas dos diários, querendo se inteirar dos pormenores. Alguns espetáculos noturnos foram suspensos, o Salão Steinway e o café-cocerto Eldorado, que vivia cheio de italianos.

Dias depois a polícia prendia na Rua do Carmo, 18, a

anarquista italiana Islanza Irene, por ter provocado desordens, vestindo um cachorro com uma roupa feita com a bandeira italiana e por ter dirigido insultos grosseiros à memória do Rei Humberto[4].

No interior do Polytheama estreava o Circo Holmer com seus 40 artistas de ambos os sexos e 50 animais, entre cães, monos, cabras, *poneys* escoceses e burros africanos, dirigidos por Felipe Salvini. Preços cobrados: camarotes e frisas com 5 entradas, 25$000; cadeiras de palco e platéia, 5$000; varandas, 3$000; entrada geral, 1$500. "Espetáculos todas as noites, ainda que chova". Os apreciadores de circo elogiaram muito os endiabrados macacos e um burrinho esperto chamado *Colibri*.

Na Rôtisserie Sportsman, no dia 26 de agosto, os garotos tiveram uma tarde cinematográfica promovida pelo *Comité des Dames Patronesses Françaises*.

No centro da cidade mais uma diversão era exibida:

EXPOSIÇÃO DE COBRAS

Rua Quinze de Novembro, 11

A mais completa coleção.

Todos os dias exibição das 7 horas da manhã às 10 da noite.

ENTRADA, 1$000[5].

Muito comuns no centro da cidade o aparecimento de diversões inocentes na aparência:

3. *Idem*, 8.5.1900, p. 1, «Bonds Elétricos».
4. *Idem*, 10.8.1900, p. 1, «Anarquista».
5. *Idem*, 1.10.1900, p. 3.

Uma parelha de lerdos burros da Viação Paulista puxando um bondinho no Viaduto do Chá. (Fotografia gentilmente cedida pela Divisão de Iconografia e Museus da Prefeitura do Município de São Paulo).

Depois do espetáculo: — Não posso ir cear, porque tenho uma despepsia!. Não sei de onde vem! — a dispepsia, minha senhora?... Vem do grego.

Theatro Sant'Anna

GRANDE QUERMESSE
Em benefício das vítimas da seca do Ceará

HOJE   Rua José Bonifácio, 3   HOJE

Banda de música, jogos de salão, sortes e outras distrações que farão o encanto das crianças e exmas. famílias.

ENTRADA FRANCA[6].

Dez dias depois, a polícia fechava a quermesse por prática de jogos de azar. Todos os materiais de jogos, mesas, cadeiras, fichas, roletas de tostão, tudo foi carregado para a Central. O 1.º delegado Francisco de Castro comandou a ação com 20 praças. O noticiarista observou: "Entre os presos, notamos advogados, estudantes, funcionários públicos, etc."

No dia seguinte chegava a vez do Eldorado Paulista, na Ladeira de São João. Seis delegados, praças, cavalarianos, *secretas* e bombeiros compareceram lá e prenderam cerca de 300 pessoas. Os carros dos bombeiros transportaram os objetos de jogos (e os presos, também) para a repartição policial.

Enquanto isto,

continua funcionando todos os dias, na Rua do Rosário, 5, o cinematógrafo *Paris em São Paulo*, com programa sempre variado. Para hoje estão anunciadas muitas vistas novas[7].

Outro divertimento inocente e alegre estava reservado para os primeiros dias de dezembro:

HIPÓDROMO MECÂNICO — Inaugura-se hoje na Praça da República este moderno e agradável divertimento para família. Dar-se-á começo às 6 horas da tarde e terminará às 11 horas da noite.

1.º — A distinta banda musical *Guido Monaco*, dirigida pelo Prof. Giuseppe de Sica, partindo do Largo do Rosário, percorrerá as Ruas São Bento, Direita, Quinze, São João, Ipiranga até a porta do *Hipódromo*.

2.º — Às 6 e meia horas a primeira partida de 32 figuras de movimento mecânico, que farão o percurso de 3.000 metros em volta da raia, parando somente de 5 em 5 minutos para tomarem lugares os srs. viajantes[8].

A música sempre se fez presente na vida do habitante de São Paulo, fosse ele nacional, apreciador do lundu e do maxixe ou italiano, amante da ópera ou das *canzonettas:*

6. *Idem*, 15.10.1900, p. 3.
7. *Idem*, 28.10.1900, p. 1, «Palcos e Salões».
8. *O Estado de São Paulo*, 6.12.1900, p. 5.

MONTANHAS RUSSAS
Praça da República
HOJE   Quinta-feira, 6 de dezembro de 1900   HOJE
Segunda Função da Moda
GRANDE CONCERTO

pela excelente banda da brigada policial, composta de 62 figuras, sob a regência do laureado músico brasileiro TENENTE ANTÃO.

I — BOHEME (3.º ato) de Puccini.
II — OTELO (fantasia) de Verdi.
III — OUVERTURE OP. 24 de Mendelssohn.
IV — MEFISTÓFELES (fantasia) de Boito.
V — DANSE MACABRE, de Saint-Saëns.
VI — BABILLAGE, de Gillet.
VII — CAVALERIA RUSTICANA (fantasia) de Mascagni.

Preços de Hoje:
Adultos, 2$000 — Crianças, 1$000.

O Eldorado reabriu sob nova direção, com artistas de café-concerto contratados em Buenos Aires: Ignez Alvarez, Jeanne Bascans, Júlia Mallet, Yvonne Raymond, Andréa Thevard, Rosita Tejero e, para brevemente, miss Stella Follet na dança serpentina e o famoso aparelho *Biographo Americano*.

O circo da Luz fazia sua estréia:

LARGO DA LUZ
GRANDE NOVIDADE
CAVALINHOS DE PAU
A VAPOR
INAUGURAÇÃO
HOJE   Se o tempo permitir   HOJE
MARONI & NARDINI[9].

Por ocasião da inauguração de uma galeria na Rua da Boa Vista foi realizada uma quermesse:

HOJE   QUERMESSE
GALERIA WEBENDOERFER

em 18, 19 e 20 do corrente, das 7 e meia às 11 da noite.
Esplêndido FONÓGRAFO e Banda de Música. Promovida pela Associação das Senhoras Paulistas.
ENTRADA, 1$000.
Menores e moças acompanhadas de seus pais não pagarão entrada[10].

9. *Idem*, 29.12.1900, p. 6.
10. *Idem*, 18.12.1900, p. 4.

No dia 31 de dezembro, o Polytheama, agora pela primeira vez iluminado a luz elétrica, apresentava a opereta mitológica de Offenbach, *Orfeu no Inferno*, com um animado *can-can* dançado pela atriz Clay e Felix Ottonelli. Era realmente um grandioso espetáculo *fin de siècle*.

1901: OS BONDES ELÉTRICOS APOSENTAM OS BURRICOS DA *VIAÇÃO*

> *A CIA. LIGHT AND POWER, tendo suprimido algumas linhas de tração animal nos bairros já servidos por* bonds *elétricos, tem à venda grande número de excelentes burros para carroça, arado, trole etc., etc. Para tratar e mais informações, no escritório da gerência de tração, à Rua Direita n.º 7, sobrado.*
> O Comércio de São Paulo, 25.9.1901, anúncio da p. 4.

No Eldorado Paulista estreava, com grande sucesso, a dançarina inglesa Stella Follet com as suas danças serpentinas e borboleta elétrica, juntamente com o *Biographo Americano* exibindo novas vistas, e Rosita Tejero cantando canções espanholas.

Dizia o anúncio que no Salão Progredior faziam-se todas as noites audições de zonofones e grafofones, com projeções luminosas do kinetoscópio e estereoscópio, que "são de admirável perfeição e têm proporcionado ao público um passatempo agradável e curioso".

De outro lado, o *Hipódromo Mecânico,* da Praça da República, que fazia questão em conquistar o *high-life* paulistano, garantia que lá não se permitia a entrada de pessoas que não estivessem decentemente trajadas. É que ultimamente a imprensa referia-se constantemente aos desordeiros que ali faziam ponto.

Ainda em janeiro, o empresário Vitor de Maio transferia para a São Bento a sua casa de espetáculos:

HOJE   HOJE
GRANDE INAUGURAÇÃO
DO NOVO SALÃO
PARIS EM SÃO PAULO
Rua de São Bento, 77
Assombrosas novidades modernas. Grande atração parisiense

A MULHER-PEIXE

Cinematógrafo o mais aperfeiçoado, com grande repertório de novas vistas.

Preços de entradas:
GERAL, 1$000   RESERVADO, 1$500[1].

O reinado de Momo este ano chegou sem as costumeiras comemorações dos anos anteriores. "Por culpa da crise financeira que assoberba a nação e ameaça de miséria o lado do pobre" — diziam muitos. E *O Comércio,* à guisa de epitáfio, lançava-lhe a primeira irreverência:

Descansa em paz, ó Deus da Troça! E quando reaparceres, ó Momo querido, traze-nos, senão vestes resplandecentes, ao menos câmbio a 27!

Alguém que voltava de Paris anunciou nas páginas de um jornal:

CINEMATÓGRAFO
Última Novidade da Exposição.
Vende-se um grande cinematógrafo, contendo uma lanterna com lâmpada, 50 vistas fixas, 12 vistas animadas e 1 rolo com

1. *O Comércio de São Paulo,* 27.1.1901, p. 3.

60 metros, contendo toda a Exposição de Paris animada, além de 100 vidros para projeções.

Preço razoável; cartas a esta redação a M. B.[2]

A famosa Casa Edison, que iniciava suas atividades comerciais na terra da garoa, anunciava:

FOTOGRAFIA ANIMADA
o divertimento mais inocente e interessante

IMAGENS VIVAS
em movimento em cenas pitorescas e bizarras. Extraordinária invenção, própria para o entretenimento familiar.

Preço: 6 cenas diferentes, algumas coloridas, 5$000; pelo correio, mais 1$000.

CASA EDISON
Rua do Rosário n.º 8-A

FIGNER IRMÃOS[3].

No velho Polytheama, os insistentes empresários de jogos de azar disfarçados em diversões inocentes, traziam um jogo de *poules:*

VELÓDROMO MECÂNICO GROSSET
HOJE Sábado, 9 de março HOJE

INAUGURAÇÃO

Sensacional Atração

Premiado com medalha de ouro em Paris e pela primeira vez na América do Sul.

ENTRADA FRANCA

Funciona todos os dias das 7 horas à meia-noite.

Domingos e feriados duas funções[4].

Não se podia dizer que São Paulo era uma cidade materialista. Nas suas quinze ou vinte igrejas da parte central, celebravam-se com muito espírito religioso todos os atos da Semana Santa: a exposição do Senhor Morto, adoração da Cruz, coroação de Nossa Senhora, o lavapés, o sermão da paixão, a via sacra, o ofício das trevas, o cântico do *Magnificat,* o cântico das profecias, o canto do *Stabat,* a procissão da ressurreição, etc.

Perto da Semana Santa apareceu por aqui um museu de cera:

2. *Idem*, 2.3.1901, p. 3.
3. *Idem*, 9.3.1901, p. 3.
4. *Idem, ibidem*, p. 4.

EXPOSIÇÃO   ARTÍSTICO-RELIGIOSO

Rua de São Bento, 97
(Esquina do Largo de São Bento)
Onde vai funcionar o PETIT BAZAR

Imponente obra plástica. Reprodução em vulto (tamanho natural) da célebre obra do famoso artista italiano LEONARDO DA VINCI

A SANTA CEIA DE CRISTO

Cristo à mesa entre os 12 apóstolos: Mateus, Tadeu, Simão, João Evangelista, Felipe, Pedro, Bartolomeu, Tiago, André, Tomaz, Tiago Mayor e Judas Iscariotes, e todos em poses naturalíssimas que nada ficam a dever às figuras de cera do palácio de Mme Tissot, em Paris.

ABERTA TODOS OS DIAS DAS 10 HORAS DA MANHÃ EM DIANTE.

ENTRADA, 1$000

NB — Esta Exposição estará aberta até o dia 7 de abril impreterivelmente[5].

Foi realizada na Praça da República uma grande quermesse em benefício do Hospital dos Tuberculosos, com as diversões fornecidas pela empresa das *Montanhas Russas* e com a presença dos representantes de todos os jornais da Capital: *O Estado de São Paulo, Correio Paulistano, Diário Popular, O Comércio de São Paulo, Fanfulla, Tribuna Italiana, Vida de Hoje, Zazá, Novidades, Império* e *Princípio do Século.*

Os divertimentos apresentados: corridas de cavalinhos, pesca artificial, tiro ao alvo pelas srtas. espanholas, viagem em estrada de ferro, bonecos vivos, teatro Pinta-Marrecos, Cia. de operetas, fonógrafo, grafofone, cinematógrafo, lanterna mágica, etc.

No dia 6 de abril, com o Teatro Sant'Ana completamente lotado, representou-se pela Cia. espanhola de F. Peyres, o drama de 5 atos, *Electra,* do escritor Perez Galdós.

Sabiam todos que o drama, quando foi levado à cena em Madri, produziu manifestações anti-religiosas que repercutiram em toda a Espanha. Aqui em São Paulo, o policiamento no teatro tinha sido reforçado.

Findo o espetáculo, um grupo de indivíduos mais ou menos conhecido por suas idéias subversivas percorreu as ruas da cidade, dando *vivas* e *morras.* Esse grupo apedrejou o Convento de São

5. *Idem,* 4.4.1901, p. 3.

O Circo Spinelli esteve em São Paulo em 1901, 1902, 1903. Esta foto é de 1907, tirada no Rio, vendo-se, entre os artistas, Benjamin de Oliveira com o rosto empastado de pó branco (a primeira figura masculina, à direita) (Reprodução fotográfica do Autor, Gazeta de Notícias, Rio, 1.9.1907).

No início do século, a Casa Edison vendia, para fins recreativos e instrutivos, este brinquedo ótico chamado Kaleidoscopio. (De um catálogo da época).

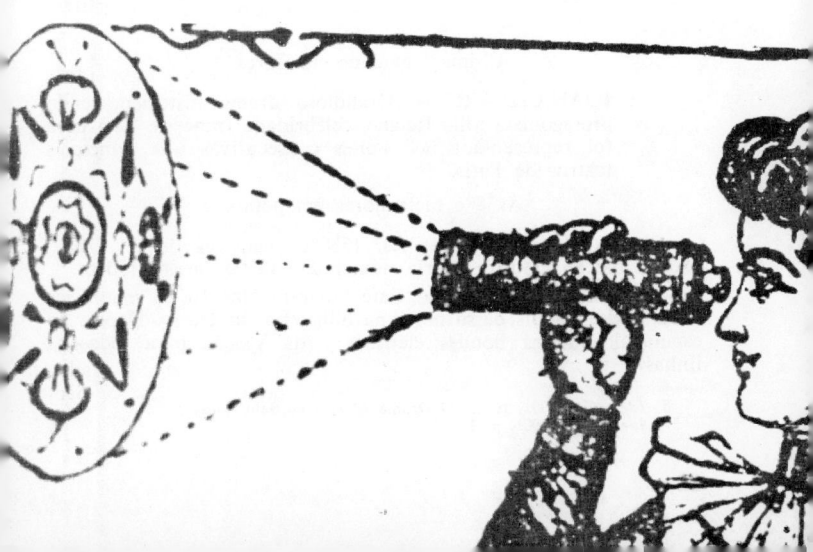

Bento, não nos constando que a polícia tenha procurado impedir semelhante cena de selvageria[6].

Também o museu de cera do Largo de São Bento foi ameaçado de depredação, tendo o proprietário Anísio Fernandes pedido garantias à polícia, que lá enviou diversos agentes de segurança.

O mesmo teatro, gerador das desordens, apresentou um cinematógrafo que reproduzia com nitidez e perfeição interessantes cenas:

TEATRO SANT'ANA
Empresa N. Fernandez

HOJE   Quarta-feira, 24 de abril de 1901   HOJE
Estréia o

GRANDE BIOGRAFO LUMIÈRE

Modelo 1901. Único aparato (aparelho) que viaja na América do Sul, por conta da *Societé Générale des Cinematographes et Biographes* de Paris.

GRANDE PROGRAMA

1.º ato:
EXPOSIÇÃO UNIVERSAL DE PARIS EM 1900

2.º ato:
INTERVENÇÃO EUROPÉIA NA CHINA

3.º ato:
GRANDES FUNERAIS DE UMBERTO I
Deslumbrante cortejo fúnebre.

Última Novidade:
RECEPÇÃO DO DR. CAMPOS SALES EM BUENOS AIRES

4.º ato:
Última Novidade em Cores

JOANA D'ARC — Grandioso drama histórico, sendo protagonista Mlle Réjane, celebridade francesa. Esta obra foi representada 500 noites consecutivas nos principais teatros de Paris.

Às 8 e meia horas em ponto.

Preços: frisas e camarotes, 15$000; cadeiras de 1.ª classe, 3$000; balcão, 3$000; galeria numerada, 1$500; geral, 1$000.

Os bilhetes à venda no Café Guarani, das 10 da manhã às 5 da tarde; depois dessa hora, na bilheteria do teatro. Depois do espetáculo haverá bondes elétricos e da Viação para todas as linhas[7].

6. *Idem*, 7.4.1901, p. 1, «O Drama *Electra* no Sant'Ana».
7. *Idem*, 24.4.1901, p. 4.

O teatro encheu-se e lá esteve também o crítico da seção "Palcos e Circos", que achou ser um dos melhores aparelhos que tem aparecido em São Paulo:

Releva, entretanto, notar que os episódios copiados das cenas reais impressionam sempre muito mais os espectadores. Assim é que os funerais de Humberto I e as vistas da Exposição de Paris tiveram grande aceitação, ao passo que o drama *Joana D'Arc* mostrava, a todo momento, que era copiado de atores e comparsas tão medíocres uns como os outros.

Nas cenas de transformação, que para as reproduções cinematográficas oferecem relativa facilidade, não há negar que o efeito deslumbra à primeira vista, mas não resiste à análise.

Nas cenas tiradas do natural têm os empresários do *Biografo Lumière* um vasto repertório, e cremos que com ele é que poderiam obter mais algumas boas concorrências[8].

Os espetáculos ficaram pouco tempo no Sant'Ana: três dias apenas. Outras vistas exibidas: *Aladim,* mágica de 45 quadros, e *A Guerra Anglo-Boer,* ambos da *Pathé.*

Nos primeiros dias de maio, outro cinematógrafo ambulante ocupou o salão da Rua da Boa Vista:

TEATRO SANT'ANA
Pela primeira vez em São Paulo exibição do maravilhoso

CINEMATÓGRAFO
SEXTA, SÁBADO e DOMINGO.

Único premiado por sua perfeição com a mais alta recompensa *Grand Prix* na Exposição de Paris de 1900.

Inaugurado em Buenos Aires, no Teatro Nacional, à Rua Florida, com 2.000 exibições consecutivas. Em Porto Alegre, no Teatro São Pedro e a pedido do exmo. sr. presidente do Estado, na Exposição Estadual, recendo entusiásticos aplausos em todas as partes.

PROGRAMA
Primeira parte:

1 — BAILES ESPANHÓIS — em três pavilhões diferentes da Exposição de Paris.

2 — LAVRADORES — Castacata cômica. Lago e cisnes. Saída e entrada do trem na estação. Desembarque de passageiros.

3 — MANOBRAS DE ALPINOS — Subida da montanha. Tiros de canhões. Descida da artilharia rodada. Descida dos alpinos e assaltos das fortificações.

4 — BANHO DE CAVALOS — Banhos de soldados. Saltos mortais dentro do mar.

5 — EXPOSIÇÃO DE PARIS — com todos os pavilhões.
Quinze minutos de intervalo

8. *Idem,* 25.4.1901, p. 2, «Palcos e Salões».

Segunda parte:

1 — DOIS BEBÊS COMENDO — Jardim Zoológico. Passeio de elefantes, avestruzes e cavalinhos puxando carrinhos. Prestidigitador transformando a mulher. Mudança de família pobre.

2 — GRANDE NAUFRÁGIO — Saída de barcos do porto e desembarque de passageiros.

3 — PASSEIO DE CARROS NOS CAMPOS ELÍSIOS — Avenida da Ópera. Carro com 12 cavalos carregando uma grande pedra. Bombeiros de Londres apagando um incêndio.

4 — PRAÇA DE TOUROS EM SÃO SEBASTIAN — quadrilha Mazzantini.

5 — TRANSFORMAÇÕES DE ARTISTAS NO TEATRO — Baile de fantasia. Baile no *Teatro da Ópera*, em Paris. Todos os bailes são de cores.

As exibições durarão duas horas, sendo das 8 e meia às 10 e meia da noite.

Camarotes, 10$000; cadeiras, 2$000; entrada geral, 1$0000.

Sábado e Domingo, vistas novas[9].

Na Rua do Rosário, 6, sobrado, existia uma empresa de anúncios elétricos, a primeira de São Paulo no gênero. Os seus donos, Ribeiro & Cia., possuíam um aparelho cinematográfico para dar exibições gratuitas de rua, mas a Prefeitura solicitou providências da polícia no sentido de não permitir a aglomeração de pessoas nos passeios ou calçadas, visto embaraçar o trânsito público e a entrada das lojas números 34 e 36 da Rua Quinze de Novembro.

Na mesma rua funcionava o Progredior com seus concertos e "um magnífico cinematógrafo, especialmente para famílias. Entrada 1$000".

As diversões que exploravam os jogos de azar funcionavam livremente, desde que tirassem suas licenças na polícia e pagassem seus impostos na Prefeitura:

S A L Ã O   S P O R T

TIRO-AO-ALVO

na GALERIA DE CRISTAL

Às 8 horas da noite, grande e pomposa inauguração do predileto divertimento das exmas. famílias.

TIRO-AO-ALVO

pelas distintas senhoritas: Cinta, Josefina, Remédios, Esperança, Elvira, Amparo, Adélia, Luísa e Terezinha.

HOJE   Sábado, 25 de maio de 1901   HOJE

A Empresa.

9. *Idem*, 3.5.1901, p. 3.

A Rua Quinze de Novembro, a "Rua do Ouvidor de São Paulo", já com sua linha de bondes elétricos. (Fotografia gentilmente cedida pela Divisão de Iconografia e Museus da Prefeitura do Município de São Paulo).

Os jogos campeavam pelo centro da cidade. *O Comércio* chegou a enumerar 22 roletas e 58 casas de jogo do bicho funcionando na parte central da cidade e um dos pontos mais visados ficava na Rua da Boa Vista:

FRONTÃO BOA VISTA
AMANHÃ Domingo, 2 de junho de 1901 — Meio-dia AMANHÃ

DESLUMBRANTE FESTA ESPORTIVA
em que serão disputadas renhidíssimas quinielas simples e duplas.

POULES SIMPLES — BANDA DE MÚSICA —
POULES DUPLAS
Quinta-feira, dia 6, ao meio-dia em ponto

À NOITE   ÀS 8 E MEIA   À NOITE

em que será disputado um assombroso e sensacional PARTIDO a 40 pontos pelos heróicos pelotários Aguinaga e Bachiller contra Altamiro e José. Seguindo-se uma ATRAENTÍSSIMA e EMOCIONANTE LUTA ROMANA pelos hércules PORTHOS e SANTIAGO.

Preços: camarotes de 1.ª ordem, 15$000 — Entrada para camarotes de 2.ª ordem, 3$000 — Entrada geral, 2$000[10].

O italiano Vitor de Maio prosseguia nas suas exibições:

NOVO SALÃO PARIS
Rua de São Bento, 77
Abertura, hoje, 23, às 6 e meia da tarde.

O maior sucesso da época. O mais aperfeiçoado cinematógrafo vindo há pouco de Paris, com importantíssimas vistas animadas.

Museu com figuras de cera, tamanho natural, onde se vê Veiga Cabral matando o capitão da marinha francesa no Amapá; o Dr. Urbino de Freitas com o seu sobrinho ao lado, envenenado por ele; o grande D. Pedro de Alcântara, Marechal Floriano, Deodoro da Fonseca e muitos outros distintos personagens.

Entrada geral com direito a tudo, 1$000[11].

O crítico do jornal *O Comércio* correu para ver o novo museu e não saiu satisfeito.

Pena é que — escreveu, sensibilizado — entre as figuras de cera hajam duas de *mortos,* que impressionam mal os visitantes.

O Polytheama-Concerto, agora nas mãos da empresa Pascoal Segreto e dirigido pela tarimba de Joseph Ca-

---
10. *Vida de Hoje* (São Paulo), nº 239, 1.6.1901.
11. *O Comércio de São Paulo,* 23.6.1901, p. 3.

teysson, apresentava, entre belas e perfumadas cantoras francesas e italianas, o *lutteur* Porthos, Rosita Tejero com suas *danses espagnoles*, Mlle Jenny Cook, vestida de *bahiana*, repetindo o velho sucesso da *Muqueca, Sinhá*, Kralik, cantora tirolesa, Lina Contes cantando *La Luna*, Annie Ness com a canção brasileira *Mungunzá*, Manolita, "dançarina francesa que dançava à espanhola, bailados argentinos", Carletta, o *lagarto humano*, contorcionista que deixou o "público meio entusiasmado, meio horrorizado", e o músico excêntrico Benn tocando xilofone, garrafas, guisos e um "violoncelo feito com uma caixa de charutos e outras bugigangas, que estamos habituados a ouvir em botequins e circos de cavalinhos".

Outra novidade apreciada no Polytheama foi a apresentação do *indomável* leão Brutus:

> Assim que o soltaram na grande jaula, onde lá estava o *manequim* vestido de *touriste* inglês, pôs-se a bufar, fungar, a rugir, e três vezes nove, 27, noves fora nada! E o *manequim* impassível, como a impassível Inglaterra diante do concerto de rugidos das demais nações[12].

O cronistas de "Palcos e Salões", com a história do *Brutus,* o *manequim* e a Inglaterra, queria com toda a certeza referir-se ao constante estado de guerra e revolta em que viviam na época as colônias britânicas da África e da Ásia.

Em São Paulo, começava o esburacamento das ruas para o assentamento de novos trilhos para as linhas elétricas:

TRABALHADORES

The São Paulo Tranway Light and Power Company Limited precisa de 1.000 trabalhadores para a construção de linhas novas que vai assentar na cidade.

Quem pretender deve dirigir-se ao engenheiro encarregado das obras, na Ponte Pequena.

No centro da cidade

os empregados da *Light* trabalham dia e noite na Rua de São Bento. O velho calçamento vai ser tirado, e dentro em pouco os lampiões de gás cederão lugar a grandes lâmpadas de luz elétrica das usinas de Parnaíba.

A inauguração dos dois primeiros grupos da usina de Parnaíba (com a capacidade de 2.000 kw) foi realiza-

---

12. *Idem*, 27.8.1901, p. 2, «Palcos e Salões».

da no dia 23 de setembro, com o comparecimento de todas as autoridades do Estado, engenheiros da Cia., imprensa e convidados.

A *Light* também suprimiu quase todos os bondes puxados por mansos burrinhos da antiga *Viação,* substituindo-os pelos modernos e velozes carros elétricos nas linhas Barra Funda, Água Branca (em 2 seções, a 200 réis cada), Vila Buarque, Avenida Paulista (com 2 linhas, uma pela Rua da Consolação e outra pela Brigadeiro Luís Antônio), Cambuci, Bom Retiro, Penha (em 2 seções a 300 réis cada), Brás, etc.

O batedor de carteiras, Adolfo Peruccini agia quase sempre nos pontos de bondes da *Viação,* onde a aglomeração fosse maior. Por ter evoluído na *técnica* de esvaziar os bolsos alheios, ficou sendo conhecido nas rodas policiais como o *Bonde Elétrico.*

Armava-se um circo no centro da cidade:

PRAÇA DA REPÚBLICA

CIRCO FERNANDES

Grande Companhia Ginástica e Eqüestre

Diretor: Serafim Fernandes

em combinação com o

CIRCO NOVO MUNDO

HOJE ESTRÉIA HOJE

do mais importante conjunto artístico em viagem na América do Sul.

Leiam os programas

AO CIRCO!

PRAÇA DA REPÚBLICA[13].

Em outubro, 43 sócios do Sport Club Internacional seguiram em passeio para a localidade de Osasco, onde foram recebidos com banda de música e discursos dos Srs. Aristóteles de Oliveira Brandão e Antônio Campos, este último agradecendo a recepção. Depois, no Velódromo de Osasco participaram de várias provas e de uma disputa ciclística.

Desta disputa, bem como de outras cenas e grupos foram tiradas fotografias pelos sócios Villa Real, Antônio Campos, Edmond Plauchut e Auer Louis.

13. *Idem,* 11.8.1901, p. 4.

Esta foi a primeira referência que encontramos de Antônio Campos. Ainda em outubro, realizou-se em um terreno perto do Velódromo, na Rua da Consolação, o primeiro *match* interestadual de *football* entre jogadores do Rio e de São Paulo. Jogaram em um sábado, dia 18 e o resultado final foi de 2 a 2, e no domingo, a segunda partida, zero a zero. Na mesma tarde, os cariocas embarcaram para o Rio. A estação do Norte ficou repleta de esportistas da Capital.

Foram formados dois grupos das pessoas presentes na estação pela amador Sr. Antônio Campos, que agrupou todas as pessoas sobre a locomotiva n.° 42 que tirava (puxava) o trem noturno.

No bairro do Brás apareceu um picadeiro:

CIRCO SPINELLI
Largo da Concórdia
HOJE   GRANDE FUNÇÃO   HOJE
O impagável BENJAMIM
A Família Brasileira
A Família Buch
VAMPA-ADRA
em seus escolhidos atos
As Divas da Arte
Srtas. CARMEN e CÂNDIDA
Entrada, 1$000 — Cadeiras, 3$000
SÁBADO, GRANDE FUNÇÃO[14].

O Polytheama era um velho pardieiro condenado pela Prefeitura por não oferecer nenhuma segurança, mas mesmo assim funcionava, desrespeitando a determinação das autoridades. Até que um dia, a sua poderosa proprietária, a Cia. Antarctica Paulista, foi intimada severamente a fechar e reformar o teatro.

E os artistas do Polytheama passaram então a ocupar outro local:

CASSINO PAULISTA
Antigo Eldorado
Empresa: C. Seguin & Cia.
Diretor: Cateysson.
HOJE   Quarta-feira, 27 de novembro   HOJE
ESTRÉIA da
Nova Troupe composta dos artistas:

14. *Idem*, 28.11.1901, p. 4.

Cassino Paulista, café-concerto Rua de São João. Antigo Eldor[ado] Paulista. Abaixo, pegado, localiza[-]se o Polytheama. Em 1907, Serra[dor] abriu aí o Bijou-Theatre. (Repro[du]ção de uma fotografia de Guilher[me] Gaensly).

ACCIDENTE NO SANT'ANNA
A actriz Pepa

A estimada actriz Pepa Ruiz, que tantas delicias tem proporcionado ultimamente aos *habitués* do *Sant'Anna*, foi hontem victima de lamentavel accidente, que a todos consternou profundamente.

No terceiro acto da *Capital Federal*, que era representada em beneficio dos actores Machado e Brandão, e justamente na occasião em que Pepa *(Lola)* dançava com o actor Lino *(Lourenço, o cocheiro)* o apreciado maxixe daquelle acto, aconteceu falsear um dos alçapões do palco, cahindo ambos no subterraneo.

Pepa recebeu varias contusões no ventre e o actor Lino, excoriações numa das pernas, sendo aquella actriz substituida no papel de *Lola*, até o final, pela sra. Manza.

O dr. Victor Ayrosa, 5.º delegado, que presidia o espectaculo, acudiu promptamente á caixa do theatro, dando as providencias que o caso requeria.

Não é grave o estado da sra. Pe[pa]

Noticiário sobre o acidente da at[riz] Pepa Ruiz.

Sylvia, Liette Dória, Daubray, Gorgenyi, Laura, Lily de Lídia, Geraldo, o popular cantor brasileiro, Los Blancos, bailarinos espanhóis, os Darras, acrobatas, os Pix Poz, no duplo trapézio e Richards, o célebre cômico inglês.

Às 8 e meia horas[15].

Uma exposição por certo lúgubre e tenebrosa era aquela anunciada pelo *O Comércio,* na sua p. 1 de 1.º de dezembro:

Estará hoje em exposição ao público, na Charutaria do Sr. Luís José Gomes, à Rua Quinze de Novembro n.º 8, um cadáver embalsamado pelo processo especial do Dr. Amâncio de Carvalho, ilustrado lente de Medicina Legal da Faculdade de Direito.

O cadáver irá depois figurar, para estudos, na sala de aulas daquele distinto clínico, na Faculdade de Direito.

No palco do Teatro Sant'Ana, da Rua da Boa Vista, acontecia um acidente:

No 3.º ato da *Capital Federal,* na ocasião em que *Lola* (interpretado por Pepa Ruiz) dançava com o *cocheiro Lourenço* (interpretado por Lino), o apreciado maxixe daquele ato, aconteceu falsear um dos alçapões do palco, caindo ambos no subterrâneo.

Pepa recebeu várias contusões no ventre e o ator Lino escoriações numa das pernas, sendo aquela atriz substituída no papel de *Lola,* até o final pela Sra. Maria Mazza.

Não é grave o estado da Sra. Pepa Ruiz[16].

E na mesma noite, ali perto, na atual Rua João Brícola, inaugurava-se o cinema de nome mais expressivo da cidade:

PAULICÉA PHANTASTICA — Inaugurou-se na Rua do Rosário, 5, uma nova casa de novidades e diversões, que recomendamos às exmas. famílias. Na *Paulicéa Phantastica* verão os visitantes o Palácio da Eletricidade, da última Exposição de Paris, destacando-se ao fundo a Torre Eiffel e o balão dirigível de Santos Dumont, igualmente é exibido o melhor animatógrafo que tem vindo a São Paulo, o qual contém vistas inteiramente novas.

A principal atração, porém, da *Paulicéa Phantastica* é o salão verde, com o lago encantado, onde as crianças poderão pescar... magníficos briquedos. A entrada custa apenas 1$000 e as funções começam todos os dias às 6 horas da tarde[17].

---

15. *Idem,* 27.11.1901, p. 2.
16. *Idem,* 31.12.1901, p. 1, «Acidente no Sant'Ana».
17. *Idem, ibidem,* p. 2, «Palcos e Salões».

1902: OS DIABOS FALANTES DO SALÃO
PAULICÉA PHANTASTICA

> *Apreciamos ali* (na Paulicéia Phantastica) *um excelente* photophone *que nos deu a ilusão completa de audição ao vivo de uma ópera lírica, com o jogo mímico dos seus personagens e principais figurantes. É um aparelho aperfeiçoadíssimo, digno de ser apreciado pelo público desta Capital.*
>
> O Comércio de São Paulo, *18.9.1902, p. 2.*

No Cassino Paulista, café-concerto da Ladeira de São João, agradavam os números de variedades dos artistas Leonardo & Geraldo, "os nunca assaz ouvidos", *fraulein* Rosa Kiky, "a toutinegra do Tirol", Mlle Léa

Darty, Miss Shelley, Mlle Berthe Duperrier, Mlle Dharville, *chateuse a voix*, Juanita Blanco, etc.

No Brás, o palhaço "querido de todos", Benjamin de Oliveira dava seu festival no Circo Spinelli e recebia dos admiradores muitos *bouquets* e uma rica medalha de ouro.

•Em outro local, no mesmo bairro estreavam as touradas:.

GRANDE COLISEU ANTARCTICO
(DO BRÁS)
(CIRCO DE TOUROS)

Rua D. Antônia de Queiroz   Empresa: Pinto & Cia.

Inteligente (Diretor de touradas): Carlos Martins

Preços: cadeiras, 5$000; reservado numerado, 4$000; na sombra, 3$000; no sol, 2$000; meia entrada (para crianças), 1$000.

NOTA — O respeitável público encontrará um bem montado botequim dentro da Praça[1].

No centro da cidade, perto da Igreja do Rosário, ficava o melhor salão do momento:

PAULICÉA PHANTASTICA
5   Rua do Rosário   5
NOVO SALÃO DE NOVIDADES
HOJE   HOJE
Pela primeira vez na América

O BALÃO SANTOS DUMONT
NA SUA VIAGEM TRIUNFAL

Um poderoso animatógrafo reproduzirá vistas animadas da maravilhosa viagem aérea de Santos Dumont realizada ultimamente em Paris.

COLOSSAL PROGRAMA DE NOVIDADES!

Entradas, 1$000 — Meia entrada (crianças), 500 réis.

Amanhã! Domingo! Amanhã! Grandiosa *matinée* de 1 às 4 horas da tarde. A função da noite principiará às 8 e meia horas[2].

Às 19 horas foi realizada uma sessão especial com a presença do Conselheiro Rodrigues Alves, presidente do Estado e suas filhas, o seu ajudante de ordens, o Dr. Rodrigues Alves Filho, Dr. Francisco Malta, Dr. Bento Bue-

---

1. *O Comércio de São Paulo*, 5.1.1902, p. 4.
2. *Idem*, 11.1.1902, p. 4.

no, o Prefeito Antônio Prado, Dr. Teodoro Sampaio, além de diversos cavalheiros e famílias.

Todos ficaram orgulhosos e aplaudiram a vista natural de Santos Dumont "por céus nunca dantes navegados".

O aparelho do salão *Paulicéa Phantastica* movimentou por todo o mês de janeiro a curta Rua do Rosário, com a exibição das seguintes vistas:

A Arte Negra do Egito, O Transformista Frégoli, Inauguração da Exposição de Paris de 1900, Um Banhista em Apuros, Grande Combate Naval entre as Esquadras Americana e Espanhola, Palácio do Vaticano, Mefistófeles (Le Laboratoire de Méphistophéles), com aparições e desaparições, filmado por Méliès, *Luta Romana, No Mundo da Lua, Tourada à Espanhola, A Dança Serpentina*, com a dançarina espanhola Rosita Tejero, já conhecida dos freqüentadores do Eldorado e Polytheama, *Combate entre Boers e Ingleses na África, Sonho de um Mendigo, Briga entre Lavadeiras, Sonho de um Sultão, Um Dentista Americano, A Boneca Vivente*, clássico de Méliès, *Os Raios X, Chegada de um Expresso a Roma, Campos Elísios de Paris, O Milagre de São Cipriano nas Águas, O Fotógrafo e o Camponês*, grande sucesso, *Vingança de uma Mulher*, um crime cometido num bosque, *O Carvoeiro*, cena cômica, *O Príncipe Encantado*, lenda asiática, *Gabriel e Lusbel*, cena importante no interior de um convento, e *O Hotel Encantado*, verdadeira fábrica de gargalhadas.

A primeira manifestação reveladora de que o carnaval estava por perto, eram, como sempre, os anúncios das pouquíssimas lojas, como a antiga Casa Lebre e a Loja do Japão, que comerciavam artigos carnavalescos, os mais procurados: confete, serpentina, lança-perfume, lanterna de papel, máscara, barba postiça, bigode, etc.

A polícia noticiou que, até no primeiro dia de carnaval, tinha concedido licença para 20 *clubs*, 26 sociedades e 76 grupos.

Apesar de tudo, o carnaval de 1902 foi pobre. O que tirou muita gente de casa foi desfile dos carros alegóricos que criticavam o jogo da roleta, a Estrada de Ferro Sorocabana (uma junta de bois puxando uma locomotiva), alegoria a Santos Dumont contornando a Torre Eiffel, ao Ano Novo (um menino saindo de um ovo e distribuindo moedas de 400 réis), o Polytheama Concerto e o sucesso de uma cançonetista com *La Luna*, e... só.

O "salão da moda" *Paulicéa Phantastica* funcionava diariamente exibindo umas 10 vistas por noite. No início de fevereiro, dedicou "uma função à ilustre colônia italiana de São Paulo honrada com a presença do cav. Atílio Monaco, dd. cônsul real da Itália". Entre outras, foram exibidas os 500 metros dos *Funerais do Rei Humberto I.*

Outras vistas mostradas em fevereiro: *Cendrilon,* filmada por Méliès, em 1899, "vista colorida de 500 metros com a história completa da Gata Borralheira, representada em diversos quadros animados, com todo o esplendor dos contos de fadas"; *A Dança no Fogo,* colorida, *O Grande Prestidigitador Hermann, Como se Forma uma Mulher, Esperteza de um Preso, Carnaval de Veneza, A Caverna dos Fantasmas, Tentação de um Frade, O Mágico dos Bonecos, Sonho de um Avarento, Ramul: Célebre Hipnotizador Oriental, Sonho de um Palhaço,* etc.

O Circo Spinelli deixava o Brás e vinha para a cidade:

CIRCO SPINELLI

Rua Marechal Deodoro   Praça Dr. João Mendes
Local do antigo Teatro São José

Grande Cia. Eqüestre, Ginasta e Zoológica, dirigida pelo artista AFONSO SPINELLI

HOJE   GRANDE ATRAÇÃO   HOJE
Novidades e mais novidades

O fenomenal ventríloquo ARISTY WILSON

Estréia de 6 Bonecos Mágicos de Tamanho Natural

BENJAMIN, o querido; CRUZET e MOYA, os impagáveis e os *tonys* BETING e CATORRITA prometem hoje o arco da velha.

Finalizará com uma chistosa pantomima.

Camarotes, 20$000; cadeiras de 1.ª, 4$000; ditas de 2.ª, 3$000; gerais, 1$000.

Não há meias entradas   Começará às 8 1/2 horas[3].

O inquieto exibidor Vitor de Maio já não estava mais em São Paulo, conforme elucidava esta pequena notícia na p. 2, da seção "Palcos e Circos" de *O Comércio* em 14 de março:

De Paris escreve-nos o Sr. Vitor de Maio anunciando o seu breve regresso a esta Capital, onde exibirá o *Phono-Cynematographo,* a última novidade de Edison, isto é, reprodução de cenas animadas, combinadas a um grande *phonographo* automático.

3. *Idem*, 4.3.1902, p. 4.

Rua do Rosário, onde se localizava o Salão Paulicéa Phantastica. (Fotografia gentilmente cedida pela Divisão de Iconografia e Museus da Prefeitura do Município de São Paulo).

Anúncio da fita O Balão Santos Dumont **exibida no Salão Paulicéa Phantastica.**

Anúncio do Circo Spinelli.

tambem continuar a estudar piano,
lho etc.
aulas começarão no dia 1º de fevede 1902.   15—11

AULICÉA PHANTASTICA

5 —Rua do Rosario— 5

Novo salão
DE
NOVIDADES
HOJE!   HOJE!

ela primeira vez na America:

O BALÃO SANTOS DUMONT

ma viagem triumphal.

m poderoso animatographo reproduvistas animadas da maravilhosa vinaerea do balão Santos Dumont reaultimamente em Paris.

ossal programa
de novidades

radas . . . . 1$000
as entradas (crianças) 500

anhã! Domingo— Amanhã!
randiosa matinée de 1 ás 4 horas da

Com
ra-comica
musica

O ve

(DE

Adam
chesia Co
Baronez
porta-ca
G. Ham
E. Razo
guardas
F. Cian
sores, S
ro cons
conselhe
lheiro, t
garotto
Tyrolo
etc.
E'poca
Maestr
chestra,

PREÇ
cadeiras
7$; bale
meradas
Os bil
lista, la
ras da r
hora, na

---

de S. Bento, 31
Sobrado

Piera fretes passagens
Agencia da Mala Real Ingle
Rua de S. Bento, 41

CIRCO SPINELLI

Marechal Deodoro — Praça Dr. João Mendes
LOCAL DO ANTIGO THEATRO S. JOSÉ

COMPANHIA EQUESTRE, GYMNASTICA
ZOOLOGICA

Dirigida pelo artista

Affonso Spinelli

oje   Hoj

Estréa de novos artistas

DIOSA MATINÉE, ás 2 horas da tar

O grande Leão

O animal mais lindo e feroz das florestas africanas da do Sahara, omaior e mais bello Leão que tem vindo á rica do Sul, por ser de tamanho colossal.

* * *

A' noite — ás 8 1/2 horas

nde e variadissimo espectaculo

Com brilhante e escolhido programma

Enthusiasmo sempre crescente

arão parte todos os principaes artistas
da Companhia

nará o espectaculo com uma interessante

PANTOMIMA

Durante a Semana Santa, o salão *Paulicéa Phantastica* deu uma sessão dedicada às autoridades:

Estiveram presentes o Dr. Carlos Reis, representando o Sr. presidente do Estado, o secretário da Fazenda, Dr. Francisco Malta e o Sr. Cônego Manuel Vicente, vigário-geral do bispado.

Os quadros d'*A Vida de Cristo* foram muito apreciados e produziram belíssimo efeito, devido a serem coloridos e reproduzidos com muita nitidez.

À entrada e saída dos convidados, a banda de música que ali funciona executou o Hino Nacional.

Auguramos aos proprietários da *Paulicéia Phantastica* igual sucesso ao obtido com as vistas de Santos Dumont[4].

Eis o anúncio das vistas sacras:

PAULICÉA PHANTASTICA

5   RUA DO ROSÁRIO   5

HOJE   HOJE

ver as vistas animadas e coloridas da

VIDA DE CRISTO

o maior acontecimento do mundo!

Ninguém deve deixar de ver esta grande maravilha

ÚNICA SÉRIE NO MUNDO

Grande *matinée* de 1 às 4 horas da tarde, dedicada às exmas. famílias.

RUA DO ROSÁRIO, 5[5].

Vendo o sucesso do seu concorrente, o Polytheama comprou poucas vistas sacras e pôs a funcionar o velho e esporádico aparelho *Biographo Americano:*

POLYTHEAMA-CONCERTO

Empresa: Seguin & Cia.   Diretor: Cateysson

HOJE   Quinta-feira Santa e Sexta-feira Santa   HOJE

Descanso de todos os artistas da nossa *troupe* e representação movimentada da

VIDA DE CRISTO

tudo animado pelo movimento, tudo palpitante de vida e de verdade.

4. *Idem*, 15.3.1902, p. 2, «Palcos e Salões».
5. *Idem*, 16.3.1902, p. 4.

No programa:

PEREGRINAÇÃO A NOSSA SENHORA DE LOURDES

tal qual a descreve, com a sua profunda análise, o grande Zola.

Durante estas exibições tocar-se-ão trechos de música sacra do Abade Perosi.

Preço da entrada com direito a cadeira, 500 réis; camarotes ou frisas, sem entradas, 1$000[6].

O outro exibidor, enciumado e bastante repetitivo, voltou a anunciar:

PAULICÉA PHANTASTICA

Rua do Rosário, 5 — Duas casas abaixo da igreja

A VIDA DE CRISTO

Não confundam!   Não se iludam!

A PAULICÉA PHANTASTICA, Rua do Rosário, 5, duas casas abaixo da igreja (não confundam) é a única casa em São Paulo que está exibindo A VIDA DE CRISTO com todos os quadros coloridos e onde todos os personagens estão vestidos com roupa de cor, tudo de acordo com a Bíblia.

Nenhuma outra casa poderá anunciar com verdade vistas coloridas e movimentadas como as da PAULICÉA PHANTASTICA, à Rua do Rosário, 5, duas casas abaixo da igreja (não confundam).

É a única série completa do mundo!

Não confundam!   Não se iludam!

A nossa casa está situada na

RUA DO ROSÁRIO, 5

Duas casas abaixo da igreja[7].

O jornal dava mais notícias de Vitor de Maio, que já tinha chegado de Paris:

O Sr. Vitor de Maio assentou que devia fazer concorrência atroz aos cinemas que funcionam nesta Capital. E, se bem pensou, melhor o fez.

Tendo vindo da Europa, onde adquiriu um grande número de vistas das que estão mais em moda, aqui chegou anteontem, estabelecendo-se na Rua de São Bento uma casa do gênero.

Feito isto, o Sr. Vitor anunciou ontem, com grande surpresa do público uma função às 7 horas da noite, sendo a entrada franqueada a quantos quisessem apreciar o bom gosto na escolha dos quadros e a generosidade do adorável proprietário.

6. *Idem*, 27.3.1902, p. 4.
7. *Idem, ibidem*.

A' VENDA
em todas as pharmacias e drogarias
do Brasil [9...]

SALÃO PARIS EM SÃO PAULO

Rua de S. Bento, 77
CASA DE DIVERSÕES
E
Novidades opticas

a mais antiga e conhecida de S. Paulo

HOJE   HOJE

Deslumbrante e sensacional
funcção, dedicada ás
exmas. familias

Pela primeira vez no Brasil,
o ultimo acontecimento scientifico, o maravilhoso

CYNE-PHONE

e mais vistas novissimas e attrahentes no seguinte

PROGRAMMA

1—Tempestade dentro de um quarto.
2 e 3—O balão André ao polo Norte.
4—«Dança Russa», artisticamente colorida.
5, 6, e 7—A Boneca vivente.
8—Genevieve de Brabant—(Cyne-phone).
9, 10, 11 e 12—Little Pich. O celebre comico original.

5, RUA DO ROSARIO

HOJE! HOJE!

Vêr as vistas animadas
coloridas da

VIDA
DE
CHRISTO

O maior acontecimento
do mundo

Ninguem deve deixar de vêr esta grande
maravilha

UNICA SÉRIE DO MUNDO

Grande MATINÉE

de 1 ás 4 horas da tarde, dedicada
exmas. familias.

Rua do Rosario,

Anúncio do cinema falante do Salão Paris em São Paulo.

Anúncio de Vida de Cristo exibida no Salão Paulicéa Phantastica.

Como, porém, afluísse grande número de gente às portas daquela casa, para assistir à magnífica função anunciada e, como para isso se prenunciasse barulho grosso, por serem os curiosos em grande parte crianças, soldados e indivíduos da mais baixa espécie, o Dr. Delphim Carlos, 1.º delegado, ciente do que se passava, incumbiu o Dr. Pinheiro e Prado, subdelegado da Central, de fazer fechar o cinematógrafo.

Esta última autoridade, cumprindo a sua missão, nada pôde conseguir com boas maneiras, no sentido de se evitar que o povo ainda se aglomerasse no sítio, pois que sucedia o contrário.

Em vista disso, foi o espetáculo encerrado à força pela polícia, às 8 horas da noite[8].

Na Rua Quinze funcionava um local de diversões que pouco durou, o *Cineographo Lubin:*

Exibiu-se ontem, pela primeira vez, neste agradável centro de diversões, à Rua Quinze de Novembro, 63, o célebre ventríloquo Aristides, que é um verdadeiro artista. Não perde o tempo quem ali for ouvi-lo.

Foram também apresentadas diversas novidades em cinematógrafo, dignos do público que freqüenta aquela casa[9].

A maior novidade do ano cinematográfico em São Paulo foi, sem dúvida, o aparecimento do aparelho falante trazido de Paris pelo exibidor Vitor de Maio:

PARIS EM SÃO PAULO

Rua de São Bento, 77

HOJE!   HOJE!

SOLENE ABERTURA

Grande e excepcional função

Vistas novíssimas

Esplendidamente coloridas

Pela primeira vez no Brasil

O   CYNEPHONE

CINEMATOGRAFO FALANTE

O maior acontecimento científico do novo século!

Ver e Ouvir as Maravilhas!

TODOS AO PARIS EM SÃO PAULO

ENTRADA, 1$000

Por haver função especial para a imprensa, as públicas começarão às 8 horas da noite[10].

8. *Idem*, 17.4.1902, p. 1.
9. *Idem*, 25.4.1902, p. 1, «Palcos e Salões».
10. *Idem*, 3.5.1902, p. 4.

Outro anúncio do falante que não teve aqui muitos apologistas, talvez por ser fanhoso e imperfeito:

SALÃO PARIS EM SÃO PAULO
Rua de São Bento, 77

Casa de Diversões e Novidades Óticas
A mais antiga e conhecida de São Paulo

HOJE   HOJE

Deslumbrante e sensacional função dedicada às exmas. famílias.

Pela primeira vez no Brasil o último acontecimento científico, o maravilhoso

CYNE-PHONE

1 — TEMPESTADE DENTRO DE UM QUARTO.
2 e 3 — BALÃO ANDRÉ NO PÓLO NORTE.
4 — DANÇA RUSSA — artisticamente colorido.
5, 6 e 7 — A BONECA VIVENTE
8 — GENEVIEVE DE BRABANT — Cyne-phone.
9, 10, 11 e 12 — LITTLE PICH — o célebre cômico original.

Ver e Ouvir as Maravilhas!
TODOS AO PARIS EM SÃO PAULO!
Entrada, 1$000[11].

Dois clássicos exibidos por Vitor de Maio no seu cineminha: *Sete Castelos do Diabo* e *A História de um Crime*, em 6 quadros dramáticos, ambos filmados pelo francês Zecca.

Antes de terminar o mês de maio, apareceu no Sant'Ana o ilusionista italiano Cesare Watry, trazendo o *Fotoveramovil*, aparelho que mais parecia um piano, de tão grande, porém muito nítido e eficiente. Este mágico, que era também empresário, vinha com uma coleção enorme de fitas de Méliès, Zecca, do inglês Williamson e de outros.

O Sant'Ana exibiu: *Sonho de Natal, O Armário dos Irmãos Dawenport, O Barba-Azul, O Diabo no Convento, O Homem-Orquestra, Ilusionismo, Deslocação, Transformações de Homens Célebres Franceses, Jubileu da Rainha Vitória em Londres, Uma Grande Revista Cômica, Uma Farsa no Atelier, Infortúnio de Pierrot, Revista do Rei Humberto I e Casamento de Vitório Emanuel III, A Borboleta, Banho Impossível, O Magnetismo, Excelsior,*

11. *Idem*, 18.5.1902, p. 4.

Casa Tranqüila, O Retrato Mágico, Um Funeral Árabe, A Serpentina Füller, Mr. e Mme. Pressée, O Frango Maravilhoso, Gigante e Anão, Idílio em um Túnel, A Lua a um Metro, etc.

O salão *Paulicéa Phantastica* esteve fechado por algum tempo por motivo de reforma e mudança de empresa:

Reabre-se hoje, às 7 horas da noite, esse centro de diversões que acaba de ser reformado e adornado com o mais fino gosto.

A entrada acha-se transformada em um bosque veneziano, fartamente iluminada com lâmpadas de cores diversas, que produzem deslumbrante efeito.

Ontem realizou-se uma sessão cinematográfica dedicada à imprensa, sendo ao *champagne* muito felicitados os proprietários do estabelecimento, Srs. Castro e Ferreira.

As vistas animadas do *Quo Vadis?* e *Prisioneiro Dreyfus* agradaram aos presentes, pela nitidez, com que são projetadas na tela, e quer nos parecer que agradarão igualmente a todos que ocorrerem à *Paulicéia Phantastica*[12].

Cesare Watry, com alguns dias de atraso do seu patrício Vitor de Maio, apresentou o falante no Sant'Ana:

Pela primeira vez em São Paulo, o verdadeiro e aperfeiçoado CINOPHON-FALANTE — a maior surpresa do século!

C A R M E N[13]

Este aparelho não foi lá das pernas, pois deu apenas duas funções, sem muita freqüência e animação.

Na Rua Direito n.º 4 reaparecia a exposição artístico-religiosa da *Santa Ceia de Cristo,* com os apóstolos de cera do artista nacional Anísio Fernandes.

A Praça da República, sempre procurada pelas empresas tauromáquicas, desta vez ia apresentar um espetáculo novo:

PRAÇA DE TOUROS
Largo da República

Domingo   6 do corrente   Domingo

ESTRÉIA da
QUADRILHA TAUROMAQUICA
INFANTIL

Diretor: espada Antônio Barrera (Barrerito)

12. *Idem*, 31.5.1902, p. 1, «Palcos e Salões».
13. *Idem*, 7.6.1902, p. 4.

Anúncio do ilusionista César Watry e seu Fotoveramovil no Teatro Sant'Ana.

...RO SANT'ANNA

The World Famous Royal Ilusionist G...

C. WATRY

HOJE — Domingo, 1 de junho de 1902 — HOJE

2 MAGNIFICOS ESPECTACULOS 2

GRANDIOSA MATINÉE

a preços reduzidos

Preços para o matinée—Frizas, 20$, camarotes, 20$, cadeiras, 4$, balcões 1...
...1$, ditos outras filas, 3$; galerias numeradas, 2$, geral, 1$000.

Grande acontecimento!

OS VERDADEIROS E INIMITAVEIS ESPECTROS

vivos e impalpaveis, de C. Watry

Grandiosa scena phantastica — A ultima palavra da sciencia

Interessante e variado programma

10 minutos no Reino dos Encantos, por Watry.
Pela ultima vez: grande acto de salão, por FELIX VIGO — The Gentle... Jongler.

Attenção — a ped'do — Attenção

O gigantesco **FOTOVERAMOVIL** exhibirá as ulti...
...vidades de Paris.

QUADROS DE GRANDES EFFEITOS COMICOS, MAGICOS E TRANSFORMAÇÕ...
1º, A Borboleta, scena intima — 2º, O Magnetismo, scena magica — 3º...
... Presser, scena phantastica. — 4º, O Retrato Magico, scena comica — 5º...
... cabeça de borracha, transformação — 6º, A grande... peça magica...
... transformações etc. etc. intitulada: A CENDRILLON, ...

Chama-se a attenção do publico para esta grande novidade, pela proxima...
...ida em S. Paulo.

!A' noite, preços do costume

...hetes á venda na Brazileira Paulista, das 10 horas da manhã...

Anúncio das fitas Quo Vadis? e O Caso Dreyfus exibidas no Salão Paulicéa Phantastica.

Este poderos...
com grande vant...
nervosa, a doenças
gostões e circulat...
orgams etc. etc.

7 de Setemb...

Bar...

POLYTH...

Empreza C. SEBUN & C...
REGENTE do...

HOJE — Dom...

Matin...

com o concurso de to...

ENTRA...

O BIOGRA...

exhibirá uma proje...
do publico, que voa...
tinées.

Num dos intervall...
feitos ás crianças...

A' 1 3/4 horas

A's...

O attrahente...

Paulicéa Phantastica

Novidades!
Diversões!

Rua do Rosario, 5

A ... a mais importante casa de
gênero em S. Paulo.

HOJE   HOJE

Maravilhosa e deslumbrante funcção

QUO VADIS?

As scenas passadas em Roma no anno
64 da era Christã sob o reinado do Imperador Nero.

Esta vista é toda colorida, destacando-se o ultimo quadro que representa o
grande e estupendo espectaculo do In-
cendio de Roma.

1º Combate de Gladiadores
2º Dansa das Gaditanas
3º O gigante Ursus
4º O incendio de Roma

O condemnado da Ilha do Diabo

Ou cinco annos de martyrios e soffrimentos

Esta importante serie de vistas todas
coloridas, representa ao vivo todos os incidentes e episodios da celebre questão
«DREYFUS» que tanta sensação causou
no mundo inteiro.

1º A leitura do Bordereau.
2º Dreyfus na prisão.
3º A degradação de Dreyfus
4º O condemnado na Ilha do Diabo
5º O desembarque de Dreyfus em Qui...
...
6º Entrevista de Dreyfus e sua espo...
sa (emocionante).
7º O conselho de Guerra.
8º O attentado contra M. Labori, ad...
vogado de Dreyfus.

Elenco:

Cavaleiro .... MANDUCA
1.º Espada .... MAZZANTINE
2.º Espada .... MORENITO
Sobressalente .... LAGARTIJO
Bandarilheiros .... ROGER, RUFINO e DELGADO

Um grupo de pegadores chefiado por MEDROSO
Oportunamente, programa detalhado.

Empresa G. Guimarães[14].

Os circos de touros procuravam apresentar novidades. Por exemplo, às vezes amarrava-se uma cédula de 50$000 no peçoço de um boi solto na arena. A nota seria do assistente que tivesse a coragem de entrar lá e enfrentar o touro, quase sempre bravo. Outra brincadeira menos perigosa era esta:

TOURADAS
Praça da República

Amanhã, 27, Domingo, às 3 1/2 da tarde, estréia da

QUADRILHA PAULISTA

com o concurso de um Grupo de Amadores
Alta novidade, um grande

PORCO ENSEBADO

será solto na arena. Prêmio de 50$000 para quem pegá-lo.

AOS TOUROS! Vide programa AOS TOUROS![15]

Na arena do circo de touros Coliseu Paulista, na Avenida Brigadeiro Luís Antônio preparava-se uma ascensão do balão *Porto*, construído por Alberto Silva, ex-ator da Cia. Cinira Polônio. Na hora de subir, o balão, todo enfeitado com as bandeiras nacionais e portuguesa, furou e o aeronauta levou uma grande vaia dos poucos assistentes.

Enquanto isto acontecia, a sociedade paulistana encasacava-se para ver no Teatro Sant'Ana, a estréia da Cia. dramática de Réjane, cuja bagagem, compreendendo 80 volumes, tinha chegado em 2 vagões ligados ao trem noturno da Central do Brasil.

---

14. *Idem*, 3.7.1902, p. 4.
15. *Idem*, 26.7.1902, p. 4.

da cidade reabria-se um cinema:

CINEOGRAFO LUBIN

Rua Quinze de Novembro, 63   HOJE

Este majestoso salão, fechado por alguns dias por motivos de reformas, tem reabertas as suas portas ao respeitável público paulista para apresentar novidades interessantes.

Além de vistas cineográficas novas e da mais alta importância, aprecia-se um aparelho musical de alta novidade, de apurado gosto artístico e de uma riqueza estrondosa.

Entre as grandes novidades que são apresentadas ao público figura o aparelho de

RAIOS ROENTGEN

A maior e mais assombrosa descoberta do século XIX no ramo das ciências.

Com este aparelho, que é de construção BRASILEIRA pelo Sr. HENRIQUE GRUSCKA, pode qualquer pessoa reconhecer as deformidades, a sua organização, e sem abrir, o conteúdo de uma mala, de caixas, etc.

Os Raios X constituem uma garantia para os espectadores e fazem conhecer as últimas novidades da ciência.

Programa do Cineógrafo:

1 — 3 — O IMITADOR DO CÉLEBRE TRANSFORMISTA FRÉGOLI.
4 — 6 — BANHO IMPOSSÍVEL — vista cómica, verdadeira fábrica da gargalhadas.
7 — O ENCONTRO DE DOIS TRENS — vista tirada do natural que emociona.
8 — 15 — OS SETE PECADOS MORTAIS — esta vista de 400 metros de comprimento, é de efeito surpreendente, a cores naturais.

Entrada, 1$000 — Crianças, 500 réis.

TODOS OS DIAS, VISTAS NOVAS[16].

O aparelho *Photophone* de cinema falante estava no salão *Pauliceá Phantastica*:

Os excelentes quadros coloridos, de grande efeito, exibidos nesta casa de diversões, têm atraído numerosa concorrência, saindo o público bem impressionado com a novidade Photophone, que reproduz cenas movimentadas de óperas, dando a ilusão completa de uma audição lírica... pelo fonógrafo aliado ao cinematógrafo[17].

O Circo Spinelli voltava para o Brás, armando a sua lona na Rua D. Antónia de Queiroz. Como sempre, Ben-

16. *Idem*, 14.9.1902, p. 4.
17. *Idem*, 29.9.1902, p. 2, «Palcos e Salões».

EXTRAORDINARIA
Corrida de Touros
(Imitação ás da Hespanha)

DOMINGO 6 de abril DOMINGO

Ás 3 1/2 horas da tarde

Largo da Republica

Gentilmente cedida a praça pelo seu proprietario exmo. sr. Silva Junior. Beneficio da *Sociedad Española de Socorros Mutuos é Instrucción*.

O espectaculo será presidido por uma commissão de exmas. senhoritas e dirigido pelo sr. Manoel Ayestarán.

7 Bravissimos touros escolhidos A CAPRICHO 7

Espadas: Graciliano Bernal (a) Gaditano — Manoel Galocha (a) Cojiri.

Picadores: Amadores—Felipe Navarro, Juan Rodriguez, Luiz Villalva.

Bandarilheiros: Francisco Antello—Miguel Báo (El Cara)—José Gálvez (Galiti)—Teodoro Ibáñez (Punteré).

Amadores Félix Uranga e Manoel Tana.

Pegadores: José Ruiz (a) Gambotina—Manoel Otero—Facundo.

Os srs. Ramón Arnao e Juan Mingos se em fogosos ginetes irão pedir á presidencia as chaves para abrir o «toril» hora de dar começo á corrida.

A praça será franqueada ao publico ás 2 horas da tarde para commodidade da locação.

Venda de bilhetes: Sabbado do meio dia até 5 horas da tarde no *Café Guarany* por especial favor de seus proprietarios á rua 15 de Novembro.—Domingo desde o meio dia no Circo de touros.

jamin de Oliveira, "sem rival nos papéis cômicos e nas pantomimas, cantava com sucesso seus lundus".

No dia 23 de outubro, levava a pantomima *D. Antônio e os Guaranis* (Episódio da História do Brasil), inspirado no *Guarani*, de José de Alencar, escrita especialmente para a Cia. pelo "muito conhecido escritor Manoel Braga, de Barbacena, Minas Gerais". Com 22 quadros, 70 pessoas em cena e 22 números de música, arranjo do Maestro João dos Santos, da banda da Cia. e cuidada *mise-en-scène* de Benjamin de Oliveira e Cruzet. Com este elenco:

D. Antônio	Mr. Theophilo
O inglês	Mr. Salinas
O criado	Mr. Vampa
Cacique	Mr. Cruzet
Ceci	Miss Ignez
Peri	Mr. Benjamin
Mulher do Cacique	Maria da Glória

Guerreiras: Miss Luísa, Miss Candinha, Mlle Vitória e Mlle Aveline.

Na Praça João Mendes, no local do antigo Teatro São José aparecia outro circo:

CIRCO CLEMENTINO

Completa Cia. Eqüestre, Ginástica, Acrobática, Equilibrista, Contorcionista e de Novidades

Diretor: CLEMENTINO

HOJE	Domingo	HOJE
2	Grandes Funções	2

Matinée às 2 horas da tarde. Novos artistas.

Às 8 1/2 horas da noite. Novo programa.

AO CIRCO HOJE! AO CIRCO HOJE![18]

Um dos atrativos deste circo, o palhaço-trovador Serrano, "deleitava o público com chistosas modinhas e lundus de seletos autores brasileiros".

Na tela Cassino Paulista, de 16 a 23 de outubro, foram exibidas as famosas operações cirúrgicas feitas no Hotel Dieu, de Paris pelo Dr. Doyen.

18. *Idem*, 5.10.1902, p. 4.

Doyen, como todos sabem, é talvez o operador cirúrgico mais notável da França moderna. Senhor de avultada fortuna, possuindo uma extensa região vinhateira, da qual saem os afamados vinhos de Doyen, conhecidos em todo o mundo, ainda hoje exerce a sua nobre e elevada profissão por amor à arte, dizem uns, por simples *cabotinage,* asseveram outros.

O que é certo é que consentiu em que hábil cinematografista registrasse e perpetuasse no seu aparelho as mais notáveis operações, com todas as suas múltiplas peripécias, com esse interesse intenso e palpitante, que só desperam as cenas colhidas *d'aprés nature*[19].

Foram apresentadas as seguintes fitas filmadas por Clement Maurice e preparadas nos estúdios da Pathé, em Vincennes, no ano de 1898: *Trepanação, Operação Cesariana, Extração de um Papo, Operação de um Quisto, Laparotomia, Amputação de uma Perna* e *Extração dos Rins.*

Para concluir, um programa de cinema:

PAULICÉA PHANTASTICA

Proprietário: José Caruso

HOJE   Rua do Rosário, 5   HOJE

O maior acontecimento do dia

Programa:

O FILHO PRÓDIGO

Quadros coloridos, de acordo com as parábolas bíblicas, divididos em 5 quadros.

OS LADRÕES DE VINHO NUMA ADEGA

vista cômica

O SONHO DE NATAL

Admiráveis vistas cinematográficas de grande espetáculo, em 20 quadros coloridos e movimentados. Todas as cenas artísticas, efeitos de neve, quadros humorísticos, marchas, bailados, apoteoses, etc.

Cena extraordinariamente deslumbrante.

Entrada, 1$000   Crianças, 500 réis[20].

---

19. *Idem*, 15.10.1902, p. 1, «Palcos e Salões».
20. *Idem*, 24.12.1902, p. 4.

1903: TOURADAS E O CINEMATÓGRAFO PERDEM PARA O *FOOTBALL*

> *Dia a dia, aumenta o entusiasmo em São Paulo pelo utilíssimo* sport *do* football. *Aos* matchs, *a concorrência de espectadores é extraordinária, orçando por 4.000 a 5.000 o número dos que costumam assistir às lutas travadas nos* grounds *do Velódromo e da Antarctica.*
>
> O Comércio de São Paulo, 26.7.1903, p. 2.

Em São Paulo vendiam-se touros portugueses:

Vendem-se muito lindos e puros touros portugueses, próprios para fazendas de criar. Para ver e tratar, à Avenida Brigadeiro Luís Antônio, no terreno anexo ao Coliseu Paulista[1].

1. *O Comércio de São Paulo*, 24.1.1903, p. 3.

Na Rua Direita, abria-se uma exposição com outros bichos bravos: um leão, um tigre, um leopardo de Bornéu, uma onça pintada do Brasil, etc.

Aproximavam-se os dias festivos do carnaval e a Loja do Japão punha à venda máscaras de papelão, arame e seda, confetes de cores variadas, archotes e fogos de bengala. Os brinquedos nunca variavam de ano para ano.

Nos jornais, os anúncios de localização estratégica para as famílias que evitavam o... aperto e o desconforto das ruas:

> Alugam para os três dias de carnaval duas salas, sendo uma com duas janelas e outra com cinco, na Rua Direita, 9 e 11, 1.º andar.

Os carros alegóricos apareceram nas ruas centrais, glosando os fatos mais comentados do ano anterior: o jogo do bicho, o carro do Zé Pereira, o congresso da lavoura agonizante, fantasia *art nouveau,* a estátua da Liberdade, a sedução de satanás, o fundo do oceano, o Barão do Rio Branco, o Dr. Prudente de Morais e poucos mais.

Os que chamavam mais a atenção: a questão do Acre em que se via um índio representando o Acre, em plena corrida, perseguido por um *Tio Sam,* com um couraçado e uma locomotiva nas mãos e um canhão às costas; atrás, vinham homens do General Pando (chefe militar boliviano), uns montados em cabos de vassoura e outros nos pobres burricos da extinta Cia. Viação Paulista.

Outra crítica provocadora de risos e comentários jocosos mostrava um carro dedicado à Cia. Industrial Americana, que nesta Capital "moía café de dia, e de noite emitia apólices do empréstimo paulista".

Os salões apinhavam-se de variadas fantasias de pastora, camponesa, napolitana, borboleta, diabo, palhaço, florista, sevilhana, *pompadour,* cacique, cupido, gaúcho, portuguesa, colombina, toureiro, odalisca, diavolina, camponesa italiana, dançarina, pierrete e até uma fantasia do balão de Santos Dumont!

Um anúncio que interessava aos empresários:

> A CASA FUCHS acaba de receber novas vistas para cinematógrafo.
> São Paulo — Rua de São Bento, 83-A
> Caixa 373[2].

2. *Idem,* 7.3.1903, p. 3.

A Prefeitura passou a cuidar bem do Jardim da Luz, o ponto predileto da nossa população pobre aos domingos e quintas-feiras. Colocou em volta do coreto elegantes cadeiras para serem alugadas ao público por preço diminuto. Um dia, o público teve a surpresa de encontrar ali dois novos atrativos:

JARDIM PÚBLICO   JARDIM PÚBLICO
HOJE   Domingo, 22   HOJE
Das 6 horas da tarde em diante
Novíssimas comédias pela célebre *troupe* do teatro de bonecos
JOÃO MINHOCA
Destacando-se a peça   PRA COMEÇAR
e mais a desopilante revista   SEM PÉ NEM CABEÇA.
Além destes hilariantes espetáculos, funcionará um extraordinário
CYNEMATOGRAPHO
que exibirá os sempre apreciados quadros finamente coloridos da
VIDA DE CRISTO
Extremamente emocionante!
Ao Jardim da Luz!   Ao Jardim da Luz
Entradas gerais para ambos os espetáculos, 1$000[3].

Na Alameda Barão de Limeira, entre as Ruas General Osório e Duque de Caxias, próximo à estação dos bondes elétricos, estava armado o Circo Spinelli, que ali exibiu todas as grandes pantomimas de seu repertório: *Os Guaranis, Os Bandidos da Serra Morena* (às vezes anunciadas como *Os Salteadores), Os Garibaldinos, Os Bandidos da Calábria, Touradas de Sevilha, O Ponto da Meia-Noite, O Remorso Vivo,* etc.

Os moradores do bairro se cotizaram e publicaram em um jornal este elogio público:

Não podemos deixar de falar sobre o Circo Spinelli, que está armado na Alameda Barão de Limeira. Esta Cia. tem feito grande sucesso neste bairro e tem dado diversos espetáculos, com grande concorrência.

É uma prova que o Sr. Spinelli tem um bom conjunto de artistas: a menina Etelvina, que faz o trapézio volante, com as posições mais difíceis que temos visto; o *clown* Cruzet, que traz constantemente a platéia em delírio, com suas pilhérias, e o nosso simpático Benjamin de Oliveira, que, além de desempenhar seu papel como palhaço, nas pantomimas não tem rival.

3. *Idem*, 22.3.1903, p. 4.

Vale a pena de se apreciarem as pantomimas do Circo Spinelli. Parabéns ao Sr. Spinelli.

Seus admiradores[4].

No Polytheama-Concerto prosseguiam os espetáculos variados com a *signorina* Lambertini, cançonetista italiana, a espanhola Mercedes Vila, a orquestra tzigana, composta de oito músicos, sendo 3 ciganos, 3 alemães e 2 austríacos; Mlle Spencinette, "que é bananeira que já deu cacho" e a italiana Mary Bruni, "que, parecendo uma elegante e cautelosa saracura, conquistou desde logo, toda a sala".

Um belo dia, a empresa do Polytheama suspendeu as representações da sua *troupe* para exibir em três sessões diárias, na tela, *A Vida de Cristo,* "vista colorida mandada vir de Paris e projetada por um aparelho duplo de primeira ordem".

A vista sacra foi tão repetida que o crítico da seção "Teatros Etc.", d'*O Comércio* escreveu:

Ontem os freqüentadores do Polytheama-Concerto aplaudiram e pediram bis até Cristo dizer: basta!

Mais um cinematógrafo de curtíssima duração surgiu na parte central da Capital:

24-A, RUA DIRETA

A L'INCROYABLE
Espetáculos Encantadores
Com riquíssimos prêmios
desde às 5 horas da tarde[5].

A notícia jornalística também foi lacônica:

Na função inaugural do dia 9 de maio, foram exibidas várias vistas cinematográficas inteiramente novas para São Paulo.

No Teatro Sant'Ana estreou em curta temporada, a Imperial Cia. Japonesa de Variedades Kudara, do Teatro Kabuki, de Tóquio, empresada por Max Rosenthal. Além de um luxuoso guarda-roupa, trazia muitas novidades mecânicas, entre as quais um *Bioscopio Captotricon* de Farragut, exibindo vistas mágicas e cômicas e um projetor elétrico *L'Aster,* de 8000 velas, apresentando 10 foto-

---

4. *Idem*, 6.4.1903, p. 2, «Seção Livre.
5. *Idem*, 9.5.1903, p. 1.

No Salão Ibach, da Rua de São João, durante o primeiro concerto do violinista português Moreira de Sá (sentado), do pianista inglês Harold Bauer e o violoncelista espanhol Pablo Casals.

grafias em cores naturais pelo processo do Prof. Gabriel Lipmann.

As vistas exibidas: *Lúcifer Gigante*, mágica, *As Maravilhas do Universo*, natural, *Ali Babá e os 40 Ladrões*, mágica em 16 cenas, *A Gata Borralheira*, conto de fadas, *Viagem Fantástica à Lua*, de Méliès, "assombrosa mágica em 30 cenas deslumbrantes", *Máscaras e Caretas, O Bonde Telheuds, Idéias de Suicida, A Estátua Mágica* e *A Palhoça Fantástica*.

As fotografias focalizavam Santos Dumont, D. Carlos, rei de Portugal, Imperador Guilherme II da Alemanha, Dr. Rodrigues Alves, Cel. Plácido de Castro e outros.

Preços: frisas e camarotes, 25$000; cadeiras, 5$000; galerias numeradas, 2$000; balcão de 1.ª fila, 5$000; dito de outras filas, 3$000; geral, 1$500.

Quem lia jornal naquele tempo sabia muito bem que uma dança saída das senzalas dos escravos americanos fazia furor nos salões mais aristocráticos dos Estados Unidos, Inglaterra e França. Chamava-se *cake-walk* e foi anunciada pela primeira vez em São Paulo para ser dançada no palco do Polytheama-Concerto, por duas *troupes*, Bradford e Cherton. Foi na noite de 3 de junho. Muita gente entrou no café-concerto para ver aquela "planta exótica prestes a acomodar nas nossas estufas coreográficas".

Podemos dizer — escreveu o crítico no dia seguinte — que pegou em São Paulo o *cake-walk,* senão nos salões, pelo menos no teatro. Ontem essa dança norte-americana foi aplaudida com entusiasmo.

Daí por diante, muitos pares dançaram-na nos palcos: Joanita Many-Petroni, Mlle Mignon-Bella Criola, Hinne-Russell, Bonnie Dean e seu par...

Na Rua de São João n.º 61 ficava uma sala muito procurada pelos conferencistas e concertistas:

SALÃO IBACH
(Antigo Steinway)

Concertos dos artistas

H. BAUER (pianista)

P. CASALS (violoncelista)

B. MOREIRA DE SÁ (Violinista)

PRIMEIRO CONCERTO
HOJE
7 de julho de 1903

Assinaturas para 3 concertos ..... 25$000
Para 1 concerto .... 10$000
Bilhetes à venda na Livraria Civilização[6].

Atendendo a uma representação da Prefeitura, a polícia deu ordens aos seus rondantes de ruas, que não permitissem a afixação de *cartazes-réclames* nas paredes, esquinas, muros e postes da *Light*.

O *cake-walk* tinha entre nós um concorrente bem forte e bem nacional, o maxixe. Assim, um espetáculo bastante concorrido foi o do Polytheama-Concerto no dia 7 de setembro:

> Estreou-se ontem a tão falada *Bugrinha*, conhecida popularmente pelo sobrenome de *Rainha do Maxixe*.
>
> A sala tinha uma concorrência desusada, e assim que a estreante entrou em cena, foi-lhe feita uma entusiástica ovação.
>
> Cantou e dançou as canções e bailados muito conhecidos nossos, mas especialmente nas danças populares desenvolveu uma vivacidade e um calor que produziram delírio nos assistentes.
>
> Atiraram-lhe flores, *corbeilles,* chamaram-na por muitas vezes à cena, e não nos parece que o entusiasmo fosse exagerado. É um bom número que adquiriu o Polytheama[7].

A fogosa maxixeira ficou naquele café-concerto até outubro, sempre "recebendo muitos aplausos e cestos de flores".

No Hipódromo da Mooca realizou-se uma corrida de automóveis e motociclos, com prêmios para quem conseguisse dar três voltas sem parar em redor da raia. A prova que bem poderia ser chamada de *corrida dos Prados,* teve esta classificação final:

1.º lugar, Martinho Prado (com um carro *Georges Richard);* 2.º, Paulo Prado *(Panhard);* 3.º, Plínio Prado *(Darracq);* 4.º, Sílvio Penteado *(Mors);* 5.º, Antônio Prado Júnior *(Darracq);* 6.º, José Nogueira Filho *(Darracq).*

O automóvel, que ia ser o elemento mais importante na modificação urbana das cidades, tomou parte com outros tipos de carruagens, nas primeiras batalhas de flores realizadas em São Paulo:

---
6. *Idem*, 7.7.1903, p. 4.
7. *Idem*, 8.9.1903, p. 1, «Teatros Etc.».

BATALHA DE FLORES
LOJA DAS FLORES
Carros enfeitados para o dia 11 deste mês, de 100$000 para cima. Rua de São Bento, 79[8].

A batalha de flores foi realizada no Parque Antárctica, à tarde, em redor do *ground* de *football*. Tomaram parte *landaus,* vitórias, *dog-carts, phaetons* e a meia dúzia de automóveis existentes na Capital.

Antes, no mesmo local foi disputado um *match* de *football* entre estrangeiros, 2 e brasileiros, 0. Era aquele esporte a nova mania do paulistano. Jogavam-se nos pátios dos colégios, nas terras encharcadas das várzeas, nos capinzais dos terrenos baldios, nos terreiros das chácaras e nas ruas sossegadas dos bairros.

As associações formadas quase que diariamente possuíam nomes de colégios (Associação Atlética do Mackenzie College), de cores das camisas (Atletic Club Red and White), de raças (Sport Club Germânia), de personalidades (A. A. Leão XIII), de bairros e ruas (S. C. Vila Buarque ou S. C. Jaceguai) e de ídolos (Santos Dumont F. C. ou C. A. Olavo de Barros). Este último era o *captain* do C. A. Paulistano, o quadro mais forte da Liga Paulista.

Mais tarde iam adquirir denominações as mais estapafúrdias e brincalhonas, como Vem Cá Mulata F. C., Chorão F. C., Tango F. C., Arranca Toco F. C., Paz e Amor S. C., Fantomas F. C., etc.

Os clubes que disputavam o campeonato da Liga ganhavam suas predileções entre os torcedores. Assim é que o Germânia recebia as preferências da colônia alemã, o Mackenzie constituía-se de estudantes, o Paulistano admirado pela aristocracia rural e industrial e, finalmente, o mais antigo de todos, o São Paulo Atletic Club, financiado e formado por ingleses, veteranos praticantes do *cricket:* Miller, chamado o rei do *football* de São Paulo, Robinson, Boyes, Jeffery e Poole.

O "novo *sport,* hoje tão em moda entre nós", chamou também a atenção dos legisladores da Capital:

A Câmara Municipal de São Paulo decreta:

Art. 1 — É o Prefeito autorizado a regulamentar o divertimeno do *Football* de maneira a serem resguardadas as pessoas e propriedades de quaisquer ofensas ou danos.

8. *Idem, ibidem,* p. 3.

Art. 2 — O campo de *football* deverá ter a distância de pelo menos, 20 metros das casas, jardins e propriedades de terceiros, e será separado do resto do terreno por uma tela de mais de 10 metros de altura.

Quando a distância for mais de 30 metros, ficará dispensada a rede de arame[9].

Voltando às diversões, no centro da cidade uma casa comercial anunciava a venda de projetores:

LANTERNAS MÁGICAS

Vários tamanhos

ANTIGA CASA LEBRE

Rua Quinze de Novembro, 1 e

Rua Direita, 2[10].

---

9. *Idem*, 27.12.1903, p. 2. «Desportos».
10. *Idem*, 25.12.1903, p. 3.

1904: AS PRIMEIRAS FILMAGENS PAULISTANAS E A PATINAÇÃO

> *Foram exibidas vistas de muitas fazendas de cafezais, de colheitas, de terreiros, de vários espécimes de gado criado nas fazendas do Estado... É fácil prever a aglomeração de curiosos no Largo de São Francisco. Ao aparecer cada uma das vistas, a multidão rompia em aplausos calorosos.*
>
> O Comércio de São Paulo, 15.1.1904, p. 2.

O Largo de São Francisco no dia 14 de janeiro, estava repleto de *landaus* escoltados por lanceiros do Regimento de Cavalaria e na porta do prédio n.º 5, uma banda militar executava o hino nacional. É que chegava naquele local o Dr. Domingos de Morais, vice-presidente do Estado e seu secretariado para inaugurar a exposição preparatória de produtos e artefatos paulistas que deveriam figurar na próxima Exposição de Saint Louis, nos Estados Unidos.

À noite, foi colocado no largo um imenso quadro branco, em cujo centro eram refletidas vistas de um cinematógrafo, para uma multidão incalculável de curiosos.

Foram exibidas vistas de fazendas de café, de criação de gado e muitas fotografias de nossas principais fábricas e de pontos pitorescos da Capital.

O cinematógrafo apresentava também, além das paisagens, alguns quadros cômicos, com dizeres em inglês, para propaganda do café brasileiro. Hoje haverá novamente exibição do cinematógrafo[1].

Pelo que entendemos, este aparelho era manejado por um operador de uma das janelas do prédio n.º 5 do largo, aliás, da Sociedade Paulista de Agricultura, promotora da exposição.

Foram estas as segundas notícias de filmagens em São Paulo que encontramos, já que as primeiras são de 1899, feitas pelo visitante Afonso Segreto.

Os anúncios de janelas nos jornais prenunciavam a proximidade do reinado de Momo:

Alugam-se janelas para o carnaval, nos altos do novo prédio do Largo do Rosário (o melhor ponto da cidade); trata-se no mesmo, à Rua Quinze de Novembro n.º 9, com J. da Silveira. Só se alugam para famílias.

Nos salões, sob uma decoração estilo *art nouveau*, dançando quadrilhas, polcas, *cake-walks*, dobrados, valsas, *schottishs*, mazurcas e "o miudinho dos nossos sertanejos", pulavam dezenas, centenas de foliões fantasiados de *footballer*, arlequim, baiana, dominó, rajá, saloia do Minho, pierrô, cigana, tirolês, jogo do bicho (representado por um vermelhíssimo e rabudo demônio), pastora, toureador, tosca, dançarina...

Mas para o jornal *O Comércio*, de 15 de fevereiro, o carnaval em São Paulo morria aos poucos, de ano para ano:

Pobre Momo! Desanimado e triste, andou ontem pelas ruas da cidade, como um soberano exilado e incógnito, decaído do an-

1. *O Comércio de São Paulo*, 15.1.1904, p. 2, «Exposição de Saint Louis».

tigo esplendor, sem as honras que lhe são devidas e a que estava tão acostumado... Poucas máscaras, e essas, quanto a espírito... faziam lembrar as torneiras... sem água!

Um novo divertimento tomou conta do antigo Largo Municipal:

PRAÇA DR. JOÃO MENDES

O CARROSSEL SANTOS DUMONT

É o primeiro no Brasil, o mais aperfeiçoado.

Luz elétrica! Música!

ORQUESTROFONE!

Entrada grátis a quem estiver decentemente vestido.

Todos os dias às 6 horas. Domingos e dias santificados, às 4 horas da tarde.

Uma banda de música tocará durante a função[2].

O Polytheama-Concerto apresentou a cantora cosmopolita Carmen Ruiz e um espetáculo curioso com dez cães e uma raposa viva solta no palco, numa verdadeira aula de caçada. No fim de março, ainda do palco do Polytheama, o "célebre campeão alemão de luta romana, Hitzeler, lançava um desafio a todos os homens de força de São Paulo, oferecendo um prêmio de 1 conto de réis a quem o vencesse".

No Jardim da Luz, o Club Internacional promoveu uma quermesse em benefício da Santa Casa. Na inauguração compareceram as autoridades e o Dr. Álvaro de Toledo, representando o presidente do Estado. O jardim estava muito bem ornamentado e iluminado pelos grandes transformadores fornecidos pela *Light*.

"Foi muito apreciado um animatógrafo que apresentava vistas de uma nitidez admirável". Neste aparelho foram exibidas as vistas paulistanas preparadas por fotógrafos contratados pela Sociedade Paulista de Agricultura, que foram "aspectos e paisagens de algumas zonas do Estado, fazendas de café, culturas de algodão, pequena lavoura, fábricas, plantações de videiras, etc."[3]

Outra quermesse foi realizada em um teatro da Rua da Boa Vista:

2. *Idem*, 21.2.1904, p. 4.
3. *Idem*, 24.3.1904, p. 2.

TEATRO SANT'ANA
GRANDE QUERMESSE

Em benefício do

HOSPITAL SAMARITANO

Grande inauguração pelo exmo. sr. vice-presidente do Estado

DR. DOMINGOS DE MORAIS

às 8 horas da noite

Quarta-feira, dia 23

CINEMATOGRAFIA
RAIOS X

e mil outras atrações!

Entrada, 1$000[4].

Também na mesma data, mais outra quermesse foi efetuada no Parque Antárctica em benefício do Instituto Pasteur e do Conservatório Dramático e Musical, com uma série de diversões animadas pela banda de música da brigada policial: corridas de *aranhas,* bicicletas, a pé, em sacos, com distribuição de medalhas aos vencedores, *football* entre nacionais e estrangeiros, perseguição hilariante de dois porcos, pesca maravilhosa, tiro ao alvo, boliche, gangorra, hipódromo mecânico (cavalinhos de pau), aparelhos de ginástica, exposição de bichos e ainda "um cinematógrafo com vistas novíssimas, colocado de modo a serem elas apreciadas por todo o povo".

E, para desespero da Sociedade Protetora dos Animais, aparecia na cidade um espetáculo incomum:

RINHA PAULISTA
HOJE
DOMINGO
FUNCIONA

RUA GLICÉRIO N.º 24

O proprietário
A. R. BRAGA[5]

Outro anúncio da mesma rinha prometia aos seus freqüentadores (que não eram poucos) "grandes brigas de galos". Estes possuíam nomes de guerra, *Tupinambá, Maroto, Canela Verde* e o mais bravo de todos, o temível, cruel e sanguinário *Porcição.*

4. *Idem*, 20.3.1904, p. 4.
5. *Idem, ibidem*, p. 3.

A dançarina Loie Füller, criadora da dança serpeitina, esteve no Teatro Sant'Ana, em junho.

A cançonetista Carmen Ruiz (Reprodução fotográfica do Autor, O Intervalo n.º 69 [SP], 13.2.1905, p. 1).

Colheita de café em uma fazenda paulista, tema de um dos primeiros filmes feitos em São Paulo. (Fotografia de Guilherme Gaensly).

Na manhã de 14 de abril, grande incêndio em uma casa comercial da Ladeira João Alfredo ameaçou os fundos do Teatro Sant'Ana, que felizmente, nada sofreram.

Mas a vida da cidade prosseguia. Anarquistas e índios se misturavam nos acontecimentos de São Paulo. Enquanto na Rua da Alegria, um italiano dava vivas à anarquia, chegava à Capital um grupo de índios *coroados*, a fim de pedir ao presidente do Estado providências contra a invasão branca de suas terras.

O Polytheama-Concerto deu uma função em benefício dos indígenas, que no dia seguinte (19 de abril) vieram buscar os 200$000, percentagem do espetáculo. Disso se aproveitou Gustavo Figner para levá-los à sua loja. Aí gravou num fonógrafo o diálogo entre os índios e deu-lhes 15$000.

Em maio, sucedeu um acidente no Carrossel Santos Dumont, na Praça Dr. João Mendes. No momento em que uma assistente montava num cavalo de pau, e este girava com toda a velocidade, partiu-se uma corrente, atirando a moça no chão, com várias escoriações no rosto e na cabeça. "O Pedro Arbues Júnior, 2.º delegado, suspendeu o funcionamento do Carrossel, até que sejam reparadas as avarias".

O Teatro Sant'Ana estava numa verdadeira azáfama, com mais de vinte eletricistas e ajudantes preparando, aumentando e melhorando a parte de iluminação para os números de Loie Füller. Sua estréia verificou-se no dia 2 de junho, com a apresentação de várias danças: a serpentina, *les papillons, l'eau lumineuse, aurore boréale, la nuit, le lys, danse du feu*, etc.

Os preços cobrados foram estes: camarotes e frisas, 40$000; cadeiras, 10$000; balcão, 1.ª fila, 10$000; outras filas, 5$000; galerias numeradas, 3$000; gerais, 2$000.

A temporada de Loie Füller, que trouxe na sua Cia. o cômico Little Pich, o tenor Henry Peyre, o anão Sing Hpoo e Hugo Colberg, maestro de apenas 5 anos de idade — durou até o dia 15.

Durante um mês, o teatro conservou-se fechado, até que em julho foi ocupado pela Cia. Francesa de Operetas e Vaudevilles, da qual fazia parte a atriz Alice Bonheur, mas a empresa não foi feliz. O povo fugia dos espetáculos.

É contristador — escrevia o crítico teatral d'*O Comércio* —, ver uma boa Cia. representar com a sala semideserta enquanto o Polytheama-Concerto se enchia diariamente.

Na verdade, o crítico esquecia-se de que não havia espetáculo tão ao sabor do público de São Paulo como os de café-concerto. Era preciso compreender o paulistano/ com aquela rudeza do antigo bandeirante. Ele não tinha ó jeito maneiroso do carioca, que sempre viveu na corte e conservou, como herança nos seus hábitos, a polidez e as manhas palacianas.

Alguém iria observar mais tarde:

O paulistano gosta dos espetáculos de café-concerto, onde se escuta a *chansonnette* ou se aprecia qualquer outra novidade, de cigarro na boca, chapéu na cabeça, pernas cruzadas, sem, sem-cerinia de espécie alguma[6].

Devido a um acidente nos seus mecanismos, em que saiu ferida uma senhorita, o Carrossel Santos Dumont colocou à venda o respectivo aparelhamento:

Vende-se este agradável aparelho de diversão, em perfeito estado, desarmado e pronto a seguir para a festa da Penha; vende-se pela décima parte do custo. O motivo da venda se dirá ao pretendente. Rua Quintino Bocaiúva n.º 377[7].

Em agosto inaugurava-se o primeiro salão de patinação na cidade:

COLUMBIA ELITE ROLLER

SKATING RINK

Rua Onze de Junho, 8

Aberto às senhoras, aos cavalheiros e à mocidade de São Paulo, como um lugar de divertimentos de primeira classe, onde a boa ordem e o decoro são rigorosamene observados.

2 sessões regulares diariamente, de 1,30 às 4 p.m., e de 7,30 às 10 p.m.

Entrada, 1$000

Há também uma sessão especial de manhã, somente para senhoras, para ensinar-lhes a arte da patinação. A entrada é franca para esta sessão[8].

6. *Idem*, 22.8.1905, p. 1.
7. *Idem*, 23.7.1904, p. 3.
8. *Idem*, 9.8.1904, p. 3.

A patinação constituiu-se em nova mania do paulistano. Todo mundo queria aprender e os 400 *ball-bhering* (ou patins de bolinha), encomendados nos Estados Unidos pelo gerente Harris, foram muito acionados.

A notícia abaixo informa que muita gente freqüentava o salão para rir das quedas e dos *quebra-corpos* dos aprendizes:

Continua muito freqüentado este agradável centro de diversão. Os novatos já se vão ajeitando na patinação, registrando agora menor número de quedas, mas outros são mais violentos, pois eles, os novatos, supondo-se já peritos na arte, dão maior velocidade aos patins.

Para os espectadores, e muitos são eles, essas quedas são de sabor delicioso[9].

No dia 22 de agosto, no Largo de São Francisco n.º 5, o presidente do Estado e o Dr. Carlos Botelho, secretário da Agricultura, inauguravam a exposição de algodão da Sociedade Paulista de Agricultura.

Funcionou todos os dias um aparelho cinematográfico exibindo vistas de fazendas, lavouras, fábricas, plantações de algodão, classificação das fibras de algodão, a praga do curuquerê em todas as fases do seu desenvolvimento, e ainda belas vistas do pavilhão brasileiro na Exposição de Saint Louis. A exposição encerrou-se no dia 16 de setembro.

Outro salão de patinação inaugurado:

ART NOUVEAU RINK

Inaugura-se HOJE, às 8 horas da noite.

Rua de São João, 21 (Antigo Cassino Paulista).

Novo centro de diversões para famílias, elegante e luxuosamente instalado num dos pontos mais CENTRAIS da cidade.

ALTA NOVIDADE

Patinação sobre assoalho de madeira.

Mais higiênico, mais cômodo e MENOS PERIGOSO.

Entrada geral e para camarotes: 1$000 (os camarotes são reservados às famílias)[10].

E o divertimento chegava até ao Brás em outubro, com a inauguração do *Rink Cosmópolis*, na Rua do Ga-

9. *Idem*, 10.8.1904, p. 2, «Sport».
10. *Idem*, 24.9.1904, p. 3.

sômetro, 114, e em dezembro abria-se outro no centro, na Rua Onze de Junho n.º 3, o *São Paulo Star Skating*.

Naquele tempo, dois moços ganhavam provas e palmas nos salões de patinação: o futuro aviador Eduardo Chaves e o cantor, compositor e cinematografista dos anos 20, Jaime Redondo.

1905: PANTOMIMAS DE DUDU DAS NEVES E O BALÃO DO *FERRAMENTA*

> *Quando o Ferramenta atravessou o Largo do Rosário, a meninada reconheceu o aeronauta e cercou-lhe, gritando em coro:*
> *Viva o Ferramenta!*
> *Só não sobe*
> *Quando não venta!*
> O Comércio de São Paulo, *18.7.1905, p. 2.*

Na Rua da Estação funcionava para um público mais modesto, um pequeno café-cantante chamado Recreio da Luz. Foi lá, no dia 6 de janeiro, que "o conhecido cançonetista e cantor de modinhas brasileiras *Bahiano*, fez o seu festival artístico".

Já a *élite* gostava era de praticar o *sport* da patinação nos salões apropriados. O circo também agradava a todos, sem distinção de classes. Este aqui veio do bairro do Brás:

CIRCO AMERICANO
Largo do Coração de Jesus
Direção: Santos & Pinto

HOJE   Sábado, 14 de janeiro de 1905   HOJE

GRANDE COMPANHIA EQÜESTRE E DE VARIEDADES

Compõe de 35 artistas de ambos os sexos e banda de música composta de 12 professores.

Na última parte, a pantomima com a peça histórico-dramática-cômico-militar com 42 quadros e 1 apoteose final, representando a República Vitoriosa.

A TOMADA DE CANUDOS
ou UM EPISÓDIO DA VIDA DE ANTÔNIO CONSELHEIRO

Camarotes, 15$000; cadeiras, 3$000; entrada geral, 1$000. Não há meias entradas[1].

Seus palhaços Polidoro e Amendoim traziam constantemente a alegria aos freqüentadores. Outros números de sucesso: o menino equilibrista Hipólito, o rei da força Santiago, Miss Clotildes, imitadora de Loie Füller, os artistas Bastos & Galdino no arriscado salto da *Escada Japonesa* e as pantomimas *Sargento Marcos Bombo, Musolino, A Casa Encantada, A Terra da Goiabada, Os Bandidos da Serra Morena* ou *Os Salteadores* e a citada *A Tomada de Canudos,* a mais representada e aplaudida.

Outro grande circo que apareceu na cidade: o Circo-Teatro François que estreou no dia 15 de janeiro, domingo, no local onde existiu o Teatro São José, na Praça João Mendes.

A Cia. cultiva o gênero cançoneta, monólogos, etc. etc. e no seu elenco, há alguns elementos de valia, entre os quais o cançonetista Eduardo das Neves, que tem trabalhado no Rio com geral agrado.

O conhecido Eduardo das Neves não só cantava suas modinhas ao violão, como figurava nas pantomimas. Uma noite, quando representava-se o drama *Os Bandidos da Serra Morena,* em uma cena de tiroteio, o cançonetista foi atingido, não se sabe como e nem por quem, por uma bala de *verdade*.

1. *O Estado de São Paulo,* 14.1.1905, p. 6.

O projétil varou a pele e os tecidos musculares adjacentes, saindo pelo lado das costas, parecendo não ter penetrado a cavidade torácica, apesar do ferido achar-se muito abatido.

Procedeu ao exame no ofendido, o Dr. Xavier de Barros, médico legista. O comparsa, que se presume ter atirado, porque não se pode saber com certeza quem foi, está detido no posto policial do Sul da Sé, à ordem do Capitão Phillipe Rheim. Hoje será aberto inquérito sobre o caso.

O fato impressionou vivamente o público que enchia o circo-teatro[2].

E o caso, felizmente, não foi tão grave porque para o espetáculo da semana vindoura, anunciava-se "a aparição do aplaudido Eduardo das Neves, que até lá estará completamente restabelecido".

O carnaval, com muita chuva e pouca alegria, resumiu-se nos carros alegóricos. Os *Fenianos* saíram à rua criticando *O Dilúvio em São Paulo* ou *O Bairro do Brás Transformado em Lagoa dos Patos*. O corpo de honra, formado por foliões com garrafas na mão, tinha à frente o popularíssimo tipo das ruas, *Caixa D'Água*.

Outra crítica que fez muita gente rir e pensar: o jogo do bicho, com um carro cheio de "ratos de dois pés e muitas unhas". Mas o carnaval de rua foi tão ruim que o cronista *Pistol* fez uma quadrinha:

> Ficou ontem comprovado
> Que quem mais se divertiu
> Foi um sujeito avisado
> Que de casa não saiu...

Uma grande novidade atraiu grande público em um teatro da zona central:

TEATRO SANT'ANA

Empresa E. Hervet

SÁBADO — 1.º de março de 1905

Amanhã ESTRÉIA do

NOVO CINEMATÓGRAFO APERFEIÇOADO

Extenso repertório de magníficas vistas animadas, de grande duração, em cores

---

2. *O Comércio de São Paulo*, 23.1.1905, p. 2, «Teatros Etc.».

SENSACIONAL ESTRÉIA do
CINEMATÓGRAFO FALANTE!!

A grande novidade da época, a última perfeição, a ilusão completa por meio do FONÓGRAFO combinado com o CINEMATÓGRAFO.

Grande sucesso em Paris e no Teatro Lírico, do Rio de Janeiro.

PREÇOS

Frisas com 5 entradas, 15$000; camarotes, 10$000; cadeiras, 3$000; balcões, 2$000; gerais, 1$000.

O espetáculo começará às 8 1/2 e terminará às 11 1/2 da noite mais ou menos. Bilhetes à venda na bilheteria do teatro, das 3 horas da tarde em diante.

Amanhã, domingo, grande *matinée* às 2 horas da tarde, programa esplêndido, e à noite, grande espetáculo. É inteiramente moral. Haverá bondes para todas as linhas. Os bilhetes à venda, desde já, na Brasserie Paulista[3].

No dia seguinte, o crítico elogiou as cenas cômicas e os episódios da guerra russo-japonesa:

A exibição foi um sucesso. Não só o aparelho funcionou muitíssimo bem, como as cenas apresentadas, originais e variadas, agradaram francamente. É um espetáculo que merece ser visto mais de uma vez[4].

Durante o mês de março foram exibidas no Sant'Ana fitas importantes. Vamos relacionar algumas:

O General Kouroupatkine Montado no seu Cavalo Branco, O Bombardeio de Port Arthur, Conversação Telefônica (falante), *Índios e Cowboys* (talvez o primeiro *western* da história do cinema), *O Antro dos Espíritos, Festa das Flores em Paris, O País dos Gigantes e dos Anões* (de Meliès), *Sansão e Dalila* (colorida), *Metamorfose do Rei de Espadas* (de Gaston Velle), *Uma Desgraça Nunca Chega Só, O Sonho de um Astrônomo* (Méliès), *Maria Antonieta, O Homem da Cabeça de Cautchuc* (Méliès), *O Ovo do Bruxo, Cristóvão Colombo* (da Pathé), *A Mala de Barnum* (Gaston Velle), *Cake-Walk Infernal* (Méliès), *Bonsoir, Mme La Lune* (cantante), *Funerais da Rainha Vitória, Napolão Bonaparte* (colorida), *Ilusionista do Século XX, Selon la Saison* (cantante), *Santa Joana D'Arc* (Méliès), *A Morte do Brasileiro Augusto Severo, Em Casa do Bruxo Mágico, Da Terra à Lua, Robinson Crusoé* (Méliès), *Aventuras de um Aeronauta, A Casa*

3. *Idem*, 17.3.1905, p. 4.
4. *Idem*, 19.3.1905, p. 2, «Teatros Etc.».

Sossegada (Méliès), *La Femme Est un Jouet* (cantante), *Football em Cavalos, Vida, Paixão e Morte de Jesus Cristo* e *O Hotel do Bom Repouso* (Méliès).

Podemos garantir que foi o francês Edouard Hervet quem trouxe a São Paulo a maior quantidade de vistas cinematográficas. Chegamos a relacionar mais de 200 fitas exibidas só no Sant'Ana.

No dia 22 de março, numa quarta-feira, o cançonetista Eduardo das Neves iria "esgotar todo o seu enorme repertório":

TEATRO-CIRCO FRANÇOIS

Última Função

Em benefício do popular cançonetista

EDUARDO DAS NEVES

Cujo retrato ladeia este anúncio*.

Verdadeiro espetáculo de gala que terminará com a engraçadíssima pantomima cantada

UM BICHEIRO EM APUROS

ou

O PADRE VIRGOLINO CARRAPATO DANÇANDO CAKE-WALK

Ornada com 22 números de músicas, escritas pelo beneficiado.

NB — A Cia. despede-se do gentilíssimo público desta platéia e estréia sábado, no Coração de Jesus.

Todo aquele que tiver contas com a Empresa é favor apresentá-las para serem pagas.

A Empresa[5].

Mais um anúncio do mesmo circo, agora em novo local:

CIRCO-TEATRO FRANÇOIS

No Largo do Coração de Jesus

HOJE   HOJE

Grande peça fantástica intitulada O OLHO DO DIABO ou A FADA E O SATANAZ, peça escrita especialmente para esta Cia.

Elenco:

SATANAZ .... Sr. C. Pereira
FADA .... D. Idalina Zovetti

---

* Retrato não publicado por absoluta falta de nitidez.

5. *Idem*, 22.3.1905, p. 4.

COLUMBINA	Mlle G. de Almeida
GERTRUDES	D. Adelaide
AMBRÓSIO	Sr. Eduardo das Neves
TIBÚRCIO	Sr. E. François
TIMÓTEO	Sr. P. P. Pinheiro
MATEUS	Sr. A. Zovetti

Camponeses, camponesas, gênios do mal, etc. etc.

A ação passa-se em Portugal.

1 prólogo, 1 ato e 1 deslumbrante apoteose.

AVISO — A empresa, atendendo às reclamações de algumas famílias, resolveu baixar o preço das localidades.

Camarotes, com 4 entradas	12$000
Cadeiras de 1.ª fila	3$000
Idem de 2.ª fila	2$000
Entrada geral	1$000[6].

Esta pantomima de Eduardo das Neves, *O Olho do Diabo,* encontramos mais tarde em outro circo com o título de *Monóculo do Diabo.* Outras pantomimas apresentadas pelo Circo François em São Paulo: *Janjão, o Pasteleiro,* "da lavra do popular Eduardo das Neves", *Nhô Bobó, Os Guaranis, Um Bicheiro em Apuros* ou *O Padre Virgolino Carrapato Dançando um Cake-Walk,* "escrita especialmente para esta Cia. pelo artista Eduardo das Neves" e *Os Milagres de Santo Antônio,* montada pelo 1.º ator Bernardo da Silveira.

No dia 17 de abril, o circo transferiu-se para o Brás:

AVISO — A empresa retira-se segunda-feira para o Largo da Concórdia, por isso pede a todos que se julgarem credores da mesma, que compareçam para serem pagos e satisfeitos. A ordem e a decência são a divisa da Cia.

O diretor, João François.

A patinação ainda permanecia na ordem do dia:

COLUMBIA SKATING RINK
Rua Onze de Junho n.º 8
HOJE   HOJE
SENSACIONAL
MATCH DE FUTEBOL SOBRE PATINS

Os pormenores deste novo jogo vinham em outra notícia:

Cada *team* terá um *goal-keeper,* 1 *full-back* e 3 *forwards.* Servirá de *referee* o Sr. Lavrador.

[6]. *Idem,* 4.4.1905, p. 4.

Legumes e cançonetas

(O PREFEITO ANTÔNIO) PRADO — Um café-cantante num mercado!
(VEREADOR CELSO) GARCIA — Cantando se apanham votos!
(Charge de Hattos a propósito de um projeto de lei da Câmara Municipal de São Paulo para a abertura de um teatro (Colombo) no Brás).

A transformista Fátima Miris

O Pirralho n.° 78 [SP], 15.2.1913).

O ESMALTE DE SARAH E O BINÓCULO DA CRÍTICA.
SARAH — Conheço-te muito, crítica rezinguenta e velha! (Charge de Ramalho Júnior).

No Teatro Sant'Ana voltava o cinematógrafo de Hervet com o clássico de Méliès, *Le Voyage à Travers l'Impossible,* de 400 metros e 16.000 fotografias:

TEATRO SANT'ANA

Empresa E. Hervet

Em vista de grande afeição que tem despertado o

CINEMATÓGRAFO

em São Paulo e, atendendo à petição de infinidade de pessoas, Esta Empresa dará mais alguns espetáculos, sendo o primeiro

QUARTA-FEIRA, 12 DE ABRIL DE 1905

com extraordinárias novidades, entre estas

UMA VIAGEM
ATRAVÉS DO IMPOSSÍVEL

Magnífica vista colorida em 40 quadros de 25 a 30 minutos de duração, que está tendo em Paris, Londres, New York, Roma, Berlim e demais capitais da Europa um sucesso sem igual.

Continuam os preços populares

Frisas e camarotes, 10$000; cadeiras, 2$000; balcões, 1$500; gerais, 1$000[7].

A julgar pelo repertório exibido no Sant'Ana, o público paulistano de 1905, preferia as cenas mágicas de Méliès e de seus contraventores. Senão vejamos:

O Cofre Encantado, mágica colorida, *O Homem Mosca,* de Méliès, *A Bela Adormecida do Bosque,* conto de fadas colorido, *O Químico Repopulador,* de Méliès, *Tempestade em um Quarto,* de Zecca, *Feitiçaria Culinária,* mágica, *O Chapeuzinho Vermelho,* de Méliès, *A Fada da Primavera,* mágica colorida, *Le Roi du Maquillage,* mágica, *Dançarina Microscópica,* de méliès, *Magia Preta, O Templo da Magia, O Maravilhoso Leque Vivo,* colorido, *Robert Macaire e Bertrand, Ladrões Célebres,* de Méliès, *Crisálida e a Borboleta de Ouro,* colorida, *A Marmita Diabólica, Erupção do Monte Pelée,* de Méliès, *O Chapéu Mágico, A Greve (La Pared),* de Zecca, *O Reinado de Luís XIV,* de Heillbront, *Piquers de Futs, Cambrioleur Insaissisable* e *Regada General* (o famoso *Regador Regado,* de Lumière).

Em maio, apresentou-se no Teatro Sant'Ana o mágico Carisi Dobler Hermínio trazendo a sua Cia. Excêntrica de Novidades Reais e Ilusionistas. Esta Cia. não demorou

7. *Idem,* 10.4.1905, p. 4.

muito porque um dos motivos maiores foi a má qualidade
e trepidação das fitas exibidas:

TERCEIRA PARTE

GRANDE BIOSCÓPIO CINEMATÓGRAFO

NORTE-AMERICANO

Novidades e sucessos

AVISO — Pede-se ao respeitável público para não confundir esta Cia. com outras que se têm apresentado com bombásticos reclames.

A Empresa[8].

Depois que Santos Dumont conseguiu contornar a Torre Eiffel dirigindo um balão, a empolgação pelos vôos aumentou em todo o mundo. Muitos inventores, pseudo-inventores e aeronautas conheceram o malogro e outros transformaram rapidamente as ascensões em espetáculos esportivos, como meio de subsistência:

VELÓDROMO PAULISTA

Domingo, 14 de maio de 1905

SENSACIONAL   ASCENSÃO

Do aeronauta português

MAGALHÃES COSTA

no balão livre

PORTUGAL

da capacidade de 1.058 metros cúbicos de gás.

Extraordinário sucesso no Rio de Janeiro.

Banda de Música da

BRIGADA POLICIAL

Preços: Arquibancadas, 4$000 — Entradas, 2$000[9].

Os jornais do dia seguinte noticiaram que o vôo foi bem-sucedido. O balão subiu 500 metros, atravessou a Avenida Paulista e foi descer, antes os olhos arregalados de espanto dos moradores, lá no bairro de Pinheiros.

Neste vôo deveria tomar parte o fotógrafo do jornal carioca *Gazeta de Notícias,* o futuro cinematografista Paulino Botelho, que não pôde comparecer.

8. *Idem.* 10.5.1905, p. 2.
9. *Idem,* 13.5.1905, p. 4.

Apareceu outro aeronauta em São Paulo:

VELÓDROMO PAULISTA

HOJE Às 3 1/2 horas da tarde HOJE

ASCENSÃO AEROSTÁTICA

Arrojado aeronauta português

FERRAMENTA

no seu balão livre

O NACIONAL

por ele próprio construído, e de capacidade de 722 m³.

Se o gás tiver força ascensional bastante, será acompanhado por uma corajosa dama.

DUAS BANDAS DE MÚSICA

Preços: Arquibancadas, 4$000; entrada, 2$000[10].

O balão não subiu e o aeronauta recebeu ruidosa vaia. Em entrevista ao jornal *O Comércio de São Paulo*, o nosso *Ferramenta* explicou que foi prejudicado por falta de gás e de... vento. Queixou-se do gás pesado e sujo fornecido pela Cia. e revelou que a "corajosa dama" tratava-se de D. Ena de Almeida, natural de Paranaguá e moradora no Rio.

O fato é que *Ferramenta* não foi muito feliz em São Paulo. Em fins de julho, um jornal noticiava ironicamente:

Se não chover, se não ventar muito e se o gás tiver força ascensional, o Sr. Bernardes *Ferramenta,* fará hoje a ascensão, que será no terreno junto ao Gasômetro, na Rua Santa Cruz da Figueira, e a hora será às 11 horas da manhã. O espetáculo será grátis.

Não obstante a *urucubaca* permanente do aeronauta lusitano, no dia 6 de agosto, despediu-se de São Paulo com uma linda ascensão, voando do Anhangabaú até Caguaçu.

Nesta ocasião, a famosa transformista Fátima Miris estreou no Teatro Sant'Ana com a dança serpentina e o seu aparelho *cinefatimatógrafo,* exibindo magníficas vistas em cores. Foi muito elogiada, sobretudo pela rapidez de seus trabalhos.

10. *Idem*, 16.7.1905, p. 4.

No fim de julho, os luveiros, gravateiros, sapateiros, perfumistas, cabeleireiros, alfaiates, modistas e *tutti quanti*, não tiveram mãos a medir para servir a freguesia da alta roda que se preparava para ir ao mesmo Sant'Ana ver o ator Coquelin (Ainé) representar o *Tartufo* e *As Preciosas Ridículas*.

No dia 10 de outubro, o Polytheama-Concerto mudava a sua denominação para Polytheama Paulista, a fim de receber, por três dias, a grande trágica Sarah Bernhardt, então com 64 anos de idade, representando *Fedora, Adriana de Lecouvreur, La Gioconda* e *Ângelo, o Tirano de Pádua*, com os preços de: camarotes e frisas, não há; cadeiras de 1.ª, 18$000; idem de 2.ª, 10$000 e galeria a 5$000.

Wenceslau de Queiroz escreveu:

A eminente atriz foi delirantemente aplaudida por diversas vezes, o que mostra quanto é portentoso o seu gênio.

Na Rua de São João n.º 61, um salão ficava repleto de ouvintes para as conferências literárias de Coelho Neto, Dr. Batista Pereira, Medeiros e Albuquerque, Alfredo Pujol, Dr. Almeida Nogueira e outros:

SALÃO STEINWAY
Conferências Literárias e Artísticas
Empresa: Nuno Castelões & Cia.
HOJE
Sexta-feira, 8 de dezembro de 1905
Quarta conferência pelo eminente literáto
CONDE AFONSO CELSO
Assunto: NOITE DE ARTE
Às 8 e meia em ponto.

Os bilhetes acham-se à venda, por especial favor, na Livraria Civilização.

Quinta-feira, 14 do corrente
Quinta conferência pelo eminente literato
MEDEIROS E ALBUQUERQUE
Assunto:
OS GATOS[11].

Valério Vieira, o fotógrafo conhecido de toda a cidade, expôs no dia 10 de dezembro, um grande pano-

11. *O Estado de São Paulo*, 8.12.1905, p. 6.

rama fotográfico da cidade de São Paulo, medindo 11 metros de largura por 1,43 de altura, que depois será exibido, em 1906, na Exposição de Milão:

O PANORAMA DE SÃO PAULO
no SALÃO PROGREDIOR
Aberto todos os dias das 10 da manhã às 10 da noite.
ENTRADA, 1$000
QUINTAS e SÁBADOS, 2$000[12].

O panorama representava uma vista de São Paulo do alto da torre da Igreja do Sagrado Coração de Jesus, talvez o ponto mais alto da Capital. Foi tirada em julho de 1905, num esplêndido dia de sol.

Nele se viam o Largo dos Guaianazes, a Alameda Barão de Limeira, o Convento de São Bento e respectiva torre, o prédio da Cia. Paulista e o Hotel Rebecchino, a estação da Estrada de Ferro Inglesa, cujo relógio da torre marcava 1 hora. Ao longe, a serra da Cantareira. Viam-se ainda a Penha, o Pari, o Brás, o Belenzinho com várias chaminés fumegando; o Sant'Ana, a Alameda Glette, a Barra Funda, o bairro do Carvalho e das Palmeiras.

Ao longe, o Morro do Tabor, as colinas da Água Branca, o prédio do *College Mackenzie,* o castelo da Vila Penteado, o Largo do Arouche, o bairro de Higienópolis, as colinas das Perdizes, a Mooca com os dois torreões do hipódromo, a matriz gótica do Cambuci, carros, bondes, automóveis e transeuntes a pé e a cavalo nas ruas, o mirante da Cia. Telefônica, a torre da Igreja da Sé, a Rua de Santa Efigênia, a Rua dos Gusmões com seus prédios de arquitetura pesada e gosto duvidoso, as enormes chaminés da Cia. Água e Luz, hoje pertencentes à *Light and Power,* a Igreja da Consolação com sua dupla torre, o bairro da Bela Vista, a Rua Conselheiro Nébias, a Alameda dos Bambus, o Colégio Azevedo Soares, o edifício da Escola Normal da Praça da República, o pavilhão do Jardim da Infância, o palácio do Liceu de Artes e Ofícios, o Rio Tietê, o seminário episcopal, a Escola Prudente de Morais, as oficinas Ludgerwood, a fábrica Anhaia, o belo prédio da Escola de Farmácia ainda não concluído na época, a Escola Politécnica com sua elegante arquitetura, a Igreja de Santa Cecília, o cemitério da Consolação, etc., etc.[13].

12. *O Comércio de São Paulo,* 15.12.1905, p. 2.
13. *Idem,* 19.12.1905, p. 1, com descrição pormenorizada.

1906: CARNAVAL DOS TIPOS POPULARES E O PANORAMA DO PADRE

> *No carnaval, o* Caixa D'Água, *popular tipo das ruas paulistanas, muito conhecido, vestiu-se de arlequim, montou em um matungo e, cercado pela molecada ruidosa da época, meteu-se no borborinho das ruas, provocando gostosas gargalhadas por parte do público.*
>
> O Comércio de São Paulo, 26.2.1906, p. 2.

Queixava-se o cronista de que, "no domingo (14 de janeiro), os divertimentos foram pucos: festa no Parque Antárctica, *matinée* no Polytheama e corridas no Hipódromo e nada mais".

Reclamou da empresa do Polytheama que deixou "a *chanteuse* Zazá apresentar duas ou três *chansonnettes* indecentes. Para uma *matinée* familiar de domingo, foi a *coisa* salgada a valer..."

Mais tarde, uma ascensão no Velódromo veio entusiasmar o público. Alaor Marcondes Torres de Queiroz, paulista de Jambeiro, com seu balão *Cruzeiro do Sul*, subiu mais de 1400 metros. Lá de cima foram atirados cartões numerados que davam direito a uma caixa de charutos Caçadores e 500 cigarros Aspasia. O balão foi descer, belo e impávido, na Rua Coelho, em Vila Mariana.

A "Nota do Dia" d'*O Comércio de São Paulo* (26 de janeiro) não deixou de elogiar:

> O mais destemido de todos os *Ferramentas* que nos têm visitado. Foi o que subiu mais, sem o auxílio do gás... do reclame.

Durante o carnaval, as duas lojas, da China e do Japão, anunciavam novidades, tais como, instrumentos de fazer barulho, cornetas, guisos, estalos fulminantes, trompas, trombetas, fogos de bengala e muitos outros artigos por preços excepcionais.

Nas ruas do centro, os Fenianos e os Democráticos saíram criticando a praga dos gafanhotos, as inundações, os impostos, os jogos de azar e com alegorias às vítimas do *Aquidaban* e aos refrigerantes da Cia. Antarctica.

"Cada ano que passa, mais frios vão se tornando os festejos carnavalescos em São Paulo", era o que sentenciava *O Comércio*.

Não sabemos se o cronista estava ou não com razão. O certo é que o carnaval continuava permanente, sempre o mesmo, todos os anos, para os tipos populares da cidade. Um deles, o *Caixa D'Água* (Paulo Ventura dos Santos) divertiu-se a valer montado em um velho cavalo, às vezes vestido de arlequim, outras vezes metido dentro de uma sobrecasaca desbotada, com luvas brancas muito sujas, e de flor no peito, fazendo propaganda para o *Trust Vilela*.

Um outro, o Leôncio, um preto que arrastava uma perna, entrava nos botequins, gastava, em copos de caninha do Ó, todo o dinheiro que pedia nas ruas, xingava o vendeiro, depois saía fazendo discursos e pedindo mais moedas aos foliões e curiosos.

Havia também o *Pipoca* e o *Padre Bacalhau* (Joaquim de Assumpção Saldanha), este quieto como uma tartaruga e manso tal qual um cordeiro, sempre caminhando, com as mãos atrás das costas, com seus 85 anos de idade, pelas ruas centrais. À tardinha, voltava para o seu quarto no Mosteiro de São Bento.

Em tempos passados, existia outro tipo chamado por todos de *Barão de Caiapó*, mas seu nome verdadeiro, dizia ele ser João José Fagundes de Rezente e Silva e julgava-se riquíssimo herdeiro de uma grande fortuna que lhe fora roubada.

Quando se realizavam as comemorações da Semana Santa, quase sempre surgiam as diversões de cunho religioso:

JERUSALÉM EM SÃO PAULO

Católicos, protestantes, muçulmanos, enfim, de todas as religiões têm tido ocasião de admirar, extasiar-se diante da magnificência do Túmulo de Nosso Senhor Jesus Cristo, puro e real como o de Jerusalém.

Verdadeira e fiel cópia em madeira do que em Jerusalém existe em mármore.

Eia por fiat voluntas tuas, com a insignificância de 1$000.

Por 1$000 podeis garantir que viste o verdadeiro Túmulo de Cristo — o Túmulo é em madeira, imitação do verdadeiro que é em mármore.

Entrada. 1$000. A Exposição é de 9 da manhã às 11 horas da noite.

Uma visita ao SALÃO PROGREDIOR onde se acha a exposição do verdadeiro Túmulo de Cristo[1].

Pelas citações latinas, torna-se fácil concluir que a exposição deveria ser propriedade de algum religioso. Já no mês seguinte, um padre verdadeiro inaugurava o seu divertimento na Rua Onze de Junho:

FERRO-CARRIL ASIÁTICO — Assistimos ontem à inauguração deste novo gênero de diversão.

É um engenhosíssimo aparelho movido por 2 motores, um de força de 5, outro de 3 cavalos, desenrolando um magnífico panorama de 400 metros de comprimento, abrangendo toda a Palestina, descortinando aos olhos do espectador curioso as cidades de Jerusalém, Kaifa e Jafa, a Praia de Genesareth, o Lago de Tiberíades, as minas de Sephoris, o Horto de Gethsemani, Nazareth, Samaria e outros sítios célebres da Terra Santa.

Na inauguração fizeram-se representar o sr. dr. presidente do Estado e secretário do Interior, a imprensa diária e diversas pessoas gratas e sacerdotes.

O reverendíssimo Padre Francisco Martins Dias, proprietário do magnífico panorama, já exibido em Paris, Nápoles e em Buenos

1. *O Comércio de São Paulo*, 21.3.1906, p. 3.

Aires, em presença do Bispo D. Espinosa, acumulou de gentilezas o nosso representante e os dos demais diários[2].

Um anúncio do referido trem panorâmico:

FERRO-CARRIL ASIÁTICO

VIAGEM À TERRA SANTA

8 mil léguas em 30 minutos

Um prodígio! Verdadeiro triunfo da arte moderna! Peregrinação pelos Santos lugares da Palestina em estrada de ferro.

Parece sonho mas é realidade!
Ide ver e admirar!

A empresa, no intuito de mais facilitar ao público, resolveu modificar o preço das passagens, adotando a tabela seguinte:

1.ª classe, adultos .... 1$500
1.ª classe, crianças .... 1$000
2.ª classe, adultos .... 1$000
2.ª classe, crianças .... 500 réis

Ide à RUA ONZE DE JUNHO N.º 8
Todos à Palestina![3]

As touradas, as brutais touradas, voltavam ao centro da cidade:

PRAÇA DE TOUROS
na Travessa Particular (Anhangabaú)
Domingo, 6 de maio de 1906

Grandiosa Corrida de Touros dedicada ao Exmo. Sr. Conselheiro Antônio Prado, DD. Prefeito desta cidade, que honrará esta corrida com sua presença.

Pela CIA. do Cavaleiro Adelino Raposo
a pantomima A CABANA DO ZÉ DO SACHO, com acompanhamento de um

FORMIDÁVEL MAXIXE DANÇANTE!

Preços baratíssimos:

Camarotes, 15$000 — Sombra reservada, 3$000 — Sombra, 2$000 — Sol, 1$000.

Prêmio de 2 libras esterlinas para a grande fábrica de trambolhões, que serão dados ao curioso que pegar o 7.º touro nacional, de cara, que conduzirá o prêmio pendurado no pescoço!

AOS TOUROS![4]

Em maio chegava ao Teatro Sant'Ana um cinematógrafo falante de boa qualidade:

2. Idem, 4.4.1906, p. 3, «Diversões».
3. Idem, 24.4.1906, p. 6.
4. Idem, 6.5.1906, p. 8.

Algumas marcas de cigarros da época distribuíam figurinhas com retratos de artistas teatrais e circenses.

O Leôncio, tipo popular das ruas paulistanas.

A atriz Lydia Gauthier, do Polytheama.

Anúncio do Polytheama.

TEATRO SANT'ANA
Empresa Candburg

HOJE   Quarta-feira, 9 de maio de 1906   HOJE

ESTRÉIA   ESTRÉIA

O Maravilhoso Cinematógrafo Falante

O mais importante e aperfeiçoado aparelho que se apresenta na América do Sul.

ATENÇÃO: Esta empresa possuidora do mais moderno e mais perfeito aparelho descoberto até hoje, que acaba de obter no Polytheama, de Buenos Aires, no Teatro Lírico, do Rio de Janeiro e no Guarani, de Santos, ruidoso sucesso, não só pela grandiosa coleção de vistas (tudo o que há de mais importante no gênero), cômicas, dramáticas, satíricas, fantásticas, etc., como também pela completa nitidez, sem oscilações (fixas!)

Único Cinematógrafo que não incomoda a vista.

Único aparelho firme sem trepidações!!

Não confundam com os que até agora se têm apresentado. Esta empresa apresentará ao ilustre público desta Capital uma enorme coleção de vistas completamente desconhecidas e de retumbante sucesso e dará limitado número de espetáculos.

PROGRAMA SENSACIONAL

Vistas todas novas e de extraordinário efeito. Espetáculos morais, artísticos e recreativos, próprios para as exmas. famílias.

Preços populares: frisas, 15$000 — camarotes, 10$000 — cadeiras, 3$000 — balcão de 1.ª fila, 3$000 — idem de 2.ª, 2$000 — gerais, 1$000.

Os bilhetes à venda na *Brasserie* Paulista e à noite na bilheteria do teatro.

AO TEATRO!   AO TEATRO!

Todas as noites, quadros novos e de sensação. Noites fantásticas! Espetáculos maravilhosos! Retumbante sucesso!

Amanhã, grandioso espetáculo.

DOMINGO — 2 espetáculos: *matinée* com programas infantis, às 2 horas da tarde. Os bilhetes desde já à venda[5].

No dia seguinte, um crítico comentou:

Estreou ontem a empresa Candburg de Cinematógrafo Falante. O Teatro Sant'Ana estava cheio e os espectadores aplaudiram as vistas exibidas. As que mais agradaram pelo irresistível cômico foram: *O Encontro Imprevisto, Dez Mulheres para um Homem* e *A Moda dos Chapéus de Senhoras.*

Achamos conveniente que a Empresa aumente o número de vistas para evitar que os intervalos sejam tão longos e o espetáculo termine tão cedo.

Hoje realiza-se mais uma reprodução com quadros inteiramente novos: *O Antro Infernal, Um Drama nos Ares* e *Os Ladrões de Crianças*[6].

5. *Idem*, 9.5.1906, p. 6.
6. *Idem*, 10.5.1906, p. 4, «Artes e Diversões».

O cinematógrafo deu 50 espetáculos no Santana e no dia 24 de junho, anunciava a sua despedida com a exibição de "vistas novas para São Paulo": *O Falso Mendigo, Caretas Horríveis,* cômica, *A Sogra Terrível,* cômica, *Salve, Espanha!, Ao Sair de um Café, Os Dois Chuvas,* cômica, *O Ciclista Liliputiano* e *Os Horrores da Inquisição.*

A empresa Candburg exibiu na sua temporada, *O Sonho da Lua,* "espantoso sucesso cômico-fantástico", *Os Apaches de Paris,* "vista que só esta empresa possui", *Um Roceiro em Paris,* "sendo muito apreciada por ser cômica", *Ataque aos Automóveis,* "último sucesso do teatro de Paris, Londres, Berlim, América do Norte, Buenos Aires e Rio de Janeiro", *A Galinha dos Ovos de Ouro,* mágica de Gaston Velle, *A Fada das Flores,* "vista de belíssimo efeito", *O Pequeno Pasteleiro,* que foi bisada três vezes, *La Vendetta,* "vista trágica", *A Honra de um Pai,* "drama de grande efeito sensacional", *Dranem e a Crioula,* vista cômica, *A Vida de Moisés,* drama bíblico, *Saída de um Estudante,* que marcou a estréia do cômico Max Linder no cinema, e as vistas cômicas, *Aventuras de um Namorado, Banho do Carvoeiro, As Filhas do Diabo Mais Velho, O Pescador Pescado, Uma Olhadela pelo Buraco da Fechadura, Uma Viagem de Prazer com a Sogra, Criado Atrevido* e *Música de Pancadaria.*

Para os lados da Sé, uma exposição chamava a atenção:

COLEÇÃO DE ANIMAIS EMBALSAMADOS

de

ERNESTO SÁ

Ex-preparador e diretor do Museu do Pará.

Constando de vários animais e aves caçados e embalsamados pelo próprio colecionador, como sejam: onças, pacas, patos, galos, lobos, cegonhas, veados, pássaros de várias espécies e muitos outros animais que pelo bem feito embalsamento tenho o prazer em convidar os apreciadores a uma pequena visita em nossa casa à

RUA MARECHAL DEODORO N.º 32

Vende-se pássaros vivos e embalsamados, assim como o proprietário se incumbe de embalsamar qualquer animal por preço módico.

N. B. — A Exposição é franca ao público[7].

7. *Idem,* 20.7.1906, p. 3.

Mais um café-concerto e cinematógrafo em São Paulo. Seu programa inaugural:

MOULIN ROUGE
Largo do Paissandu

Empresa Pascoal Segreto

Tournée Seguin de l'Amerique du Sud

HOJE   Sexta-feira, 2 de novembro de 1906   HOJE

Única sessão cinematográfica dividida em 3 partes.

1.ª parte — OS CHARUTOS, vista cômica.
SANSON E DALILA, vista sacra.

Intervalo

2.ª parte — CRIADA CURIOSA, vista cômica.
O TERREMOTO DA CALÁBRIA, vista sensacional.

Intervalo

3.ª parte — A TRAIÇÃO DE JUDAS, vista sacra.
LITTLE PICH, vista cômica.

Preços e horas do costume.

Os bilhetes à venda na Confeitaria Castelões[8].

De outra parte, quando o cinematógrafo falante da Empresa Star Company estreou no Teatro Sant'Ana, o cronista escreveu:

> Realizou-se ontem no Teatro Sant'Ana, a estréia do cinematógrafo falante. Realmente ainda não tivemos em São Paulo um cinematógrafo tão aperfeiçoado como o que ontem nos deu aquela empresa.
>
> As vistas em geral são nítidas e muito interessantes, devendo-se notar que não há a tremulação tão incômoda notada em outros cinematógrafos.
>
> De todos os quadros ontem apresentados, foi muito apreciado o drama sensacional *A Lei do Perdão*, além da *Volta ao Mundo de um Policial*, cena em 11 quadros.
>
> A sala esteve cheia, o que mostra ter agradado o cinematógrafo falante. Para hoje, dois espetáculos, um em *matinée* e outro à noite, ambos com um programa variado[9].

Um dos programas da empresa Star profusamente distribuídos por toda a Capital:

8. *Idem*, 2.11.1906, p. 6.
9. *Idem*, 4.11.1906, p. 8, «Teatros e Salões».

Saída de espectadores do Moulin Rouge, por ocasião de uma das esplêndidas matinées que aquela casa de diversões dá aos domingos.

Anúncio do Moulin Rouge.

Cícero Marques (O Pirralho n.° 137 [SP], 4.4.1914).

TEATRO SANT'ANA

HOJE Segunda-feira, 5 de novembro de 1906 HOJE

CINEMATÓGRAFO FALANTE APERFEIÇOADO
EMPRESA STAR COMPANY

1.ª parte:

Pelo Buraco da Fechadura (cômica) — Metamorfose da Borboleta (colorida) — Efeitos do Melão (cômica) — As Ruínas de Roma (natural) — O Atirador Desastrado (cômica) — Viagem a Paris de um Camponês (cômica).

2.ª parte:

Five O'Clock (desagreable) — Tomada de um Reduto — Dez Mulheres para um Marido (cômica) — Cake-Walk (vista colorida) — Entrada Infernal — O Circuito de La Sarthe (natural de quase meia hora de duração).

3.ª parte:

Grande Bailado — Um Curioso Castigado — Um Navio em Alto Mar — Um Namorado em Apuros (cômica) — Grandes Corridas de Cavalos — As Flores Animadas ou O Paraíso das Deusas (colorido).

NOTA — Nos pequenos intervalos de mudança das vistas a empresa faz exibir uma coleção de vistas fixas para não ficar o pano vazio.

Frisas com 5 entradas, 12$000 — Camarotes com 5 entradas, 10$000 — Balcões e cadeiras, 2$000 — Gerais, 1$000.

Os bilhetes à venda na *Brasserie* Paulista (Praça Antônio Prado n.º 3) até as 5 horas da tarde e depois na bilheteria do teatro.

Depois do espetáculo haverá *bonds* para todas as linhas[10].

Em dezembro, a empresa despedia-se de São Paulo:

TEATRO SANT'ANA

Tournée da Empresa STAR COMPANY

CINEMATÓGRAFO FALANTE

Motor-dínamo e aparelho de última invenção

HOJE Domingo HOJE

2 últimos espetáculos

Sendo um às 2 horas da tarde em *matinée* e outro às 8 e meia da noite com programas escolhidos.

Cada espetáculo programa novo.

Cenas cómicas, dramáticas e feéricas.

Ver sem viajar o que se passa em outros países.

Preços Populares.

Grande *matinée* com distribuição de bombons e cartões postais[11]

10. *Idem*, 6.11.1906, p. 6.
11. *O Estado de São Paulo*, 2.12.1906, p. 5.

Apesar do cinematógrafo estar quase dominando o gosto do paulistano, o café-concerto ainda atraía a preferência dos freqüentadores.

O Polytheama-Concerto apresentava *Os Geraldos*, sempre aplaudidos no dueto *canaille* da *Bahiana* ou a dupla *Bugrinha-Colinette* requebrando furiosamente o maxixe e outras danças e ainda os números da Bella Chilena, da robusta Ignez Alvarez, da orquestra tzigana, das cançonetistas Esmeralda e Pierrete Duvernot e a revista franco-brasileira *Vem Cá Mulata*, que a empresa anunciava como "expurgada de qualquer cena maliciosa e ditos apimentados".

Havia também o campeonato de luta romana de homens e de mulheres. Entre estas, Mlle Sanchez "desafiava qualquer pessoa do seu sexo para uma luta em cena aberta, com um prêmio de 500$000 a quem conseguisse vencê-la".

O outro café-concerto, o Moulin Rouge, apresentava sua *troupe* de cantoras e bailarinas, *Espanholita*, Gabriellina, La Monti, Morucha Guadiz, Rina Zambelli e também as apreciadas lutas romanas.

Destaque especial teve o jovem paulista Cícero Marques, sócio amador do Club Força e Coragem, por ter vencido o campeão polaco Konietzko "com um lindo golpe de anca". Recebeu uma ovação estrondosa do público. "O palco ficou completamente cheio de flores e chapéus".

No mês de dezembro, no local do antigo Teatro São José, na Praça João Mendes, chegou um circo com nome estranho e longo:

CIRCO-TEATRO-PAVILHÃO BRASILEIRO, da empresa Eduardo das Neves e João de Castro, dá hoje mais uma variada e interessante função, à Praça Dr. João Mendes. Terminará a função com a chistosa pantomima *Monóculo do Diabo*[12].

---

12. *Idem*, 30.12.1906, p. 4, «Palcos e Circos».

Anúncio do Moulin Rouge.

Segunda Parte: DEPOIS DE SERRADOR

Eleonora Duse

O cake-walk foi dançado nos salões paulistanos durante o carnaval do ano. (Capa da revista Arara, desenho de P.E.)

Francisco Serrador, proprietário dos primeiros cinemas fixos da Capital de São Paulo (Álbum Imperial n.º 4 [SP], 20.4.1908, p. 142).

1907: DO CAFÉ-CONCERTO EDEN-THEATRE AO CINEMA BIJOU-THEATRE

> *O espectador boêmio que ali vai (no Eden-Theatre), fuma o seu charuto, toma a sua cerveja, ouve algumas cançonetas picantes e sai trauteando uma delas, sem a mínima lembrança dos vis cuidados da vida. É um bom passatempo, eis tudo.*
>
> O Comércio de São Paulo, *6.2.1907, p. 3.*

Em janeiro, a empresa Joseph Cateysson abria um novo café-concerto na Ladeira de São João:

137

EDEN-THEATRE
(Antigo Eldorado)

HOJE   Sexta-feira, 11 de janeiro de 1907   HOJE

Abertura

18   Artistas de vários gêneros   18

ORQUESTRA DE TZIGANOS

O novo e nítido

BIOGRAFO

em que serão exibidas vistas modernas pelo hábil biografista

SR. J. ARNAUD

expressamente contratado para tomar vistas locais de São Paulo, que serão exibidas brevemente[1].

Ressaltava outra propaganda que "o preço será a título de experiência, camarote, 5$000 e platéia, 1$000".

O cronista de "Teatros e Salões" foi ver o espetáculo:

A parte cinematográfica agradou bastante, sendo de notar que o seu maquinismo funcionou sem tremulação muito sensível. As vistas em geral foram muito apreciadas.

Por ocasião do carnaval, as autoridades advertiram os foliões:

Por ordem do Secretário de Estado dos Negócios da Justiça e Segurança Pública fica absolutamente proibida a venda de relógios, carrapichos, espanadores, graxas, pós e quaisquer outros objetos destinados ao jogo do entrudo.

Os salões dos teatros e cafés-concerto Sant'Ana, Polytheama, Moulin Rouge e Eden-Theatre foram ocupados por bandos de mascarados dançando freneticamente o *cake-walk* e o maxixe.

Em março chegava a São Paulo o General Roca, ex-presidente da Argentina, com sua família e grande número de jornalistas de Buenos Aires e do Rio. O ilustre estadista ficou hospedado na suntuosa Vila Penteado, do Conde Álvares Penteado. Foram realizados passeios, festas e desfiles militares na Avenida Tiradentes:

O Sr. Emílio Guimarães, representante da *Photo-Cinematographia Brasileira,* do Rio de Janeiro, tirou durante a parada das forças na Avenida Tiradentes, diversas vistas para cinematógrafo, que dentro em pouco serão apreciadas em São Paulo[2].

1. *O Comércio de São Paulo,* 11.1.1907, p. 6.
2. *Idem,* 19.3.1907, p. 1, «General Roca».

No Moulin Rouge apresentava-se La Bela Abd-El-Kader com suas danças do ventre originárias do Camboja e do Egito. Era um delírio na platéia quando a bela morena aparecia dançando no palco.

O Eden-Theatre não queria ficar atrás. Contratou a dançarina oriental Sar Phará, que exibia-se vestida à moda hindu, deixando a descoberto o colo, os braços e o ventre.

Em julho estreava no Teatro Sant'Ana, a famosa Eleonora Duse a sua Cia. dramática, da qual fazia parte o ator italiano Vittorio Capellaro, que faria aqui, em 1916, junto com Antônio Campos o filme *O Guarani*. Os preços, cobrados por espetáculo foram estes: frisas, 110$000; camarotes de 1.ª ordem, 110$000; cadeiras, 22$000; balcão de 1.ª fila, 22$000; outras filas, 15$000; galerias numeradas, 5$000; gerais, 4$000.

Agora comparem com os preços cobrados pela Cia. de Operetas do ator Brandão que estreava no mesmo dia, no Polytheama: frisas, 30$000; camarotes, 20$000; cadeiras de 1.ª, 5$000; idem de 2.ª, 3$000; galeria, 1$500.

Tinha razão o Tolentino, das *Farpas,* publicadas em *O Comércio,* de 21 de julho, de lamentar:

> A Duse está na terra e... eu não posso ouvi-la!
> Duse, eu quisera apreciar o teu gênio,
> Não dói p'ra tal gastar algum dinheiro...
> Mas anda ainda em dúvida o Convênio
> Sinto não ter *quatrão p'ro galinheiro!*

Uma nova empresa fazia experiências no Cinematógrafo Paulista, da Rua de São Bento n.º 59:

> Tem alcançado extraordinário sucesso as sessões cinematográficas realizadas. O aparelho é execelente e as vistas são nítidas, perfeitas, dignas de serem apreciadas pelo nosso público.

O mesmo redator pedia à empresa que não deixassem de pé as distintas famílias, por absoluta falta de lugares. O que fez então o empresário que não era outro senão o espanhol Francisco Serrador, vindo do Paraná? Procurou um salão maior. Conversou com outro empresário, o Cateysson e conseguiu o Teatro Sant'Ana por alguns dias:

> Realizou-se ontem à noite uma sessão cinematográfica da empresa Richebourg oferecida à imprensa.

Foram exibidas várias vistas coloridas de brilhantíssimo efeito, algumas das quais emocionantes. O aparelho é excelente e a projeção nítida, sem trepidação no *panneau*. Na próxima semana começarão as sessões públicas com programa variadíssimo[3].

Um programa do mesmo cinematógrafo do dia seguinte:

TEATRO SANT'ANA

HOJE   Domingo, 4 de agosto de 1907   HOJE

às 8 e meia em ponto

Grande função do maravilhoso e aperfeiçoado

CINEMATÓGRAFO RICHEBOURG

Programa

Primeira Parte

1 — Ouverture.
2 — Guarda-Chuva Fantástico — cômica.
3 — Vingança de um Corso — drama emocionante.
4 — Um Passeio com o Sr. Cura — cômica.
5 — Danças Cosmopolitas — colorida.

Segunda Parte

1 — Sinfonia.
2 — Pesca em Alto Mar — importante vista.
3 — Estréia de um Patinador — muito cômica.
4 — Corridas de Policiais — extraordinário sucesso.
5 — Terrível Angústia — sensacional drama.
6 — O Amor é mais Forte do que a Razão — comovente drama.

Terceira Parte

1 — Sinfonia.
2 — Casamento Infantil — muito interessante.
3 — A Pequena Cega — emocionante drama.
4 — Alegrias do Divórcio — cômica.
5 — Delegado Magnetizado — cômica.
6 — Amor de Escrava — vista muito comovente.

Preços Populares

Frisas, 15$000; camarotes, 12$000; cadeiras de 1.ª, 3$000; cadeiras de 2ª, 2$000; gerais, 1$000.

Os bilhetes acham-se à venda na Charutaria *Sportsman*, Praça Antônio Prado, n.º 13[4].

Outro divertimento que se tornaria obsoleto com a estabilização do cinematógrafo, — o panorama, instalou-se no centro da cidade:

3. *Idem*, 3.8.1907, p. 2, «Teatros e Salões».
4. *Idem*, 4.8.1907, p. 8.

ÚLTIMA NOVIDADE
AUTO-TOURS
Rua Quinze de Novembro, 38
PROGREDIOR

Interessante e nova excursão em automóvel à grande cidade de
NEW YORK
com a nítida vista da grande ponte
BROOKLIN BRIDGE

Ilusão completa.

Funciona todas as noites, das 6 às 11 horas; aos domingos, da 1 hora às 11 horas da noite.

ENTRADA: Adultos, 1$000 — Crianças, 500 réis[5].

Vistas exibidas no aparelho de Serrador no Teatro Sant'Ana: *Pele de Asno* (drama de Capellani), *Silhuetas Animadas*, *Revolução Russa* (natural), *Dia de Pagamento* (do inglês Clarendon), *Fuga de um Condenado* (de Méliès), *Terror na Rússia* (natural), *A Chegada do General Roca no Rio de Janeiro* (filmada por Joseph Arnaud), *A Pena de Talião* (colorida de Gaston Velle), *Santos Dumont e o seu 14 Bis* (natural), *Idéia de Apaches* (de Max Linder), *O Filho do Diabo* (mágica de Lepine), *As Meninas Xifópagas* (natural), *As Ruas de Paris* (natural), *Aprendizagem de Sanchez* (com André Deed, o famoso *Boireau*), *Metempsicose* (colorida de Zecca), *O Homem de Palha* (cômica), *O Fruto Proibido* (de Gaston Velle), *Cães Contrabandistas* (de Heuze), *O Enforcado* (com Max Linder), *Viagem à Volta de uma Estrela* (de Gaston Velle), *Vida, Paixão e Morte de Jesus Cristo* (com 40 quadros coloridos) e a fita paulistana *As Obras do Cabuçu*, sobre os trabalhos que o governo do Estado está realizando no ribeirão Cabuçu para aumentar o abastecimento de água potável na Capital.

Em Guarapiranga, a *Light* transportava suas pesadas turbinas, da estação à represa, em carretões puxados por 14 juntas de bois, "gastando às vezes quase um dia e até mais no trajeto que tem pouco mais de dois quilômetros". O fornecimento da força motriz para a Capital aumentava de mês para mês e com isso melhorava a nitidez das fitas cinematográficas.

Um circo montado no centro da cidade também desfrutava deste melhoramento:

5. *Idem*, 6.8.1907, p. 8.

CIRCO MEYSTRICK
Grande Cia. Eqüestre
Direção: Adelino Mota.

Único em São Paulo iluminado a luz elétrica.
Funções: quintas, sábados e domingos.

na

PRAÇA DR. JOÃO MENDES

Este pavilhão é solidamente armado e garante todas as comodidades e higiênicas às exmas. famílias.

Vejam os programas do dia.

TODOS AO CIRCO![6]

Em setembro, a empresa Pascoal Segreto arrendou o Teatro Sant'Ana por 2 anos, a contar de 1.º de outubro deste ano.

Na Água Branca, aos domingos muita gente ia ver o *football* e outras atrações:

PARQUE ANTARCTICA

HOJE   Domingo, 15   HOJE

O SALTO DA MORTE!

Um ciclista que se atira com sua máquina por um plano inclinado e faz um salto de 12 metros no AR!

ENTRADA GRÁTIS[7].

Mais um circo na praça:

CIRCO CHILENO
Largo Coração de Jesus

Grande Cia. Eqüestre, Ginástica e de Variedades

Empresa — Manuel Ballesteros

Diretor — Roberto Fernandes

HOJE — O ciclista francês M. R. BARAKIN, o bólide humano. Barakin, envolto em chamas, o verdadeiro arrojo humano! 16 metros no ar, sem ponto de apoio![8]

Na zona central de São Paulo, os cinemas quase sempre ambulantes, abrem suas portas por alguns dias:

6. *Idem*, 31.8.1907, p. 6.
7. *Idem*, 15.9.1907, p. 8.
8. *O Estado de São Paulo*, 3.11.1907, p. 6, parte do anúncio.

Anúncio do Polytheama.

Ladeira de São João com Líbero Badaró (antiga São José). Mais abaixo, na Ladeira, ficavam o Polytheama e o Bijou (Fotografia gentilmente cedida pela Divisão de Iconografia e Museus da Prefeitura do Município de São Paulo).

Fachada do Bijou-Theatre, no prédio do antigo Cassino Paulista, na Rua de São João. Pegado, ficava o Polytheama (Álbum Imperial n.° 3 [SP], 20.3.1908, p. 103).

CINEMATÓGRAFO PATHÉ
Empresa Menezes & Cia.
SALÃO PROGREDIOR
38   Rua Quinze de Novembro   38
Projeções animadas de palpitante interesse.

INAUGURAÇÃO   HOJE

Domingo, 3 de novembro de 1907
às 7 horas da noite
Espetáculo por sessões

1.ª parte
SONHO DE NOIVADO

2.ª parte
A BANHISTA EM APUROS

3.ª parte
O AGENTE DE POLÍCIA

4.ª parte
O COFRE ENCANTADO (colorida)

5.ª parte
PROBLEMA DIFÍCIL

Exibição todas as noites das 7 horas às 11 horas.
Matinées às quintas-feiras, sábados, domingos e dias feriados os santificados.
Preços: 1.ª classe, 1$000; 2.ª classe, 500 réis[9].

Outro cinema inaugurado:

SALÃO DA RÔTISSERIE SPORTSMAN
Rua de São Bento, 59

GRANDE CINEMATÓGRAFO JAPONÊS
Empresa: OISHIYAKO & COMP.

HOJE   Domingo, 10 de novembro de 1907   HOJE

INAUGURAÇÃO

A empresa tem a honra de apresentar ao ilustre público paulistano uma sessão importante de cenas movimentadas de grandes efeitos escolhendo para a sua apresentação os seguintes *films* que constituirão o programa de hoje:

O QUE ANDA, dramáica — O CRIME DA MONTANHA, drama — ELE ESPERA PARA ALMOÇAR, cômico — POBRE MÃE! drama — O CORREDOR DE PERNAS DE PAU, cômica.

Brevemente, Vistas Japonesas.

A primeira sessão começa à 1 hora e meia da tarde.
Às 8 1/2, *soirée*.
Preço: adulto, 1$000; menores, 500 réis[10].

9. *Idem, ibidem.*
10. *Idem*, 10.11.1907, p. 6.

Na segunda exibição do aparelho dos japoneses quase que ia provocando um incidente:

A primeira função do Cinematógrafo Japonês, realizada ontem, foi concorridíssima e as principais vistas agradaram extrordinariamente.

Quando ia começar a segunda função, às 8 horas da noite, logo ao abrir-se a primeira fita, o calor intenso da eletricidade comunicou-se a uma cortina que se queimou.

O incidente não teve importância alguma, a não ser o susto por que passaram algumas famílias. Hoje, nova função[11].

Talvez o fato mais importante do ano cinematográfico paulistano tenha sido a inauguração do Bijou-Theatre no dia 16 de novembro:

Inaugurou-se ontem esta nova casa de espetáculos — o antigo Eden-Theatre completa e luxuosamente reformado.

Realizou-se por essa ocasião, exibição especial do cinematógrafo Richebourg, para a imprensa e convidados.

Em seguida, o empresário F. Serrador, que explorará esse gênero de diversões naquele elegante teatrinho, ofereceu a todas pessoas presentes fina mesa de doces.

Ao *champagne,* falou o Sr. Carlos Salgado, em nome da empresa, saudando a imprensa e demais pessoas presentes. Respondeu àquele brinde o nosso colega de *O Comércio de São Paulo,* Sr. Dr. Armando de Azevedo.

Hoje, no Bijou-Theatre, há dois espetáculos, por sessões, um a 1 hora e meia da tarde, e outro às 7 e meia da noite[12].

Um dos anúncios do novo cinema:

BIJOU-THEATRE
Rua de São João, junto ao Polytheama

Empresa F. Serrador

CINEMATÓGRAFO RICHEBOURG

O mais completo e perfeito até hoje conhecido, firme e sem trepidação.

Projeções animadas e nítidas.

Espetáculos variados, sensacionais e maravilhosos.

Programas completamente novos com fitas desconhecidas nesta Capital.

HOJE　　　Terça-feira, 19 de novembro de 1907　　　HOJE

Variadas Sessões

Das 6 horas e meia da noite em diante

11. *Idem,* 11.11.1907, p. 3, «Palcos e Circos».
12. *Idem,* 17.11.1907, p. 3, *idem.*

PROGRAMA

1.ª sessão:

Urso Sábio — Noite de Carnaval — Ladrão que Rouba a Ladrão — Ovos de Páscoa — Cake-Walk à Força.

2.ª sessão:

A Chaminé está Fumegando — Mágico mal Recompensado — Criada Relaxada — Crisântemos — Vingança do Ferreiro.

Preços para cada sessão:
Camarotes com direito a 4 entradas, 4$000; cadeiras, 1$000.

AVISO — A empresa pede o favor ao respeitável público de, acabada que seja a sessão, sair da sala, para assim dar começo a outra nova sessão.

Nesta semana, inauguração dum salão luxuoso de espera para as exmas. famílias[13].

O Bijou exibiu boas comédias e fitas importantes em 1907, tais como: *Lanterna Mágica* (Méliès), *Aladim e a Lâmpada Maravilhosa* (Capellani), *Vitória de Santos Dumont no Concurso de Balões* (natural), *Satanás se Diverte* (cômica), *O Segredo do Polichinelo* (Zecca), *Estréia de um Patinador* (dirigida e interpretada por Max Linder), *Quem tem Calças é Agora a Mulher* (cômica) e outras.

A *Pathé Frères*, de Paris, cujo representante no Rio era a firma Marc Ferrez & Filhos, tinha enviado para São Paulo o seu agente Alberto Botelho, que, por todos os meios, tratou de espalhar fitas e máquinas *Pathé*, as melhores de então, por toda a cidade:

CINEMATÓGRAFO

Vende-se um pronto a funcionar, com máquina *Pathé* e todos os acessórios, inclusive fitas. Vende-se também uma máquina fotográfica de 18x24. Para tratar no Hotel Rebecchino, quarto n.º 3, das 8 às 10 da manhã e das 4 às 6 da tarde.

Outro anúncio:

CINEMATÓGRAFO

Vendem-se fitas cinematográficas da *Pathé Frères* em perfeito estado de conservação. Salão Progredior, Rua Quinze de Novembro, 38.

Mais anúncios:

VISTAS PARA CINEMATÓGRAFO

Por metade do preço e em bom estado, vendem cerca de 2.000 metros de belíssimas vistas da Casa *Pathé*. Para ver e tratar na Cia. Paulista de Eletricidade, Rua de São Bento, 55.

13. *Idem*, 19.11.1907, p. 5.

Fachada do Bijou-Theatre, no prédio do antigo Cassino Paulista, na Rua de São João. Pegado, ficava o Polytheama (Reprodução fotográfica do Autor, Álbum Imperial **n.º 3** [SP], 20.3.1908, p. 103).

CINEMATÓGRAFO
Vende-se um bom na Rua do Seminário n.° 16.

CINEMATÓGRAFO
Traspassa-se o que funcionou no Salão Progredior, à Rua Quinze de Novembro. Máquina *Pathé*, último modelo. Licença e tudo o mais pago. Trata-se no mesmo.

CINEMATÓGRAFO
Vende-se um *Edison* em bom estado, com fitas e máquinas para fazer luz, a preço reduzido. Trata-se à Rua de São Caetano n.° 62.

CINEMATÓGRAFO
Vendem-se fitas em perfeito estado. Trata-se na Rua Brigadeiro Tobias n.° 31.

O cinematógrafo apareceu também no Brás, o bairro mais populoso da Capital:

ANTIGO TEATRO POPULAR
Rua do Gasômetro, 114, canto da Rua Vasco da Gama

Empresa Cinematográfica Americana

HOJE   Segunda-feira, 9 de dezembro de 1907   HOJE

Função dedicada às exmas. famílias do populoso bairro do Brás.

Projeções perfeitas e animadas.

Sensacionais Novidades!

Última Palavra em Cinematógrafo *Pathé*

Suntuoso espetáculo por sessões de meia em meia hora, a começar das 6 e meia da tarde até meia-noite.

A Empresa chama a atenção do respeitável público desta Capital para a magnífica instalação deste Cinematógrafo, onde se nota uma boa sala de espera, iluminação feérica e outras comodidades.

Preços: 1.ª classe, 1$000; 2.ª classe, 500 réis.

A Empresa faz notar que as vistas que exibe são as de maior sucesso da época.

HOJE E TODAS AS NOITES[14].

No Teatro Sant'Ana começava a funcionar, no dia 14 de dezembro, um cinematógrafo com um aperfeiçoadíssimo aparelho *Pathé*, e "um grande *stock* de vistas paulistas" filmadas provavelmente por Joseph Arnaud, um *biografista* que Cateysson trouxe do Rio:

14. *Idem*, 9.12.1907, p. 7.

TEATRO SANT'ANA
Cinematógrafo Pathé

Sábado, 14 do corrente, às 8 horas da noite

Grande espetáculo com vistas novas para o público desta Capital

VISTAS DE SÃO PAULO E SANTOS
de lindíssimos efeitos

Grande sucesso!

Todos ao SANT'ANA às 8 horas em ponto em uma só sessão, dividida em 3 partes.

PREÇOS

Frisas e camarotes, 10$000; cadeiras e balcões, 2$000; gerais, 1$000[15].

Escreveu o redator teatral de *O Estado* (seção "Palcos e Circos") que "os magníficos *films* de vistas apanhados nesta cidade foram os que mais agradaram à assistência".

As fitas exibidas no Sant'Ana: *Parada Militar de 15 de Novembro no Prado da Mooca, Embarque de Café em Santos, A Rua Quinze de Novembro, Regatas na Ponte Grande, Entrega das Taças aos Campeões Paulistas de Football, Crianças na Parque Antárctica* e *O Hospital Humberto I da Avenida.*

Outro cinematógrafo inaugurado no dia 19 de dezembro:

CINEMATÓGRAFO KINEMA-THEATRE
52 Rua Quinze de Novembro 52
(Antigo Café Guarani)

Sucesso colossal da última palavra cinematográfica da poderosa Casa *Pathé Frères,* de Paris.

HOJE   20 de dezembro de 1907   HOJE

Programa escolhido e de verdadeiras novidades

Sessões variadas das 7 horas da noite em diante

1.ª sessão às 8 horas

1 — HOTEL TRANQÜILO.
2 — HERANÇA DE UMA CRIADA.
3 — OVOS DE PÁSCOA.
4 — CRIADA RELAXADA.

15. *Idem,* 13.12.1907, p. 7.

2.ª sessão às 9 horas

1 — CÃO JUSTICEIRO.
2 — MINAS DE CARZERELLI.
3 — OVOS DE PÁSCOA.
4 — HERANÇA DIFÍCIL.

Todos os dias programa novo.

O melhor cinematógrafo até hoje aparecido nesta Capital!!

Sessões Familiares

AO KINEMA!

Entrada por sessão, 1$000; crianças, 500 réis[16].

O cinema estava fadado a ser a divisão mais popular e barata de São Paulo. E não foi sem motivo que a conhecida Casa Edison, da Rua de São Bento, 26, trouxe para os dias de Natal estes presentes:

CINEMATÓGRAFOS

a 75$000, 100$000 e 130$000.

Completos, com vistas de fácil manejo, ao alcance de todos. Constituem um magnífico presente para as festas o qual aproveita toda a família. Restam poucos dias na última remessa[17].

---

16. *Idem*, 20.12.1907, p. 6.
17. *Idem*, 24.12.1907, p. 6.

1908: *O CRIME DA MALA* E A PRIMEIRA FITA CANTANTE PAULISTA

> *BIJOU-THEATRE* — *As sessões de ontem tiveram extraordinária concorrência, sendo muito apreciadas as diversas vistas, notadamente a do crime da Rua Boa Vista, que hoje será repetida.*
>
> *A polícia, não sabemos por que, proibiu a exibição de uma fita reproduzindo o enterro de um ilustre político há pouco falecido.*
>
> O Comércio de São Paulo, 9.10.1908, p. 3.

Moravam e tinham seus escritórios na Rua Brigadeiro Tobias n.º 31, os Srs. Francisco Serrador e Antônio Gadotti, sócios proprietários do Bijou-Theatre.

Nesta ocasião roubaram da residência de Serrador, a quantia de 3:200$000, produto da renda de dois espetáculos do Bijou. A casa tinha três empregadas domésticas, sendo que uma exercia as funções de cozinheira com apenas um mês de serviço. Esta foi interrogada severamente pela polícia e acabou confessando o furto, com a colaboração do namorado e mais dois compadres:

Foi decretada a prisão preventiva de Francisca dos Santos, Trajano de Oliveira, Inácio de Melo e Sebastião de Campos, envolvidos no roubo de 3:200$000 da casa dos Srs. F. Serrador e e Antônio Gadotti, empresários do cinematógrafo que funciona no Bijou-Teatre.

Prosseguem as diligências a fim de saber o destino da imporcia roubada[1].

Em janeiro, o Bijou exibiu vistas do Brasil tiradas por Júlio Ferrez para a Casa *Pathé,* de Paris: *Viagem de Paul Doumer ao Brasil, Indústria de Madeira no Paraná* e *Cultura e Preparação do Café e seu Embarque.* Todas as fitas agradaram bastante, principalmente as fitas da fazenda de café do Conde de Prates e da viagem do estadista francês Doumer.

Anúncios de vendas de fitas e cinematógrafos:

CINEMATÓGRAFO

Vende-se fitas cinematográficas em perfeito estado. Avenida Rangel Pestana n.º 91, da 1 hora às 4 horas da tarde[2].

CINEMATÓGRAFO

Vendem-se por 500$000 um cinematógrafo, 320 metros de fitas para o mesmo com máquina para fazer luz de oxigênio completa com saturador, carburador e sacos de depósito. Trata-se à Rua de São Caetano n.º 62[3].

No Polytheama inaugurava-se um cinema ambulante:

GRAND   CINÉMATOGRAPH   FRANCO-BRESILIEN
EMPRESA DIDIER

As últimas e mais deslumbrantes criações cinematográficas do mundo.

HOJE   ESTRÉIA,   terça-feira, 4 de fevereiro   HOJE

Colossal programa

Grandes novidades

1. *O Estado de São Paulo*, 12.1.1908, p. 2.
2. *Idem*, 17.1.1908, p. 7.
3. *Idem*, 22.1.1908, p. 6.

Entre outras visitas:
VIAGEM DO PRESIDENTE DA FRANÇA NA ARGÉLIA
OS JULIANS (ACROBATAS DE FAMA)
A PESCA DA BALEIA EM TERRA NOVA
OS ESTUDANTES EM PARIS
A GRANDE ÓPERA DE FAUSTO — suntuosa vista em cores.

Espetáculos por função inteira

Preços Populares

Camarotes e frisas com 5 entradas	10$000
Cadeiras de 1.ª ordem	2$000
Cadeiras de 2.ª ordem	1$500
Gerais	1$000

TODOS AO POLYTHEAMA!

Às 8 3/4 horas da noite[4].

No dia seguinte, o responsável pela seção "Ribaltas e Gambiarras" *(O Comércio)* escreveu que a assistência foi grande,

as principais vistas muitos apreciadas, o aparelho é muito bom e algumas das fitas constituem novidade para São Paulo.

A empresa Didier deu espetáculos até o dia 10, seguindo-se depois para Ribeirão Preto.

Fitas importantes do período: *A Vida de um Jogador,* de Zecca, *O Terremoto de São Francisco,* natural, *Danação de Fausto* e *Fausto nos Infernos,* ambas de Méliès, *No País do Carvão,* de Zecca, *O Casamento de Afonso XIII,* natural, *O Palácio das Mil e Uma Noites,* de Méliès, *A Vida do Soldado Americano, 17 Mulheres Norte-Americanas para um Marido,* paródia de uma fita de Zecca, *O Judeu Errante* e *O Raid Paris-Monte Carlo em Automóvel,* as duas últimas de Méliès.

Nos Estados de São Paulo e do Paraná, o agente geral da *Pathé* era Serrador:

CINEMATÓGRAFOS

Vendem-se aparelhos e acessórios cinematográficos, bem como fitas de todas as dimensões.

Informações e pedidos com o Agente Geral nos Estados de São Paulo e Paraná.

FRANCISCO SERRADOR — BIJOU-THEATRE — SÃO PAULO, sucursal da Casa Marc Ferrez, do Rio de Janeiro, únicos e exclusivos agentes para todo o Brasil da Casa *Pathé Frères,* de Paris[5].

4. *O Comércio de São Paulo,* 4.2.1908, p. 6.
5. *Idem,* 14.2.1908, p. 5.

O Pavilhão Elisa Brose armado na Praça Dr. João Mendes. (Fotografia gentilmente cedida pela Divisão de Iconografia e Museus da Prefeitura do Município de São Paulo).

Anúncio ilustrado do Polytheama e do Bijou-Theatre.

Leopoldo Fregoli, chamado o Méliès italiano, esteve no Teatro Sant'Ana com o seu aparelho cinematográfico Fregoligraph.

O Bijou pegou uma enchente na noite em que exibiu uma das primeiras produções de Serrador, *A Visita do Dr. Afonso Pena a São Paulo,* filmada por Alberto Botelho, que se tornou então o operador da empresa.

Na Rua da Boa Vista surgiu outra empresa que explorava o gênero café-concerto:

TEATRO SANT'ANA
Empresa Pascoal Segreto

Única representante e depositária na América do Sul e América Central das fitas CINES, de Roma

CINEMATÓGRAFO COLOSSO
HOJE, Quinta-feira, 27, ESTRÉIA
Altas novidades

Novidades para São Paulo

Preços

Frisas ou camarotes .... 10$000
Cadeiras ou balcões .... 2$000
Entrada geral .... 1$000

Os bilhetes à venda na Confeitaria Castelões, das 10 horas da manhã às 5 da tarde, depois, na bilheteria do teatro[6].

O comentário do crítico, formal e curto, não fugia da rotina:

As vistas, além de serem muito nítidas e perfeitas, não têm grandes trepidações.

Outro cinema inaugurado no bairro do Bom Retiro:

CINEMATÓGRAFO PARISIENSE
Empresa Paulista de Canto & Cia.

Rua Bom Retiro, 70, perto da estação da Luz.
Aparelho de maior projeção (5 x 4) e nitidez que será exibido nesta Capital.

HOJE   Quinta-feira   ESTRÉIA
às 6 e meia horas da tarde

Grandes fitas de sucesso e sensação. Esplêndidas salas de espera e de *toilette* para as exmas. senhoras. Ótimo salão-bar com reclames. Repertório variado em sessões, à noite, de 6 e meia horas em diante. Luz, ornamentação, flores e música!

Preços Populares

Cadeiras de 1.ª, 800 réis; cadeiras de 2.ª (crianças, 500 réis

---

6. *Idem,* 27.2.1908, p. 6.

AO CINEMATÓGRAFO PARISIENSE!

Rua Bom Retiro, 70, perto da estação da Luz e da Sorocabana.
Ao divertimento da época, barato, instrutivo e inofensivo à moral!

A empresa chama a atenção do respeitável público para este aparelho que funciona com nitidez, tamanho natural e sem trepidação[7].

Também o circo União Artística aderia ao cinematógrafo e inaugurava "um magnífico aparelho cinematográfico, o que significa que o circo será pequeno para conter todos os espectadores":

CIRCO UNIÃO ARTÍSTICA
Praça Dr. João Mendes

Propriedade e direção da distinta artista ELISA BROSE

HOJE   Espetáculo misto e recreativo   HOJE

Toma parte toda a excelente *troupe* desta importante casa.

ESTRÉIA   do   ESTRÉIA
BRÈSILIEN CINÉMATOGRAPH
da Empresa Candburg
Colossal repertório de vistas novas
Atraentíssimas maravilhas

Sucesso sensacional nos teatros Urquiza e Polytheama, de Montevidéu, Mayo e Marconi, de Buenos Aires.

Ver os programas
Preços populares:

Cadeiras, 3$000   Gerais, 1$000

AO CIRCO!   AO CIRCO![8]

Em abril o circo mudava a sua denominação para *Pavilhão Elisa Brose* e no recém-inaugurado Teatro Colombo, o empresário Serrador instalou um aparelho que exibiu "magníficas vistas bastante coloridas e que produziam um efeito maravilhoso".

E empresa Costa inaugurou em maio, no salão da Rôtisserie Sportsman o seu cinematógrafo Brasil. As fitas cantantes reapareciam no Salão Progredior:

BIOSCÓPIO SINCRÔNICO

Este engenhoso aparelho que, não sendo o cinematógrafo falante que por aqui andou há tempos, reúne maravilhosamente as

7. *Idem*, 5.3.1908, p. 6.
8. *Idem*, 21.3.1908, p. 6.

qualidades do fonógrafo e do cinematógrafo, por meio de uma engenhosa combinação, começará a funcionar hoje, às 7 horas da noite, no salão do Progredior.

Às 6 1/2 horas da tarde, será oferecida uma sessão à imprensa, sendo exibidas as seguintes peças: *Bolero Espanhol,* pela Bela Otero, *Um Dentista Pândego, Manca un Foglio,* dueto por Petri e Carradetti, e a ária *Una Voce Poco Fa,* do *Barbieri de Seviglia,* pela célebre cantora Maria Galvani[9].

Tinha razão o crítico de "Ribaltas e Gambiarras" quando escreveu que em São Paulo a mania cinematográfica estava invadindo todos os recantos.

Até um cinema gratuito, ao ar livre foi inaugurado em junho, no Largo da Misericórdia. O aparelho (manejado pelo seu proprietário Alberto Andrade) e a tela ficavam no alto do prédio da Café Java. "Ali exibiam-se vistas de belo efeito, além de bonitos e vistosos anúncios coloridos". Chamava-se Cinema Reclame. Mais tarde passou a funcionar em outras praças.

Uma noite, o largo recebeu uma verdadeira multidão de curiosos para ver a fita de 350 metros, *O Naufrágio do Navio Sírio,* em que pereceu o bispo de São Paulo, Dom José de Camargo Barros.

Um anúncio de venda de um aparelho que funcionava no Pavilhão Elisa Brose:

C I N E M A T Ó G R A F O

Bom emprego de capital, com um rendimento mensal de 8:000$000.

A Empresa Candburg, possuidora de 200 mil metros de vistas cinematográficas, oferece à venda o seu aperfeiçoado aparelho instalado na Praça João Mendes (Pavilhão), com 30 mil metros de vistas ou mais, pronto a funcionar.

Tem operador habilitado à disposição do comprador. Feita a venda a empresa compromete-se a retirar-se do Estado.

Propostas em cartas fechadas para o Pavilhão, dirigidas ao Sr. Barbosa, representante da empresa. Não se aceitam intermediários[10].

Em princípios de agosto o Cinema Reclame saiu do Largo da Misericórdia e foi para o Largo do Palácio, ao mesmo tempo que estreava o transformista Frégoli com "seu magnífico aparelho *Fregoligraph,* e 200 vistas escolhidas entre as últimas novidades".

9. *Idem,* 17.6.1908, p. 2, «Ribaltas e Gambiarras».
10. *Idem,* 27.6.1908, p. 5.

Em setembro, a cidade inteira foi sacudida pelas notícias de um dos crimes mais hediondos cometidos em toda a sua história:

UM HOMEM ESQUARTEJADO

UM NEGOCIANTE SÍRIO ASSASSINADO — DENTRO DE UMA MALA — OS ANTECEDENTES DO CRIME — O SUPOSTO DESAPARECIMENTO DO ASSASSINADO — A IMPRESSÃO CAUSADA PELO FATO — QUEM É O ASSASSINO — A SUA VIDA — A COLÔNIA SÍRIA — O RETRATO DA VÍTIMA E DO ASSASSINO — COMO FOI DESCOBERTO O CRIME — A BORDO DO "CORDILLÉRE" — NO RIO — QUE DIZ TRAAD — A AÇÃO DA NOSSA POLÍCIA — A NOSSA REPORTAGEM — VÁRIAS NOTÍCIAS (Foram estas as manchetes da 1.ª página de *O Comércio de São Paulo* de 5.9.1908).

Este crime, que ficou conhecido em todo o Brasil como *o crime da mala*, foi objeto de três fitas, duas cariocas (uma de Júlio Ferrez e outra de Antônio Leal) e uma paulistana, pouco conhecida.

Mais um grande cinema inaugurado dentro da cidade:

ÍRIS-THEATRE

Rua Quinze de Novembro, 52

INAUGURAÇÃO   HOJE   5 DE SETEMBRO

às 7 1/2 da noite

O mais aperfeiçoado CYNEMATOGRAPHO e o de mais perfeita instalação.

Grande orquestra regida pelo maestro paulista ANTÔNIO LEAL. Excelente piano *Steinway*, de propriedade da Empresa.

GRANDES NOVIDADES! VISTAS DESCONHECIDAS EM SÃO PAULO!

Não tem trepidação, pela excelência de sua montagem, com dínamos e geradores próprios.

Todos os dias espetáculo de 1 hora da tarde às 5 e de 6 1/2 às 11 da noite. Programa sempre novo e variado. Sessões de meia em meia hora.

Preços, 500 réis por sessão.

RUBEN & ALCIDES, proprietários[11].

Seu programa inaugural: *Idílio Interrompido*, interessante vista cômica, *Centenário do 1.º Regimento de Cavalaria*, vista nacional de Antônio Leal (não confundir com

11. *Idem*, 5.9.1908, p. 3.

o maestro paulista acima citado), *Oh! Que Cheiro de Fumaça!*, "vista comisíssima", *Farsas de Estudantes,* "cenas muito cômicas", *Dinamiteiros de Paris,* vista dramática, *Sanfona Misteriosa,* vista muito cômica, *Boa Noite,* cena interessante e *O Aspirador,* cômica de grande sucesso.

Na Rua Marechal Deodoro, a empresa Serrador abria as portas de um cinema:

CINEMA PAULISTA

HOJE   Sábado, 19   HOJE

INAUGURAÇÃO deste belo Salão com o aperfeiçoado Cinematógrafo Richebourg que tanto sucesso tem alcançado.

VARIADAS SESSÕES

Das 6 1/2 horas da tarde em diante com 2 programas variados e vistas de completa novidade.

Preços popularíssimos para cada sessão: cadeiras, 500 réis; meias entradas, 200 réis.

Todas as noites   Sessões variadas

Amanhã, às 2 horas da tarde, Grande *Matinée*[12].

Já a empresa Pascoal Segreto aproveitou para trazer do Rio bastante fitas francesas, italianas e nacionais:

TEATRO SANT'ANA
Empresa: Pascoal Segreto

AMANHÃ, SÁBADO, 26, ESTRÉIA do
CINEMATÓGRAFO da
EXPOSIÇÃO NACIONAL DE 1908

Neste cinematógrafo, em que além de exibir-se verdadeiras e incontestáveis NOVIDADES CINEMATOGRÁFICAS das casas Pathé, Cines, Gaumont, exibir-se-ão também fitas nacionais exclusivamente da Empresa Pascoal Segreto, nas quais o público paulista terá ocasião de observar todas as particularidades da Exposição desde a sua inauguração[13].

E pela primeira vez em São Paulo foram exibidas fitas nacionais fotografadas por Afonso Segreto, irmão de Pascoal: *Corso de Carruagens na Exposição, Almoço à Imprensa no Restaurante do Pão de Açúcar, Exposição da Seção Pecuária, Almoço aos Conselheiros Argentinos no Pavilhão Nacional de Agricultura,* etc.

A partir de 28 de setembro, o Sr. Ruben Guimarães, empresário do Íris-Theatre, deu início às fitas cantantes. Para isso contratou o barítono paulista Luís de Freitas

12. *Idem,* 19.9.1908, p. 6.
13. *Idem,* 25.9.1908, p. 6.

(formado na Escola de Milão), para ficar atrás do pano, onde são projetadas as cenas muito bem combinadas, e cantar trechos de música a caráter, para o que dispõe de uma bela voz extensa e bem timbrada. A primeira fita foi *A Canção do Aventureiro,* ária de *O Guarani,* que o distinto barítono cantou com a máxima expressão. Conseguiu francos aplausos no Íris-Theatre.

No dia 8 de outubro, o Teatro Sant'Ana, da empresa Pascoal Segreto com o seu cinematógrafo da Exposição Nacional, exibiu *A Mala Sinistra,* sobre o crime da Rua Boa Vista, filmado por Júlio Ferrez, filho de Marc Ferrez. Também o Bijou apresentou durante três dias, a fita de Serrador sobre o mesmo assunto feita por Alberto Botelho e G. Sarracino. Este último foi o responsável pela fotografia das cenas documentais do julgamento do *habeascorpus* "e de outros lugares que se relacionavam com o crime de Traad".

No mesmo dia, o Bijou mostrou a fita de Alberto Botelho, *Os Funerais do Coronel Melo Oliveira,* mas teve que suspender a exibição nos dias imediatos por ordem do secretário da Justiça e Segurança Pública. Os jornais trataram abertamente do caso:

OS FUNERAIS DO SR. CEL. MELO OLIVEIRA — NO CINEMATÓGRAFO — UMA ORDEM DA POLÍCIA — A FITA NÃO PODE SER EXIBIDA.

No dia dos funerais do Cel. João Batista de Melo Oliveira, a 6 do corrente, a empresa cinematográfica Serrador, proprietária do Bijou-Theatre, mandou tirar uma fita representando a saída do cortejo fúnebre e a sua chegada ao cemitério da Consolação.

A fita deu excelente resultado, sendo as pessoas e objetos nela representados muito nítidos, rivalizando com as fitas da *Pathé.*

Feita a primeira experiência, a empresa anunciou por dois dias a exibição para ontem, fazendo parte do programa da primeira sessão.

Quando no pano do cinema foi anunciada a segunda exibição da fita dos funerais, o sr. secretário da Justiça e Segurança Pública, pela boca do Sr. Capitão Aristides de Medeiros, deu ordem de nunca mais apresentar a referida fita, sob pena de ser a mesma apreendida.

Terminada a função do Bijou, a empresa Serrador dedicou uma sessão à imprensa, sendo exibidas as vistas dos funerais já mencionadas e as do *Crime da Mala.*

Assistiram à essa sessão, além dos representantes de todos os jornais da Capital, diversas pessoas da alta sociedade paulistana. Sabemos que o Sr. Serrador vai requerer manutenção de posse, pois acha ilegal a ordem da polícia.

Um reparo: por que não foi proibida a exibição das fitas representando o *Crime da Mala,* o julgamento do *habeas-corpus* em favor de D. Carolina e tantos outros?[14]

14. *Idem,* 9.10.1908, p. 3.

Elias Farhat, o negociante sírio estrangulado.

Fotografia de Michel Traad, o estrangulador da Rua da Boa Vista.

Ruben Guimarães, ex-agente geral das loterias nacionais e depois fundador do Íris-Theatre, foi quem primeiro fez uma fita cantante em São Paulo. Mais tarde foi empresário em Salvador (BA).

No mesmo dia, no Jardim da Luz, uma banda de índios bororos tocava o hino nacional na inauguração oficial da quermesse. Serrador forneceu um aparelho cinematográfico que foi instalado no jardim. "As seis fitas oferecidas pelo governo do Estado foram muito aplaudidas, assim como as vistas das colônias indígenas de mato Grosso". Algumas das fitas referidas: *A Cavalaria de São Paulo, Japoneses Apanhando Café nas Fazendas Paulistas, Exercícios do Corpo Policial, Colônias Silvícolas de Mato Grosso* e, alguns dias mais tarde, *O Jardim da Luz nos Dias de Quermesse.*

Às 16 horas do dia 20 de outubro, a firma Cocito & Cia. inaugurou um aparelho falante *Synchrophone* da *Pathé*. "A experiência deu ótimo resultado, sendo, nesse gênero, o único aparelho aperfeiçoado em São Paulo". Um de seus anúncios:

PROPREDIOR-THEATRE

São Paulo — Rua Quinze de Novembro, 38

Empresa: Ernesto Cocito & Cia.

CINEMATÓGRAFO FALANTE

Único aparelho *Pathé* falante na América do Sul.

Variados espetáculos todas as noies.

Matinée de 1 às 5 horas às quintas e domingos, com distribuição de chocolate às crianças.

Aparelho sem trepidação.

Salão ventilado, boa sala de espera e terraço.

Chegaram novos duetos, romanzas e cançonetas francesas.

VENDEM-SE E ALUGAM-SE FITAS[15].

Os jornais estampavam numerosos anúncios de venda de aparelhos:

CINEMATÓGRAFO

Vende-se uma perfeita e completa máquina *Pathé* para tirar e fabricar fitas cinematográficas, com 2.600 metros de fitas em branco e outros acessórios (cubas, quadros, etc.), para informações na Rua da Conceição n.º 62[16].

CINEMATÓGRAFO

Vende-se um aparelho completo. Preço de ocasião. Ver e tratar à Rua Líbero Badaró, 48. Casa de artigos fotográficos[17].

15. *O Estado de São Paulo*, 1.12.1908, p. 6.
16. *Idem*, 3.12.1908, p. 7.
17. *Idem*, 5.12.1908, p. 6.

CINEMATÓGRAFO

Vende-se um aparelho *Pathé* muito pouco usado, com todos os seus acessórios e quantidade de *films,* por preço baratíssimo; cartas para Jundiaí, à Rua Barão, 47 a A. C. P.[18]

CINEMATÓGRAFO À VENDA

Vende-se ou aceita-se um sócio para a exploração de um ótimo cinematógrafo *Gaumont,* modelo grande, com todos os acessórios para exibição de vistas fixas e animadas. A empresa possui grande repertório de films *Pathé* e *Gaumont,* sendo grande número coloridas, assim como grande coleção de vistas fixas, holofotes para reclame com lente igual às usadas na Marinha, etc., sendo tudo de excelente qualidade. Este aparelho funcionou com imenso sucesso em Ribeirão Preto, São Carlos, Jaú e em outros lugares. Propostas em carta, a M. Doria Neto, à Rua Major José Inácio, 51, São Carlos[19].

CINEMATÓGRAFOS

EM COMBINAÇÃO COM LANTERNA MÁGICA

Novos aparelhos perfeitos sem trepidação de 15$, 18$, 25$, 45$ até 80$ cada um, com grande coleção de vistas de grande efeito.
CASA EDISON, Rua Quinze, 27 e São Bento, 26[20].

Um dos cinemas mais baratos de São Paulo foi inaugurado no mês das festas, dezembro:

PARIS-THEATRE
Empresa: Lima & Cia.
Rua Anhangabaú, 12 e 14
Em frente ao Polytheama

HOJE   HOJE

Variado espetáculo neste luxuoso e confortável salão com exibição de fitas cinematográficas não conhecidas em São Paulo.

GRANDE SUCESSO

das 6 1/2 da tarde em diante. Novas e variadas sessões.
Preços para cada sessão:

Frisas com 6 entradas	3$000
Camarotes com 6 entradas	2$500
Cadeiras	500 réis
Crianças	200 réis

HOJE — AO PARIS-THEATRE!

Grandiosa *matinée* às 2 horas da tarde[21].

Em fins de 1908, a polícia deu busca em um quarto suspeito da travessa do Mercadinho (perto do Paris-Thea-

---
18. *Idem,* 7.12.1908, p. 7.
19. *Idem,* 21.12.1908, p. 7.
20. *Idem,* 19.12.1908, p. 7.
21. *O Comércio de São Paulo,* 13.12.1908, p. 8.

tre), onde residiam alguns menores, membros de uma quadrilha de gatunos.

Dentro de uma grande mala, os policiais encontraram diversos objetos sem uso: dois chapéus de palha, um copo de cristal, um filtro paulista, dois espelhos, uma caixa de balas para revólver, uma caixa de velas para enfeitar árvore de Natal e "uma fita cinematográfica de 205 metros, furtada do Cinematógrafo Mignon".

1909: AS FANHOSAS VIÚVAS ALEGRES DAQUELE TEMPO

A Viúva Alegre é a opereta da moda. Os mais belos trechos da partitura tornaram-se populares, não havendo piano que os não execute nem entusiasmo que os não assobie com verdadeiro deleite.
O Comércio de São Paulo, 12.5.1909, p. 3.

O Sr. José Caetano da Cunha arrendou dois armazéns contíguos na Rua de São Bento, reformou-os e lá abriu, no dia 9 de janeiro, o Eden-Cinema.

As fitas a exibir — explicava a nova empresa — serão fornecidas pelas casas *Pathé, Cines, Lux* e outras, além de fitas nacionais, que a empresa do Eden mandará confeccionar.

A família de

SANTIAGO PEP[E]

[d]esolada participa o seu falecimento ocorrido ontem, nesta Ca[pital] convida os parentes e amigos para acompanharem o enterro [qu]e realiza hoje, saindo o feretro às 11 horas, da Avenida 9 de J[ulho] [4]476, para o Cemiterio de Campo Grande (Santo Amaro).

O barítono Santiago Pepe, que trabalhou em vários cantantes de Serrador, faleceu em 1968, com 79 anos de idade. Aqui, a reprodução do aviso fúnebre.

O espanhol Julio Vítor Llorente, que trabalhou na empresa Serrador nos velhos tempos como auxiliar de escritório, enrolador de fitas, bilheteiro, etc. Fotografia de 1969.

O Teatro São José (o segundo deste nome), construído na entrada do Viaduto do Chá, visto dos jardins do Anhangabaú.

Já no Bijou, a imprensa teve uma sessão especial no dia 20, com a exibição de "uma fita interessante e de caráter essencialmente nacional, mandada cinematografar por aquela empresa, de acordo com a *São Paulo Railway Company*". O programa público foi este:

BIJOU-THEATRE
Empresa F. Serrador
Rua de São João

CINEMATÓGRAFO RICHEBOURG

HOJE   22 de janeiro, sexta-feira   HOJE

Será exibida na primeira sessão

A vista local, uma verdadeira maravilha em cinematografia, com 700 metros

A SERRA DE SANTOS

Tirada pelo hábil operador da Empresa, A. Botelho.

Preços populares para cada sessão:

Camarotes com 4 entradas, 2$000; cadeiras, 500 réis; crianças, 200 réis[1].

Durante a realização de um congresso esperantista, os participantes, depois dos debates, foram ao Progredior-Theatre e assistiram a diversas fitas: *O Pó de Perlimpimpim*, cômica mágica, *Reflexo Vivo*, *Conquista de um Dote*, *Jolie Boiteuse*, "falante de grande sucesso", *Calça Rasgada*, "cena cômica", *Veneza e o Grande Canal em Gôndola*, filmada por um dos cinegrafistas de Lumière, *Mireille e Magati*, "dueto cantado por Mme Boyer e Mr. Gauthier", etc.

Um dos anúncios de outro cinema do centro:

EDEN-CINEMA

Empresa Cunha Arêas & Cia.

HOJE   23 de janeiro de 1909   HOJE

Das 7 horas da noite em diante

VARIADAS SESSÕES

Grandiosas novidades cinematográficas. Serão exibidas todos os dias fitas completamente desconhecidas em São Paulo.

PREÇOS

Adultos .... 500 réis
Crianças .... 200 réis.
Domingos e feriados — GRANDE MATINÉE

RUA DE SÃO BENTO N.º 33[2].

1. *O Comércio de São Paulo*, 22.1.1909, p. 6.
2. *Idem*, 23.1.1909, p. 6.

No princípio de fevereiro, a Capital de São Paulo conheceu uma chuva das mais intensas de que há memória nos registros pluviométricos do Observatório Central. No espaço de 50 minutos, caíram para mais de 72 milímetros de água.

O temporal fez estragos no centro e nos bairros, derrubando muros, árvores e postes e formando lagos em várias praças e ruas. Faltou a luz elétrica e os cinemas e teatros não funcionaram.

O empresário Serrador, muito vivo, no dia do *dilúvio,* mandou o seu operador Alberto Botelho percorrer algumas ruas inundadas e já no dia seguinte, 5 de fevereiro, era exibida no Bijou a fita *As Inundações em Diversas Ruas de São Paulo.* No programa constava outra fita de Botelho, com assunto diametralmente oposto, *A Festa no Parque Antárctica.*

Na Triângulo inaugurava-se outro cinema:

RADIUM-CINEMA

Empresa F. M. Varela & Cia.

59   Rua de São Bento   59

junto à antiga Rôtisserie Sportsman

HOJE   10 de fevereiro   HOJE

Das 6 1/2 da tarde em diante

Interessantíssimo programa em que será exibida a empolgante fita da última

DESTRUIÇÃO DE MESSINA

de grande metragem

Domingos e dias feriados: Grandes *Matinées*

Preços: Cadeiras, 500 réis; crianças, 200 réis[3].

O Paris-Theatre, que antes ficava em frente ao Mercadinho, no Anhangabaú, suspendeu por alguns dias seus espetáculos, para proceder a mudança de local:

PARIS-THEATRE

Rua Direita, 29

Empresa, Lima, Coutinho & Cia.

HOJE   Segunda-feira, 22 de fevereiro de 1909   HOJE

Grandes novidades em fitas *Pathé, Eclipse, Radium,* etc.

O Paris-Theatre, terça-feira, se o tempo permitir, tirará a fita do

3. *Idem,* 10.2.1909, p. 6.

CARNAVAL

para ser exibida, e ainda exibirá esta semana a fita do

POSTO ZOOTÉCNICO DE SÃO PAULO

na qual se vê a apresentação do lindo gado nacional, produto alcançado pelo esforço do governo e criadores paulistas.

O Paris tem operador para tiragem de fitas, e aceita encomendas de fitas nacionais.

SEMPRE SUCESSO![4]

E no dia 1.º de março, o Paris exibia *O Carnaval Paulista de 1909*, fita de 150 metros, tirada no Brás e nas Ruas Quinze, Direita e São Bento. A empresa fazia questão de frisar: "É a primeira fita que se tira em São Paulo em dia de chuva", e esta outra observação: "A Avenida Rangel Pestana e a Igreja do Brás saíram muito nítidas".

Outra fita paulistana exibida no Paris, *O Grupo Escolar do Pari*, de 200 metros dividida em 5 quadros: 1.º, a chegada do Sr. Oscar Thompson e sua recepção; 2.º, exercícios de ginástica feitos por 80 alunos, todos vestidos de branco; 3.º, representação de um ato da opereta *Geisha;* 4.º, representação de uma comédia alusiva à missa do galo; 5.º, marcha de 880 alunos de ambos os sexos.

A empresa do Paris apresentou também outra fita saída de seu *atélier* a cargo do dentista Antônio Campos, *A Inauguração do Ramal da Sorocabana em Itararé.*

Na Rua Boa Vista, inaugurava-se uma exposição de feras:

LEÃO AMESTRADO

HOJE   SUCESSO   HOJE

ver um brasileiro de coragem lutar com este PORTENTOSO LEÃO, entrando na jaula, às 4 horas da tarde e às 8 horas da noite.

O Homem de Coragem é o Sr. JOSÉ FLORIANO PEIXOTO, filho do MARECHAL DE FERRO.

Hoje, todos à Rua Boa Vista n.º 23.

Ingresso, 1$000 — Crianças, 500 réis[5].

O Comércio de São Paulo (6-4-1909, p. 1) publicou uma fotografia, aliás muito ruim, do lutador brasileiro sentado no dorso do leão *bravio*. O dono da exposição ficou tão entusiasmado, que mandou cunhar uma medalha com estes dizeres:

---

4. *Idem*, 22.2.1909, p. 6.
5. *Idem*, 4.4.1909, p. 6.

Ao Heróico e Destemido Brasileiro José Floriano, o Único que Teve Coragem de Lutar com o Famoso Leão *Marrusko*".

No dia 12 de maio, abriu-se um novo cinema:

LÍRICO-CINEMA
Empresa privilegiada Silvério Silvino
Rua de São Bento n.º 33

HOJE   Variadas sessões das 6 1/2 da tarde em diante   HOJE

Sensacionais novidades cinematográficas
à 1 hora e meia da tarde

GRANDE MATINÉE FAMILIAR

Às 6 1/2 da tarde em diante serão exibidas todos os dias fitas de atualidade, completamente desconhecidas em São Paulo

Preços Popularíssimos

Camarotes com 4 entradas, 2$000 — cadeiras, 1$000 — crianças, 200 réis.

O MAIOR SUCESSO   ATÉ HOJE CONHECIDO!!![6]

O engenheiro F. Notaroberto construiu na Rua Direita, esquina da São Bento, o primeiro prédio inteiramente de cimento armado da cidade. Tinha 20 metros de altura e o acontecimento foi filmado pelo operador da empresa Serrador, que "apanhou numerosas fitas de todo aquele conjunto encantador".

O Bijou exibiu *Os Imponentes Funerais de Afonso Pena* e a fita *Trasladação dos Restos Mortais do Almirante Barroso*.

O Radium mudava a sua empresa. O novo proprietário, o Sr. José Balsells, prometia exibir filmagens próprias:

RADIUM-CINEMA
HOJE   DOMINGOS   HOJE

Grandiosa *Matinée* às 2 horas da tarde com *films* novos e espetáculos especialmente escolhidos, fazendo parte do programa a fita nacional

OS FUNERAIS DO DR. AFONSO PENA
tirada pelo operador da Empresa.

Às 6 1/2 da tarde em diante, interessante *soirée*. Programa inteiramente novo e mais uma vez a grandiosa fita nacional.

OS FUNERAIS DO DR. AFONSO PENA
O *film* nacional não o confunda com o já exibido.

6. *Idem*, 20.5.1909, p. 6.

ATENÇÃO

As fitas nacionais e estrangeiras exibidas pela empresa são inteiramente experimentadas. Neste teatro só fazem parte dos programas os *films* reconhecidamente excelentes, a fim de que o público não seja enganado, como como acontece geralmente[7].

O Paris-Theatre, da Rua Direita, comprou no Rio, de José Labanca e Leal, os *films d'art* nacionais *João José* e *A Cabana do Pai Tomás*. O primeiro foi exibido no dia 3 de julho, mas no dia seguinte, por ordens das autoridades policiais teve suas funções suspensas por causa do incêndio da Tapeçaria Alemã em prédio vizinho. Alegavam as autoridades que o edifício não oferecia nenhuma segurança aos freqüentadores.

No mesmo dia, por uma estranha coincidência, violento incêndio destruía o Club Germânia da Rua Onze de Junho. Outra vez o expedito Serrador enviou rapidamente o operador Botelho, às 8 horas da manhã, para filmar a luta dos bombeiros contra o sinistro. No dia 4, o Bijou exibiu com grande sucesso, *O Incêndio do Club Germânia*.

Mais duas fitas de Alberto Botelho, a *Festa Esportiva no Parque Antárctica* e as *Exéquias do Dr. Afonso Pena na Catedral de São Paulo*, mandadas celebrar pelo governo do Estado.

O Radium apresentou o *Desembarque e Recepção dos Estudantes Franceses em Santos*, provavelmente filmado por Antônio Campos.

Anúncios de compra e venda de cinematógrafos:

CINEMATÓGRAFO

Vende-se um aparelho cinematográfico com lanterna de resistência, todo completo. Rua Conselheiro Ramalho, 177.

CINEMATÓGRAFO

Deseja-se comprar um completo que possua uma usina elétrica própria para trabalhar no interior do Estado. Oferta por escrito a H. K., Rua Vitória, 48.

CINEMATÓGRAFO À VENDA

Vende-se por preço baratíssimo um aparelho *Pathé* com todos os acessórios necessários para a montagem e transporte do mesmo. Tudo em completo estado de conservação. Cartas para L. P., Jundiaí.

COMPRA-SE UM CINEMATÓGRAFO

Completo para funcionar sem eletricidade. Quem o tiver, informe com urgência à Rua Gomes Cardim, 111.

7. *Idem*, 20.6.1909, p. 7.

CINEMATÓGRAFO

Vende-se uma casa de cinematógrafo na Liberdade, completa e bem montada. Trata-se na Rua Florêncio de Abreu, 25, sobrado.

No dia 28 de julho, o Bijou-Theatre anunciou a "grandiosa estréia do cinematógrafo cantante pelos exímios artistas Claudina Montenegro e o barítono Pepe":

Estiveram ontem muito concorridos os espetáculos deste teatrinho. Na segunda sessão, registrou-se a estréia de um número atraentíssimo, o cinematógrafo cantante, que fez extraordinário sucesso.
A empresa Serrador contratou para as fitas de cantos, concepções de seu excelente *atelier*, os artistas D. Claudina Montenegro e o barítono Pepe, possuidores de boas vozes.
A fita cantante ontem exibida, a melhor que temos visto no gênero, agradou francamente a assistência, que aplaudiu calorosamente os artistas. Hoje, novo e variado programa.
Será exibido pela primeira vez o *film* de canto *Café de Puerto Rico*, fazendo-se ouvir mais uma vez a artista Claudina Montenegro[8].

As filmagens eram feitas, geralmente, com o artista-cantor abrindo bem a boca, cantando trechos de operetas, óperas, zarzuelas ou cançonetas francesas e italianas. Depois, durante a exibição da fita, o mesmo artista-cantor (ou apenas o cantor, seu substituto) ficava atrás do pano, acompanhando a sua personagem na tela, repetindo a cantoria ou o monólogo, conforme a cena. Sendo a sala do Bijou muito pequena, o som, embora imperfeito ou fanhoso, era suficientemente ouvido pelos espectadores.

Os primeiros cantantes de Serrador foram filmados por Alberto Botelho no *atelier* da empresa na Rua Brigadeiro Tobias e *posados* pela dupla lírica Claudina Montenegro-Santiago Pepe.

E assim foram feitos e exibidos *El Duo de La Africana*, *Dueto da Mascote*, *Duo de Los Paraguas*, *Las Zapatillas*, *Duo de Los Patos* (da zarzuela *A Marcha de Cádiz*), *Duo de Amor* (da opereta *A Viúva Alegre*), *Tui-Tui-Tui-Tui-Zi-Zi-Zi* (dueto do *Sonho de Valsa*), *Dueto do Chateau Margaux*, *Chiribiribi*, *El Guitarrico*, *Crispino e la Comare*, *Le Educanda di Sorrento*, fitas curtas e ligeiras que serviam para complementar as sessões de longas produções francesas e italianas.

Por sua vez, o Radium exibiu *A Viúva Alegre*, filmada no Rio e *posada* pelos integrantes da Cia. Lahoz e "com música adequada dirigida pelo talentoso maestro Gonçalves":

---

8. *O Estado de São Paulo*, 29.7.1909, p. 9, «Palcos e Circos».

Grupo de artistas da Cia. Portuguesa de Operetas, do empresário Luís Galhardo, que trabalhou na fita cantante de William & Cia., A Viúva Alegre. Vê-se, de chapéu coco, o elegante maestro Assis Pacheco (Fon-Fon n.º 12 [Rio], 19.3.1910, p. s/n.º).

Grupo de coristas da Cia. Galhardo, que trabalhou na fita cantante A Viúva Alegre. (Fon-Fon n.º 12 [Rio], 19.3.1910, p. s/n.º).

A numerosa assistência aplaudiu calorosamente ao terminar a exibição da fita, principalmente a orquestra que acompanhou com muita habilidade todo o desenrolar das cenas da conhecida opereta[9].

Mas o cinema estava em dificuldades econômicas e nem o sucesso da *Viúva* bastou para salvar a empresa:

EDITAIS
CONCORDATA JOSÉ BALSELLS

Aviso aos credores

O comissário abaixo assinado avisa aos credores de J. Balsells que está todos os dias úteis das 2 horas às 4 horas da tarde, no escritório, à Rua Direita, 8, sobrado, à sua disposição para atendê-los em suas reclamações.

São Paulo, 24 de agosto de 1909

p.p. José Th. Bayeux.

Em setembro, Serrador inaugurava uma diversão em forma de grande panorama circular:

OLA GIRATÓRIA
Em frente ao BIJOU-THEATRE
Empresa F. Serrador

HOJE   Sexta-feira, 3 de setembro de 1909   HOJE

INAUGURAÇÃO

Desta importante e moderna   DIVERSÃO

A maior e mais sensacional novidade até hoje conhecida.

O divertimento mais apreciado e preferido pelo público norte-americano.

Preços para cada passagem, 300 réis.

TODOS À OLA GIRATÓRIA![10]

Um cinema nos Campos Elísios recebia melhoramentos:

SALÃO DE ATOS DO LICEU
Alameda Nothmann
Cinematógrafo aperfeiçoado *Pathé*

HOJE   5 de setembro de 1909   HOJE

2   Grandiosos espetáculos   2

À noite, um programa caprichosamente organizado. Será exibida a fita de grande metragem

A FILHA DO LENHADOR

Drama muito comovente.

---

9. *Idem*, 3.8.1909, p. 4, «Palcos e Circos».
10. *Idem*, 3.9.1909, p. 7.

Os programas deste cinematógrafo, à noite, constam de 12 fitas escrupulosamente escolhidas de modo a proporcionar às exmas. famílias espetáculos MORAIS, instrutivos e divertidos.

PREÇOS PARA A NOITE

Camarotes com 5 entradas .... 5$000
Cadeiras .... 1$000
Gerais .... 500 réis
Crianças .... 300 réis[11].

No local do antigo Frontão Paulista, a Cia. de Diversões abria novo gênero de divertimento:

TEATRO CASSINO

Entradas pelas Ruas 24 de Maio, 40 e Onze de Junho, 8. SÁBADO, 25 de setembro de 1909, HOJE

Inaugura-se, às 7 horas da noite, com sessões cinematográficas.

Frisas, 3$000 — Camarotes, 2$000 — Platéia, 500 réis — Crianças, 200 réis[12].

Anúncios de venda e compra de aparelhos, salas, fitas e procura de empregos:

CINEMATÓGRAFO

Vende-se um com 2.000 metros de fitas por 1 conto de réis. Trata-se à Rua do Comércio, n.º 11[13].

CINEMATÓGRAFO À VENDA

Vende-se por 1:300$000 réis, preço de ocasião, um magnífico cinematógrafo *Pathé Frères*, com lanterna *Pathé*, completo e esplêndido aparelho de luz oxietérica, rival da luz elétrica, mil e tantos metros de fitas *Pathé* e *Gaumont* de sucesso, entre outras, *A Vida e Paixão de Cristo*, colorida, *A Guerra Russo-Japonesa* e outras. Enfim, todo o material de uma empresa cinematográfica que acaba de alcançar grande sucesso e resultado no interior deste Estado, como se provará!

Para ver e tratar com o proprietário, à Rua da Caixa D'Água, n.º 7, Pensão Mineira. N. B. — Vende-se garantido, fazendo funcionar[14].

AOS SRS. PROPRIETÁRIOS DE CINEMATÓGRAFOS

Vende-se muito barato 1.500 metros de fitas, últimas novidades não exibidas no Brasil, entre elas, 80 mil homens do exército alemão em marcha, sob o comando do Imperador e Imperatriz, Sherlock Holmes, Vulcão Etna da Itália em erupção, etc., também um aparelho para exibir projeções fixas, muito próprio para vistas e reclames, que custou 650$000 completo, tendo lente extraluminosa e trabalhando até 14 metros, com a força de 16 velas

---

11. *Idem*, 5.9.1909, p. 9.
12. *Idem*, 25.9.1909, p. 9.
13. *Idem*, 17.10.1909, p. 8.
14. *Idem*, 3.12.1909, p. 9.

e dando quadro de 3 metros por 2,3, por menos da metade do custo. Ver e tratar com Artur Dias, Alameda Barão de Piracicaba, 55.

CINEMATÓGRAFO À VENDA

Vende-se por 1:600$000 um magnífico cinematógrafo *Pathé*, último tipo de todo o material completo de uma empresa cinematográfica. Trata-se na Ladeira do Ouvidor, 4, Pensão Ouvidor.

CINEMATÓGRAFO — EXPOSIÇÃO DE HIGIENE — RIO DE JANEIRO

Vende-se uma coleção de filmes americanos, novos, desconhecidos nesta Capital, entre eles o *Chiquinho* e o *Jagunço* da revista *O Tico-Tico* e alguns do fabricante *Pathé*. Trata-se na Pensão Alemã, Rua José Bonifácio, 22, quarto 46.

CINEMATÓGRAFO

Compram-se fitas e aparelhos usados, sejam de qualquer fábrica e fitas de qualquer assunto. Rua do Riachuelo n.º 36, onde está a tipografia[15].

CINEMATÓGRAFO

Vende-se um muito bom, montado em um dos melhores bairros da Capital, contando com grande e escolhida freguesia. Os proprietários dirão o motivo da venda que não desagradá ao comprador. Informações na agência de loterias, à Rua Direita, 49-A[16].

CINEMATÓGRAFO

Vende-se um completo laboratório para apanhar vistas animadas, do fabricante *Pathé Frères*. Trata-se à Rua da Quitanda n.º 2, sala n.º 7, com W. M. Maddock. Preço vantajoso[17].

CINEMATÓGRAFO — OFERECE

Operador, eletricista francês das casas *Pathé* e *Gaumont*, de Paris, 7 anos de prática, mudo e falante, projeção sem igual. Bom maquinista *electrogêneo*. Jules, 15, travessa do Quartel, São Paulo.

Nos dois últimos dias do ano, um cinema de Serrador exibiu uma fita cantante de grande sucesso:

POLYTHEAMA

Empresa F. Serrador

Grandiosa *Tournée* do Cinema Rio Branco, do Rio de Janeiro

HOJE   HOJE

Estréia da *troupe* de operetas com

A VIÚVA ALEGRE

de Franz Léhar, arranjo cinematográfico de

ALBERTO MOREIRA

Osquestra do maestro COSTA JÚNIOR

---

15. *Idem*, 31.12.1909, p. 8.
16. *Idem, ibidem*.
17. *Idem, ibidem*.

Esta interessante fita será cantada pela notável primeira triple ISMÊNIA MATHEUS, tenor SANTUCCI, barítono CATALDI e e grande corpo de coro.

Surpreendentes novidades!

Mais de 300 representações seguidas no Rio de Janeiro

3   S E S S Õ E S   3

às 7 3/4, 8 3/4 e 9 3/4

Preços por sessão

Frisas, 6$000; camarotes, 5$000; cadeiras, 1$000; entrada geral, 500 réis[17].

Para concluir 1909, aqui vai uma relação de fitas nacionais exibidas em São Paulo: *Torna Sorrento, La Farfalla, O Passeio de Pepa, Leggenda Vallaca, La Serenata, Tentações de Santo Antônio* e *A Canção do Aventureiro*, todas cantantes; *O Circuito de São Gonçalo, A Festa da Associação de Imprensa, A Exposição do Rio de Janeiro* (em 2 séries), *Os Funerais dos Estudantes*, de Alberto Botelho, *Festa de São Norberto em Pirapora, Visita do Conselheiro Ruy Barbosa à Faculdade de Direito, Festival no Parque Antárctica*, filmada por ocasião da festa dos empregados da Light, *Passeata dos Batalhões Escolares em São Paulo*, todas de Botelho, e as fitas paulistanas de Antônio Campos, *Colocação da Primeira Pedra na Nova Matriz de Santos*, "importante *film* nacional", *Festas em Casa Branca*, "de 300 metros de uma nitidez nunca vista em São Paulo", *Os Funerais do Tenente-Coronel José Pedro*, "fita muito nítida", *Visita do Senador Ruy Barbosa a São Paulo*, exibida no Íris e *Inauguração da Herma de Cesário Mota*, também exibida no Íris.

---

18. *Idem*, 30.12.1909, p. 9.

1910: UM *GUARANI* FRANCÊS E AS FITAS DE BOTELHO E CAMPOS

> *A mania cinematográfica não cessará em São Paulo enquanto existir o Bijou-Theatre, o lindo teatrinho que a empresa Serrador transformou no ponto obrigatório de rendez-vouz do que de mais chic há na nossa sociedade.*
> O Comércio de São Paulo, *15.6.1910, p. 2.*

No Polytheama, o mesmo grupo que cantou *A Viúva Alegre,* apresentava a opereta *Geisha,* com adaptação cinematográfica de Alberto Moreira, cenografia do caricaturista Crispim do Amaral e *posada* por Ismênia Matheus, Mercedes Vila, Colás, Leonardo, Santucci, Cataldi e mais 50 personagens em cena. *O Comércio de São Paulo* (7 de janeiro) comentou:

Além da nitidez da fita, há o acompanhamento em português que é simplesmente magnífico.

Na Vila Buarque vendia-se um cinema:

CINEMATÓGRAGO PETIT CINEMA

Vende-se esta casa de diversões muito bem instalada em dois espaçosos salões, à Rua Marquês de Itu, 50 e 50-A, bairro de Vila Buarque. O motivo da venda não desagradará ao comprador. A empresa aproveita para declarar que nada deve a pessoa alguma. Para informações, das 8 às 12 da manhã, na Rua Rego Freitas n.º 61, e de 1 às 4 horas da tarde, na Rua Direita, 49-A, agência de Loterias[1].

No dia 8, o Bijou reiniciou a exibição de suas fitas cantantes com a ária do 1.º ato da ópera *Tosca*, de Puccini, *Recondita Armonia*, com o tenor Enzo Bannino, contratado por Serrador, cantando atrás da tela. "Muito concorrida a sessão do cinematógrafo cantante que de há muito estava interrompido".

O cineminha de Serrador durante o mês de janeiro exibiu as seguintes fitas, todas cantadas pelo "exímio tenor Enzo Bannino": *E Lucevan Le Stelle* (ária da *Tosca*, de Puccini), *La Donna é Mobile* (balada do 3.º ato de *Rigoletto*, de Verdi), *Questa o Quello* (balada do 1.º ato de *Rigoletto)*, *Dei Miei Collenti Sprit* (ária do 2.º ato da *Traviata*, de Verdi), *Tomba Degli Avi Miei* (ária do 3.º ato de *Lúcia de Lammermoor*, de Donizetti), *Lunge de Lei* (romanza do 2.º ato da *Traviata)*, *Vesti la Giubba* (de *I Pagliacci*, de Leoncavallo), *Arioso* da ópera *Os Palhaços* e *Amor te Vieta*, da ópera *Fedora*, de Giordano.

O sucesso das fitas cantantes foi tanto que o crítico prognosticou: muito em breve a empresa Serrador será obrigada a construir novos salões para conter a multidão que "aflui ansiosa ao elegante teatrinho".

O Bijou também apresentou, com muito êxito, as operetas *Geisha, Sonho de Valsa* e *A Viúva Alegre,* produções cantantes nacionais de William & Cia.

Por outro lado, os cafés-concerto procuravam atrair maior freqüência, contratando cantoras com características próprias. No Moulin Rouge fazia sucesso a graciosa Berthe Baron, ora vestida de apache, ora de *bahiana*, dançando o *Corta-Jaca* e o *Vatapá*. No espetáculo de 17 de janeiro, teve que voltar à cena oito vezes. Outro destaque, a tímida e medrosa *Chrysanthème* nas cançonetas tristes, sentimentais e sombrias, entre elas o *Balancez*.

1. *O Estado de São Paulo*, 7.1.1910, p. 9.

No Cassino, o lugar das cançonetas *grivoises*, a presença encantadora da portuguesa Didi Morais, vestida, infelizmente, de calções horríveis, cantando fadinhos com o seu belo timbre de voz; a simpática *Argentina*, baiana de truz, exímia nos lundus e nos requebros, Georgette de Barros, também muito aplaudida nos maxixes e lundus, Blanche Bella, *la cantatrice scalza*, com roupas de boêmia, o violão de serenata a tiracolo, e, por fim, a *troupe* de maxixeiras da casa, Pepa Delgado, Elvira Benevente, Nair Costa e a desenvolta Liliane cantando maxixes e remexendo os quadris.

Em janeiro, o Radium anunciou a exibição de uma fita extraída de uma obra-prima da literatura brasileira:

RADIUM

Rua de São Bento, 59

Empresa José Balsells

HOJE   Segunda- feira, 10 de janeiro de 1910   HOJE

Grandiosa *Soiree*

Exibição de um dos mais importantes *films* feitos até hoje pela Casa *Pathé*

O GUARANY DE ALENCAR

Com a primeira missa no Brasil

Único no Brasil

Alugam-se e vendem-se *films* (fitas) tanto para a Capital como para o interior[2].

A fita exibida nos dias 10 e 11 de janeiro, tinha 30 quadros e representava os episódios mais importantes do célebre e popular romance de José de Alencar.

Anúncios de venda de cinematógrafos, salões e aparelhos:

CINEMATÓGRAFO À VENDA

Vende-se uma completa instalação de cinematógrafo *Pathé Frères*. Tudo pela metade do preço. Tratar na Rua Benjamin Constant com o dono do n.º 15[3].

CINEMATÓGRAFO

Vende-se um excelente aparelho cinematográfico *Pathé* com todos os pertences, por preço baratíssimo. Para tratar à Avenida Tiradentes n.º 55, com o Sr. Cézar[4].

2. *Idem*, 10.1.1910, p. 7.
3. *Idem*, 12.1.1910, p. 11
4. *Idem*, 22.1.1910, p. 8.

CINEMATÓGRAFO

Vende-se um bem montado e situado em bom ponto, com grande freguesia, por preço módico. A tratar na Rua Conceição n.º 97[5].

CINEMATÓGRAFO

Vende-se um completo e montado, funcionando num bairro muito freqüentado; o motivo se explicará ao pretendente. Para informações, deixe carta nesta redação a *Cinematógrafo*[6].

Uma cantora lírica estreava nas fitas cantantes do Bijou:

H O J E

No Cinematógrafo Cantante

GRANDE   SUCESSO

ESTRÉIA da brilhante soprano

MLLE.   A M I C A   P E L L I S S I E R

que cantará a romanza da

T O S C A
VISSI D'ART, VISSI D'AMORE[7].

No centro comercial de São Paulo, um grande cinema anunciava:

Í R I S-T H E A T R E

Empresa Cinematográfica

Rua Quinze de Novembro n.º 52

Vendem-se aparelhos cinematográficos da *Pathé Frères* e todos acessórios para cinematógrafos.

Vendem-se e alugam-se fitas dos melhores autores[8].

No Bijou, Serrador esfregava as mãos de satisfação. Via o seu teatrinho cada vez mais cheio:

B I J O U-T H E A T R E
HOJE   Sábado, 19 de fevereiro de 1910   HOJE
Sessões puramente familiares

Exibição do importante filme pertencente à nova série de arte da *Pathé Frères*

5. *Idem*, 26.1.1910, p. 11.
6. *Idem*, 17.2.1910, p. 9.
7. *Idem*, 14.2.1910, p. 7.
8. *Idem*, 18.2.1910, p. 11.

CLEÓPATRA

Ano 42 antes de Cristo.

Adaptação e encenação dos Srs. F. Zecca e Andreani, interpretado por Mlle Madeleine Roch, Mlle Reanza e Mlle Napierkowska.

Estrondoso sucesso

No CANTANTE — Verdadeira Maravilha!

Na 1.ª sessão, a aplaudida artista Mlle Amica Pellissier cantará a belíssima cançoneta

TESORO MIO

Na 2.ª sessão, a aplaudida artista D. Claudina Montenegro e o barítono S. Pepe cantarão o Duo Brillante

LOS BOHEMIOS

Amanhã — 2 grandiosas *matinées* familiares, com distribuição de bombons às crianças, sendo exibida a importante vista

INUNDAÇÕES DE PARIS

A Empresa reserva o direito de vedar a entrada a quem julgar conveniente[9].

O Comércio de São Paulo (25 de fevereiro, p. 3) chamava a atenção das autoridades para os donos de cinemas que explorassem o trabalho de menores.

Escrevia, o mesmo, que os garotos fugiam de casa, para desespero das mães, e se entregavam a pequenos serviços nos cinematógrafos: varrer e lavar o salão, entregar cartazes pelos arrabaldes mesmo distantes, distribuir programas nas ruas, de casa em casa, ajudar o operador, carregar tabuletas, carregar lanternas à noite junto aos músicos, e tudo isto a troco de um prato de comida ou para ter o *privilégio* de assistir aos filmes. E terminava a nota, pedindo providências enérgicas da polícia contra o emprego de meninos nas casas de diversões.

A rivalidade entre os exibidores da cidade há muito que transparecia nos anúncios dos jornais. O Bijou, por exemplo, anunciava que "alugam-se fitas usadas a 5 e 10 réis o metro". No dia seguinte, o Radium aparecia com este trecho no final de suas propagandas: "NOTA — Alugam-se fitas BOAS a 20 réis o metro".

O Bijou ainda rebatia:

---

9. *Idem*, 19.2.1910, p. 8.

Apesar de não ser interessante é bom lembrar que é esta a única empresa que COMPRA TODAS AS FITAS exibidas nos seus salões, que não exibe outras já exibidas, nem tampouco troca os títulos.

Mas a verdade é que Serrador ganhava sempre: era mais esperto e sua empresa tornava-se cada dia mais poderosa.

Mais anúncios de venda, compra e oferta de aparelhos, fitas e operadores:

OCASIÃO RARA!

Vendem-se estes dias, com boa ocasião, 1.200 metros *Pathé Frères* (fitas usadas só duas vezes), um ampereômetro, um voltímetro, cinco objetivas de qualidade superior e outros diversos artigos para estas instalações. Informações, Rua Senador Feijó n.º 41, Pensão Suíça, Santos[10].

CINEMATÓGRAFO

Vende-se um, último modelo 1909, da *Pathé*. Tratar-se na Rua Rego Freitas n.º 61, cedo, e à tarde na Rua Direita n.º 49-A (agência de loterias)[11].

CINEMATÓGRAFO

Oferece-se um perfeito operador. Trabalha com qualquer aparelho e motor *Aster*, encarrega-se de instalações elétricas e pinturas de tabuletas. Para tratar com E. Almeida, Rua Formosa n.º 51[12].

CINEMATÓGRAFO

Vendem-se 3 mil metros de fitas quase de graça, fitas boas. Rua Saldanha Marinho, venda do Afonso[13].

Encontramos em um jornal *(O Comércio,* 3 de abril, p. 2) esclarecimentos interessantes sobre as fitas da época e como se preparavam as películas:

Há em Paris três casas que se entregam exclusivamente à indústria animatográfica. Produzem diariamente perto de 100 mil metros de películas. A fabricação destas exige o esforço coletivo de algumas centenas de pessoas.

O animatógrafo carece sempre de assuntos novos. O fabricante das fitas escolhe o assunto. As representações são assiduamente ensaiadas. Muitas fitas custam 600$000 e algumas outras atingem custo superior a um conto de réis. Para obter uma película de 100 metros é preciso empregar 200 ou 300 metros.

A fita, feita de celulóide e coberta de uma emulsão de gelatina-brometo para os negativos e de gelatina-cloreto para os posi-

10. *Idem,* 5.3.1910, p. 10.
11. *Idem,* 7.3.1910, p. 7.
12. *Idem,* 11.3.1910, p. 9.
13. *O Comércio de São Paulo,* 11.5.1910, p. 5.

A cançonetista Berthe Baron.

A cançonetista Didi Morais.

José Tomaz Saldanha da Gama, administrador do teatro Cassino, ladeado pelas duas estrelas Nenê e Ninon.

Theatro Casino

O seu querido administrador SALDANHA, ladeado pelas duas

tivos, há de enrolar-se em um bastidor que gira à maneira de dobradora, logo que toda a fita esteja enrolada, o bastidor tira-se do pé em que girava e mete-se numa banheira de grandes dimensões, onde estão os líquidos próprios para a operação.

Tiram as provas positivas, pondo-as em contato com os negativos em um aparelho semelhante no mesmo cinematógrafo, e vão-se passando à luz. O mais difícil é retocá-las, operação que é manual e feita, em geral, por senhoras.

Fitas cantantes da dupla Serrador-Botelho exibidas no Bijou: *Che Gelida Manina (racconto* do 1.º ato de *La Bohème*, com Enzo Bannino), *O Sole Mio*, com Enzo Bannino, *Salve Dimora, Casta e Pura* (cavatina do *Fausto*, de Gounod), *Di Quel'a Pera* (da ópera *Il Trovatore)*, *Carmela Mia*, cançoneta, *La Salida de Roberto*, zarzuela, *Valsa da Viúva Alegre, Duo de Los Baturros, Canción Andaluza, La Rêve Passé, Le Sphinx, Carmen, Se Fosse...* com a "brilhante contralto Mlle Aida Tosca", *Carreze e Baci, Marcha Patriótica, L'Amuore Ó Commio Zuccaro*, etc.

Uma fita que calou fundo no coração dos italianos foi a *Ascensão do Duque de Abruzzos ao Himalaia*, que a empresa Íris-Theatre alardeou ter comprado da S. A. Ambrosio, de Torino, pela alta quantia de 10.000 francos. A exibição foi no dia 31 de março e o cinema da Rua Quinze ficou completamente lotado pela colônia italiana de São Paulo.

A esplêndida fita terminou com a exibição do retrato do Duque de Abruzzos, ao som do hino italiano, que a assistência, orgulhosa, ouviu de pé, saudando com uma prolongada salva de palmas.

Outras fitas nacionais exibidas em São Paulo no primeiro semestre de 1910: *Entrada em Santos do Cruzador Português São Gabriel*, de Antônio Campos, *Segunda-Feira de Páscoa na Cantareira*, também de Campos, sobre a festa alegre e ruidosa, comemoração característica dos italianos, com cantoria e instrumentação, realizada na Cantareira e no Bosque da Saúde; *Festival Esportivo do Club Atlético Paulistano*, de Campos, *Carnaval de São Paulo em 1910*, "tirada pelo operador A. Botelho", *As Exéquias do Dr. Joaquim Nabuco, A Entrada do Couraçado Minas Gerais na Baía do Rio de Janeiro*, exibida com grande afluência de público no Bijou, *Inauguração da Estátua do Marechal Floriano, Regatas na Praia do Botafogo, Inauguração da Exposição de Animais no Posto Zootécnico*, filmada na Mooca por Botelho, *Escola de Farmácia, Odontológica e Obstetrícia de São Paulo*, etc.

Em agosto, fundou-se a Paulista-Film,

empresa cinematográfica para apanhar fitas do natural. A empresa, que dispõe de operadores e aparelhos de primeira ordem, é de propriedade dos Srs. Stamato e Machado[14].

No dia 8 de agosto, o Sr. Luís Bueno de Miranda exibiu fitas agrícolas no Teatro Cassino e "a concorrência que afluiu ao elegre teatrinho foi numerosa e seleta. As fitas são nítidas e produziram magnífica impressão: *A Caminho para a Fazenda de Café, Uma Lavoura Antiga de Café, Família de Colonos Africanos em uma Fazenda, Como se Planta o Café, O Florescimento dos Cafeeiros, Colheita do Café e Preparo dos Terreiros, Lavagem e Secagem dos Cafés, Embarque de Café no Interior, A Última Geada em São Paulo e seus Efeitos, Torrando, Pilando e Coando Café*, etc.

A empresa Serrador, atendendo ao pedido de um lente da Escola Normal, resolveu organizar sessões para alunos das escolas, focalizando assuntos instrutivos, tais como paisagens terrestres, marítimas e fluviais, costumes nacionais, microbiologia, fatos astronômicos, acidentes vulcânicos, terremotos, vida de personalidades famosas, etc. O primeiro espetáculo realizou-se no dia 27 com fitas escolhidas, no Pavilhão dos Campos Elísios, à Alameda Visconde do Rio Branco.

Ao iniciar o mês de setembro, a mocidade paulistana compareceu em peso ao Velódromo, para ver os *footballers* ingleses do Corinthians derrotarem, nas três partidas disputadas, o antigo Palmeiras por 2 a 0, o combinado paulista por 5 a 0 e o Atletic, de Charles Miller, por 8 a 2.

A empresa do Radium-Cinema tirou durante o *match* um interessante *film* que exibirá amanhã no elegante teatrinho da Rua de São Bento.

Uma cópia desse *film* será oferecida aos *footballers* ingleses, para que o belo *match* de ontem seja também assistido na Inglaterra, a pátria do *football!*[15]

Uma novidade introduzida por Serrador foi o *Bijou Jornal n.º 1*, no estilo do *Pathé Journal* francês, com reportagens paulistanas filmadas por Alberto Botelho:

14. *Idem*, 2.8.1910, p. 3.
15. *Idem*, 1.9.1910, p. 3, «Os Sports».

Este *Bijou Jornal* tratará de coisas interessantes ocorridas durante a semana e exibirá também uma vista da célebre *árvore das lágrimas,* do Ipiranga[16].

Infelizmente, o jornal semanal de Serrador, que seria apresentado todas às segundas-feiras, teve curta duração, não agüentando mais que três ou quatro semanas.

Em outubro, chegava a São Paulo, procedente de Buenos Aires, o cinematografista Emílio Guimarães,

que tem sido um incansável propagandista do Brasil no estrangeiro, e vem de exibir em Portugal, Espanha, França e Argentina, curiosas fitas de cenas e costumes brasileiros e acontecimentos notáveis.
Por sua conta tem feito a patriótica propaganda de seu país, e pretende montar em São Paulo laboratórios para recolher aspectos da nossa Capital, remetendo cópias e negativos para o estrangeiro, e assim nos prestando o valioso serviço de vulgarizar as coisas nacionais[17].

A produtora recém-inaugurada por João Stamato e Machado, A Paulista Film (também anunciada às vezes como São Paulo Film), apresentou no Radium-Cinema, a sua primeira exibição, *Imigração e Colonização no Estado de São Paulo,* de 1400 metros divididos em 3 partes, num total de 31 quadros.

No salão do cinema estavam o presidente do Estado, Dr. Albuquerque Lins e os Drs. Olavo Egídio, Pádua Sales e Carlos Guimarães, respectivamente secretários da Fazena, Agricultura e Interior.

Como trabalho de cinematografia, é dos melhores, senão o melhor dos que temos assistido entre os apanhados por operadores paulistas. Focalização excelente, de uma perfeita nitidez que entretanto será melhorada nos *films* subseqüentes, rivalizando-os com os das fábricas européias[18].

Um novo cinema reaberto no antigo Largo do Arouche:

H I G H-L I F E

Praça Alexandre Herculano ns. 65 e 67

HOJE   Domingo, 25 de dezembro de 1910   HOJE

às 2 horas da tarde

16. *Idem,* 26.9.1910, p. 3.
17. *Idem,* 22.10.1910, p. 5.
18. *Idem,* 27.10.1910, p. 4.

GRANDIOSA MATINÉE

com exibição dos maravilhosos *films*

FAUSTO

AUGUSTA

TOMADA DE SARAGOÇA

VÉU DA FELICIDADE

À noite, programa novo com importantes novidades, entre elas

O VESTIDO DE NOIVA

da Casa *American Biograph*[19].

Fitas nacionais exibidas em São Paulo: *Derby Club Dr. Frontin*, tirada no Rio, *Match de Football entre Corinthians (da Inglaterra) e Paulistas*, filmada por Antônio Campos, *O Dr. Saenz Peña no Rio*, *Grande Parada de 7 de Setembro*, filmada no Rio "vendo-se nitidamente os voluntários paulistas", *O Grande Prêmio Jockey Club*, *Manifestação ao Cardeal Arcoverde e aos Arcebispos e Bispos Brasileiros*, filmada em São Paulo por Alberto Botelho, *A Ascensão do Balão Pilot,* tirada no Rio por Paulino Botelho, *Exercícios Executados pelo Corpo de Infantaria da Marinha Brasileira na Ilha das Cobras,* "magnífico film nacional", *Inauguração da Quinta da Boa Vista e da Escola Nilo Peçanha,* de Paulino Botelho, *Chegada do Marechal Hermes ao Rio de Janeiro a bordo do São Paulo,* filmado em 25 de outubro, *A Parada de 15 de Novembro,* natural tirado no Rio, *A Posse do Marechal Hermes,* de Alberto Botelho, *O Novo Governo: Posse do Marechal Hermes,* "uma nova fita tirada pelo operador Sr. A. Botelho", *A Revolta dos Marinheiros da Armada do Rio de Janeiro,* de Paulino Botelho, *A Revolta da Esquadra no Rio de Janeiro,* "importante film nacional", *Os Últimos Acontecimentos no Rio de Janeiro,* sobre a revolta da esquadra, *A Revolta do Batalhão Naval e a Ilha das Cobras Antes da Revolução,* mostrando os efeitos dos bombardeios, *A Chegada em São Paulo do Ex-Ministro da Agricultura Dr. Rodolfo Miranda,* "importante fita nacional", *Grande Maratona de 20 Quilômetros,* filmada no Parque Antárctica por Antônio Campos e exibida no Bijou e *O Incidente do Corredor Taccola,* sobre a morte quase misteriosa do corredor Urbino Taccola, que teria sido agredido e ferido mortalmente pelos próprios atletas.

19. *Idem*, 25.12.1910, p. 8.

1911: O PRIMEIRO VÔO DE AEROPLANO E AS *JUPE-CULOTTES* CABOCLAS

> *Era um espetáculo inteiramente novo para São Paulo. Lá nas alturas o aeroplano, tal qual um vasto pássaro branco, seguia tranqüilamente a sua rota não tardando a volver ao prado da Mooca, onde o aviador (Ruggerone) foi entusiasticamente recebido.*
>
> O Comércio de São Paulo, 7.1.1911, p. 3.

Em fins de 1910, chegavam a São Paulo dois aviadores italianos, Eros Ruggerone e Giulio Piccolo. Marcaram um vôo em conjunto para janeiro de 1911, mas Piccolo não quis esperar. Procurou voar sozinho no Velódromo. Quis desfrutar a glória de ser o primeiro a voar sobre São Paulo.

O inexperiente aviador, porém, não percebeu que a pista da Rua da Consolação era pequena demais para as experiências. O aeroplano não subiu, correu na pista e foi de encontro ao parapeito. Piccolo fraturou o crânio e faleceu horas depois em um hospital.

Havia um prêmio *Santos Dumont* de 2:000$000 e uma medalha de ouro destinados ao aviador nacional ou estrangeiro, que percorresse a Capital de São Paulo em aeroplano, em linha reta, a 10 metros no mínimo, acima do solo.

Ruggerone anunciou seu vôo em biplano *Farman,* tipo militar, motor *Gnomo,* de 50 HP, para o dia 6 de janeiro, no campo do Hipódromo da Mooca, que era bem maior que o do Velódromo. Os preços cobrados: arquibancada reservada, 10$000; arquibancada de 1.ª ordem, 5$000; arquibancada de 2.ª, 3$000; ingresso simples, 2$000; prado, externo, 1$000.

Ruggerone conquistou o prêmio, voando na altura de 50 metros os bairros do Brás e do Belenzinho. No dia 8, voltou a voar, o mesmo acontecendo nos dias subseqüentes.

O Bijou exibiu *Os Primeiros Vôos em Aeroplano no Brasil,* com esta propaganda:

Fita nacional de 450 metros, mostrando o arrojo do aviador Ruggerone no prado da Mooca, no dia 6 de janeiro e no dia 8, quando deu algumas voltas na pista com a simpática Mlle Crespi, filha do capitalista Rodolfo Crespi, etc.

O cineminha do Serrador apresentou também outra filmagem de Alberto Botelho no dia 13, *Os Vôos de Ruggerone no Prado da Mooca,* levando a Srta. Renata Crespi, o jovem Joaquim Prates e o Sr. Tommazelli.

A caminho de São Paulo, vindo de Paris, chegava ao Rio o aviador franco-paulista Edmond Plauchut, que estudou navegação aérea na Europa com Lauthan e Blériot.

Informava a reportagem de *O Comércio* que o aviador recém-chegado é um homem forte, com um relógio preso no pulso por uma corrente de onde pendem uns *port-bonheurs* tilintantes e reluzentes. Ri alto e tem uma alta confiança em si mesmo.

Dizia aos jornalistas:

Venho iniciar um movimento em favor da aviação. Os senhores estão na infância da arte de voar. Ora, o Brasil tem Santos

Dumont e deve ter uma iniciativa qualquer para a aviação triunfar até mesmo como arma de guerra[1].

No antigo Largo do Arouche, local de muitas diversões noturnas, ficava um cinema que esporadicamente exibia fitas cantantes estrangeiras:

HIGH-LIFE

Praça Alexandre Herculano, 65 e 67

HOJE   Segunda-feira, 6 de fevereiro de 1911   HOJE

PATHÉ JOURNAL N.º 27

PÓ DA LIGEIREZA

e o sensacional *film d'art* de grande sucesso

A MULHER DO SALTIMBANCO

Grandioso e sensacional *film* da nova série de arte da afamada casa *Pathé Frères*. Cena dramática extraída do *Palhaço*, de A. Dennery e Marc Fourma.

Este soberbo *film* para maior realce será exibido com música apropriada, arranjada pelo distinto maestro Modesto de Lima[2].

Na Ladeira de São João, perto do Mercadinho, Serrador abriu o Salão Ilusão e nele instalou um grande número de aparelhos automáticos, gênero de diversão que nos Estados Unidos tinha o nome de *Penny Arcades* ou *Nickel Odeons* e na França a designação de *Kermesses*.

Pois bem,

uma real reprodução de uma tal *Arcade* foi instalada no Salão Ilusão anexo ao Bijou-Theatre, tendo sido o mesmo feito com o maior capricho, com uma feérica iluminação elétrica para o que o Sr. Serrador, na qualidade de empresário, não poupou dinheiro, somente no intuito de apresentar uma atração acabada com toda a perfeição. Moços e velhos terão ocasião de se divertir por pouco dinheiro, com as mais altas novidades.

Há uma grande variedade de aparelhos para esportes atléticos e um dos mais aperfeiçoados zonofones, com perfeita reprodução da voz humana. Basta colocar uma moeda e ouve-se um número com a voz do célebre tenor Caruso, com a maior perfeição[3].

Quando chegou o carnaval, a maior novidade foi o corso de *landaus, charretes, voiturettes, daumonts, coupés, tounnaux*, automóveis, motocicletas, bicicletas, amazonas e cavaleiros.

1. *O Comércio de São Paulo*, 1.2.1911, p. 3, «A Aviação no Brasil».
2. *Idem*, 6.2.1911, p. 8.
3. *Idem*, 27.2.1911, p. 3, «Ribaltas e Gambiarras».

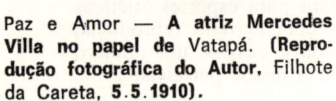

Paz e Amor — **A atriz Mercedes Villa no papel de** Vatapá. (Reprodução fotográfica do Autor, Filhote da Careta, 5.5.1910).

Paz e Amor — **A atriz Ismênia Matteus no papel de** Candidatura. (Fon-Fon n.º 18 [Rio], 30.4.1910, p. s/n.º).

Cena da fita nacional Paz e Amor — S. M. Olin I, soberano do Reino da Lua. (Fon-Fon n.º 18 [Rio], 39.4.1910, p. s/n.º).

Só o corso da bela Avenida Paulista — escreveu *O Comércio* de 2 de março —, seria o bastante para que o carnaval deste ano fosse considerado o mais brilhante de todos que a nossa população tem assistido.

E o mesmo cronista social justificava:

todas as cidades do mundo adotaram-no com entusiasmo. Paris pratica o seu corso no Bois de Bologne, Londres, no Hyde Park, Berlim, no Tiertgarten, Viena, no Prater, Buenos Aires, em Palermo, Rio, no Botafogo e Nápoles, no Caraccioli.

O Bijou exibiu o *Grande Corso de Automóveis e Carruagens na Avenida Paulista,* filmado provavelmente por Antônio Campos, "a fita mais completa que se tirou em São Paulo", e *O Carnaval no Rio em 1911,* "tirada expressamente para esta empresa pelo operador Sr. A. Botelho". Outra apresentação do Bijou no mesmo dia:

Na sala de espera, o exímio e aplaudido Prof. Alfredo Sangiorgi (cego) executará ao piano as melhores músicas de seu enorme repertório.

Em Santos, o aviador Plauchut conquistava o prêmio *Bartolomeu de Gusmão* instituído pelo alto comércio da cidade praiana, para quem fizesse o percurso de ida e volta entre a Praia do Gonzaga e o Forte Duque de Caxias, na ponta dos Itaipus. Plauchut voou mais de 300 metros de altura.

Em São Paulo, o mesmo aviador anunciou os seus primeiros vôos:

HOJE   Domingo, 12 de março de 1911 no   HOJE
HIPÓDROMO DA MOOCA
Os primeiros vôos de resistência, velocidade e altura do aviador franco-paulista
EDMOND PLAUCHUT
no seu aeroplano Blériot Gaivota (último modelo).
Arquibancada especial, 10$000; arquibancada de 1.ª, 5$000; arquibancada de 2.ª, 3$000; gerais, 1$000; prado externo, 500 réis; automóveis e carruagens, 10$000[4]

Outra novidade que despontou na cidade de São Paulo no ano de 1911, juntamente com a aviação e o corso, foi a moda feminina do *jupe-culotte* que, no Rio, foi vaiada em plena Avenida Central, com a intervenção da cavalaria para dispersar o povo.

4. *Idem*, 11.3.1911, p. 8, trecho de anúncio.

Em São Paulo a moda surgiu pacificamente por intermédio de uma senhorita muito desconfiada e medrosa, talvez, das hostilidades públicas. Ela, a senhorita vestida de *jupe-culotte,* embarafustou-se pela Rua Direita, desviou no Largo da Misericórdia, entrou na Quinze de Novembro, pegou a calçada esquerda do Largo da Sé, indo desaparecer no *atelier* do conhecido fotógrafo Sarracino.

O paulistano aceitou naturalmente a nova moda francesa e ia ver nas vitrinas da Casa Alemã, os modelos expostos, conforme constatou O *Comércio* (21 de março) em uma fotografia publicada na primeira página. Nessa altura, apareceram algumas costureiras do mesmo estabelecimento comercial, passeando tranqüilamente pelas ruas centrais.

Encorajadas pelo pacato acolhimento, outras senhoras e senhoritas trajando *jupe-culottes* foram ver as corridas do Hipódromo, torceram no Velódromo, tomaram chá na Castelões e assistiram às operetas da Cia. Vitale no Polytheama.

O cinema mostrava que a moda triunfara em São Paulo. O Bijou exibiu o *Pathé Journal n.º 36,* onde se viam as *jupe-culottes* parisienses. O mesmo cinema apresentou, em março, As *Primeiras Jupe-Culottes em São Paulo,* fita tirada por A. Botelho e que fez grande sucesso, As *Jupe-Culottes no Rio de Janeiro e o seu Lado Cômico,* fita nacional e as fitas estrangeiras, *Minhas Filhas Usam Jupe-Culottes,* comédia da Pathé e Os *Efeitos da Jupe-Culotte,* outra comédia de Ambrósio. E no palco do Brás-Bijou, a bela cantora Elvira Benevente surgiu *habillée* de *jupe-culotte,* sob aplausos da assistência.

As bandas de música sempre desempenharam um papel importante na propaganda dos cinemas. Alguns de seus componentes, os músicos propriamente desocupados que não exercem o ofício de alfaiate, barbeiro, sapateiro ou outra profissão rendosa, são chamados e pagos pelos empresários de diversões, para saírem à rua batendo ou soprando ruidosamente os seus instrumentos, atraindo desta forma a atenção de todos:

Na Rua Mauá funciona um cinematógrafo Edson Cinema, que faz reclame com tabuletas luminosas, precedidas por uma banda de música. Os músicos do Edison andam vestidos com farda verde, enfeitada com botões dourados. E todas as noites as tabuletas e a banda dos verdes saem à rua acompanhados de inúmeros gaiatos.

O cinema Edson procura fazer reclame na Rua de São Caetano, onde funciona um cinematógrafo pertencente a outra empresa, o Eden, que, segundo os entendidos, oferece ao seu público, fitas mais interessantes do que aquelas exibidas no Edison. A luta entre as duas empresas vem de longe.

Ontem, às 7 e meia da noite, como de costume, a banda dos homens fantasiados de propaganda surgiu na Rua de São Caetano, tocando um trecho da *ópera* nacional *Vem Cá, Mulata*. Ao chegar em frente ao Eden, a banda parou, para dar aos garotos que a acompanhavam o tempo necessário para apedrejar o Eden.

Os partidários do Eden intervieram e saiu um grande conflito, em que tomaram parte os integrantes da banda de música. O pessoal apanhou e deu bordoadas a valer, ficando espatifados o bombardino e o bombo.

Compareceu o primeiro delegado Sr. Cantinho Filho que efetuou a prisão de três músicos[5].

No Velódromo realizou-se um jogo do campeonato de *football* em disputa da taça Penteado:

A diretoria da Liga Paulista permitirá que a empresa proprietária do Radium-Cinema tirasse, por ocasião do *match*, uma fita cinematográfica que amanhã será exibida no elegante teatrinho[6].

Era o *Match de Football entre Palmeiras e Paulistano*, filmado por Antônio Campos, "o mais completo, contendo além do belo jogo desenvolvido pelos dois valentes *teams*, o aspecto das arquibancadas, com a *élite* paulistana".

No Radium foram exibidos nesta ocasião *films* tirados na região do Rio Grande, pela Comissão Geográfica e Geológica do Estado de São Paulo. As fitas, de 2.500 metros eram de admirável nitidez e causaram a melhor impressão. Foram mostradas: partida da estação da Luz, chegada a Jaguara, caçadas, pescarias, cachoeiras, sucuris, onças, a volta para São Paulo, etc.

Compareceram o Dr. Albuquerque Lins, presidente do Estado e secretários convidados pelo Dr. João Pedro Cardoso, chefe daquela Comissão.

No bairro do Brás os cinemas *faziam a América*, com os salões diariamente cheios:

5. *Idem*, 6.5.1911, p. 4, «Edison e o Eden».
6. *Idem*, 14.5.1911, p. 5, «Os Sports».

IDEAL CINEMA

Rua do Gasômetro, 35

HOJE HOJE

Sessão variada

O único cinema que exibe 15 fitas finíssimas fornecidas pela Empresa F. Serrador.

Dramas e Comédias

HOJE HOJE[7]

A partir de julho, quase todos os grandes cinemas de São Paulo passaram a pertencer à Cia. Cinematográfica Brasileira, fundada por Serrador em assembléia geral do dia 29 de junho. Era o início de um grande *trust* cinematográfico na capital.

Fitas nacionais exibidas no primeiro semestre de 1911: *Festa do Divino Espírito Santo em Avaré*, "interessante fita natural", *Estrada de Ferro Noroeste do Brasil*, "série de três magníficos *films* destinados à Exposição de Turim", *Festas no Colégio Militar do Rio*, fita tirada no 22.º aniversário de sua fundação, *A Estação Aquática de 1911 em Caxambu*, "fita natural de 500 metros, mostrando as distintas famílias de São Paulo e Rio que estavam veraneando", *Inauguração do Novo Material dos Bombeiros de São Paulo*, fita mandada tirar pela empresa Serrador, *Rio de Janeiro*, "*film* de atualidades tirado pelo hábil operador A. Botelho", *O Instituto Serumterápico do Butantã*, "*film* natural tirado com autorização do eminente sábio nacional Dr. Vital Brasil, com emocionante combate entre uma muçurana e uma jararaca", *A Parada de 11 de Junho no Rio de Janeiro*, fita natural tirada pelo operador A. Botelho, *Football: 7.º Match do Campeonato de 1911, S. Paulo A. C. x C. A. Paulistano*, fita de Antônio Campos, *Football entre A. A. das Palmeiras x Botafogo C. A.*, filmado por A. Botelho, *A Primeira Regata de 1911*, também de Botelho, *11 de Junho, Grande Parada Militar no Rio*, "film de completa novidade e diferente do outro já exibido" e *Cascata das Antas em Poços de Caldas*.

Em fins de julho, a firma francesa *Gaumont* apresentou em São Paulo as suas fitas cantantes:

RADIUM

HOJE HOJE

Estréia dos filmes cantados, um dos maiores e mais justos sucessos até agora aparecido.

7. *Idem*, 22.5.1911, p. 3.

Serão apresentados à apreciação do respeitável público os seguintes filmes:

Na 1.ª sessão: CARMEN (A ÁRIA DO TOREADOR) — com acompanhamento de coro, pelo grande barítono Doufray, da *Ópera Cômica,* de Paris.

Na 2.ª sessão: O PORCO CANTOR — cena cômica cantada pelo coupletista francês Charlus.

e mais os filmes:

— A MAIOR ABADIA DO MUNDO (Capela de Pávia) — natural da *Milano.*

— A MANTA DE SUA MÃE — drama da *Biograph.*

— UM MOÇO CONDESCENDENTE — cômica da *Éclair.*

Segunda sessão:

— NATURALISMO NA ÁSIA MENOR — natural da *Eclipse.*

— A CASACA DA EMÍLIA — alta comédia da *Éclair.*

— TESTADURILLO TEM PESTE — cena cômica da *Milano Film*[8].

Outras fitas cantantes exibidas: *Il Pagliacci,* ária cantada pelo tenor italiano Corradetti, *Crispino e la Comare,* cantada também por Corradetti, *O Dentista Alemão,* cena cômica falada por artistas alemães, *Parado na Tua Janela,* serenata cantada pelo barítono Doufray, *Yola,* opereta inglesa cantada pelos artistas Irvings e Beul, *Funiculi-Funiculá,* cena cômica cantada em idioma italiano, *Ondas do Danúbio,* valsa com grande coro, *A Bandeira,* canção patriótica francesa e *O Amolador,* canção tirolesa com Dranem.

O Moulin Rouge, agora com nova denominação, reabria exibindo espetáculos duplos de tela e palco:

TEATRO VARIEDADES
Largo do Paissandu
Espetáculos puramente familiares

HOJE ESTRÉIA DO HOJE

PAULICÉA CINEMA

Com números cantantes:

Mlle Odette Privat — *fine diseuse a voix.*

Mlle Leo Dinah — *chanteuse française de genre.*

Sessões corridas das 7 1/2 da noite em diante

Programas variados todos os dias

Todas as semanas, novas estréias contratadas em Buenos Aires.

Excelente orquestra dirigida pelo maestro Francisco Russo.

8. *Idem,* 27.7.1911, p. 8.

PREÇOS

Frisas, 3$000 — Camarotes, 2$000 — Cadeiras, 500 réis.
Amanhã — Importante estréia — RINA VIERO, cantora italiana a transformações.

HOJE, TODOS AO PAULICÉA CINEMA![9]

Quase no final de agosto, apareceu no Variedades uma Cia. lírica da qual tomavam parte os cantores Sante Athos, Laura Malta, Miguel Russomano, Maria Ghezzi e outros:

TEATRO VARIEDADES

Amanhã, Terça-feira

Estréia da CIA. LÍRICA CINEMATOGRÁFICA da

EMPRESA LAZZARO & CIA.

Imenso sucesso alcançado no Rio de Janeiro.

Repertório: PAZ E AMOR (revista) — CONDE DE LUXEMBURGO — GEISHA — CAVALERIA RUSTICANA — O GUARANI — SONHO DE VALSA — TROVADOR — e A VIÚVA ALEGRE.

Estréia com a revista de costumes nacionais

PAZ E AMOR

Preços populares

A maior atração da época!

O espetáculo da moda.

Extraordinária e sensacional novidade

Non Plus Ultra!!!

Amanhã, terça-feira, todos ao VARIEDADES!![10].

A empresa exibiu *Paz e Amor, O Conde de Luxemburgo* e *O Guarani* nos dias 22, 25 e 27, respectivamente. No dia 28 de agosto, o empresário saía às carreiras de São Paulo, deixando assim de cumprir o programa que traçara na véspera.

Esse empresário, o italiano Salvador Lazzaro, pai das atrizes Griselda (que fazia a Ceci de *O Guarani*, dirigida por seu pai) e Brazília (que seria mais tarde *estrela* de *O Transformista Original*, de Paulo Benedetti[11], foi dono de alguns cafés-cantantes da pior espécie no Largo de São Francisco, Ladeira de São João e no Brás, que ficaram conhecidos na crônica policial pelas cons-

---

9. *Idem*, 6.8.1911, . 7.
10. *Idem*, 21.8.1911, p. 6.
11. SALLES GOMES, P.E. e GONZAGA, Adhemar. *70 Anos de Cinema Brasileiro*. Rio, Editora Expressão e Cultura, 1966. Vide fotografias de Griselda e de Brazília nas pp. 26 e 69.

tantes desordens. Salvador esteve preso por tentativa de morte em um caso de sedução e, a julgar pelo noticiário policial, deveria ter um temperamento dos diabos.

E o teatro, desocupado, passou a anunciar:

TEATRO VARIEDADES
Brevemente   Sensacional Novidade
Pela primeira vez em São Paulo
MATCH   DE   BOX[12].

Um dos grandes acontecimentos em São Paulo, foi a movimentação da sociedade paulistana, em certa noite, nas proximidades da Rua Barão de Itapetininga e do Viaduto do Chá:

TEATRO MUNICIPAL
TOURNÉ TITTA RUFFO — CIA. LÍRICA ITALIANA
Maestro ensaiador e diretor de orquestra. Com. Eduardo Vitale.
HOJE   Inauguração do Teatro   HOJE
1.ª Récita de assinatura.
1 — A protofonia da ópera
O GUARANI
do pranteado maestro brasileiro A. CARLOS GOMES, executada à grande orquestra, sob a regência do maestro Com. E. VITALE.

2 — A ópera em 4 atos de A. Thomas
HAMLET
A parte de protagonista é desempenhada pelo célebre barítono
TITTA RUFFO
A assinatura das galerias que restam encerra-se à 1 hora da tarde. As que não forem assinadas serão postas à venda a essa hora.

Preço: 5$000
O espetáculo começa às 8 1/2 horas[13].

À inauguração do teatro foi filmada em grande parte por Júlio Ferrez, cinegrafista da *Pathé Frères,* vindo do Rio.

As grandes produções cinematográficas chegavam em São Paulo para os diversos cinemas, tanto do centro como dos bairros. Esta, por exemplo, de 1200 metros, colorida, da *Pathé,* com Mr. Krauss no papel de *Quasimodo* e a fascinante Napierkowska como *Esmeralda:*

---
12. *O Comércio de São Paulo,* 29.8.1911, p. 8.
13. *Idem,* 12.9.1911, p. 8.

ELDORADO CINEMA
Rua Quintino Bocaiúva, 39

Brevemente   Brevemente

NOTRE
DAME
DE PARIS

Extraordinário filme que tanto sucesso tem alcançado

TODOS AO ELDORADO!!![14]

Em dezembro, o mesmo Eldorado foi multado em 50$000 pela 3.ª delegacia por "estar funcionando sem ter tirado a licença indispensável"[15].

Dois anúncios de aluguel e venda de aparelhos e fitas:

BIJOU

Aluga-se a preços razoáveis o filme de propriedade da Empresa: *Veneno da Humanidade*[16].

CINEMATÓGRAFO

Em perfeito estado vende-se um bom aparelho cinematográfico, com resistência e alguns fios. Preço de ocasião. Ver e tratar à Rua de São João n.º 383[17].

Fitas nacionais exibidas em São Paulo no segundo semestre de 1911: *A Chegada do Maestro Mascagni em São Paulo,* "*film* natural tirado pela empresa do Bijou", *O Primeiro Match de Football Uruguaios x C. A. Paulistano,* filmado por Antônio Campos, *Match de Football x S. C. Americano,* de A. Campos, *Campeonato do Rio de Janeiro,* regata na enseada do Botafogo filmada pelos irmãos Botelho, *Fábrica de Laticínios Borboleta de Palmira,* "interessante e curioso *film* nacional", *Uma Laparotomia no Instituto Paulista,* "fita tirada com autorização dos dignos diretores deste Instituto", *O Garden Party do C. A. Paulistano,* "muito nítido e interessante", tirado por A. Campos, *Five Ó Clock em 27 de Setembro no Velódromo,* tirado por Antônio Campos, *Parada e Revista das Sociedades de Tiro do Estado de São Paulo,* filmada por Afonso Segreto, *Concurso de Aviação: O Vôo de Plauchut,* tirado no Rio pelos irmãos Botelho (Alberto e Paulino),

---

14. *Idem,* 19.11.1911, p. 9.
15. *Idem,* 17.12.1911, p. 5, «Ocorrências de Ontem».
16. *Idem,* 4.12.1911, p. 6, trecho final de anúncio.
17. *Idem,* 17.12.1911, p. 8.

Cena de Paz e Amor — Os guardas civis (Fon-Fon n.° 18 [Rio], 30.4.1910, p. s/n.°).

Cena de Paz e Amor — O Chaleira entre o candidato civil e o militar, entre a Lei e a Espada (Fon-Fon n.° 18 [Rio], 30.4.1910, p. s/n.°).

Uma propaganda da fita cantante carioca Paz e Amor, exibida em São Paulo em 1911, vendo-se a atriz Maria da Piedade no papel de Presidência (Reprodução fotográfica do Autor, Fon-Fon n.° 18 [Rio], 30.4.1910, p. s/n.°).

PAZ E AMOR

Extraordinaria e Original Revista de Costumes e Actualidade

POR ANTONIO SIMPLES & COM

O cinematographo Rio Branco, revolucionando a cinematographia, creou um genero inteiramente novo, adoptando a scena ao panno, isto é, creando o originalissimo genero revista no cinematographo.

Não só a parte material, as scenas animadas, as personagens, os factos e os acontecimentos, mas a parte puramente espiritual do Theatro — a musica, o dialogo, o canto, o cinematographo Rio Branco, por meio de engenhosas combinações, apresenta á admiração dos seus numerosos frequentadores.

A revista *Paz e Amor*, que está em exhibição na tela do grande cinematographo, recorda, commenta ou reproduz acontecimentos da actualidade, caricatura ou photographa as individualidades mais em voga, desenrola, á fita alacre dos nossos costumes, atravez dessa alegre revista de entrecho leve e chistoso, ao som de musicas saltitantes, canções ridentes e dialogos cheios de graça.

Não ha em toda espirituosa revista, uma scena que possa ferir susceptibilidades, uma phrase que possa atenuar o decoro mais apurado, nada, em summa, que olhos castos não possam ver ou ouvidos exigentes não possam escutar.

O magno heroe da revista é o Tiburcio, o popular Coronel Tiburcio de Annunciação, essa admiravel creação da *Careta*.

Chegando ao reino que floresce sob

Parada de 15 de Novembro no Rio de Janeiro, "Interessante fita nacional", *Cultura da Cana-de-Açúcar no Estado de São Paulo*, tirado por Júlio Ferrez para a *Pathé* e *Match de Football entre Americano X São Paulo Atletic*, filmado por Antônio Campos no Velódromo em 26 de novembro.

À direita, as escadarias e parte do Teatro Municipal. (Fotografia gentilmente cedida pela Divisão de Iconografia e Museus da Prefeitura do Município de São Paulo).

1912: HERÓIS DO ANO: EDU CHAVES, MAX, CAPOZZI E BIGODINHO

EDU CHAVES É O HERÓI DO DIA — O Record da Aviação na América do Sul — Novas Notícias sobre o Arrojado Aviador — A sua Chegada ao Rio — Estrondosa Manifestação de Apreço — Outras Informações.
O Comércio de São Paulo, 1.5.1912, p. 2.

Escrevia um dos diários que em São Paulo os cinemas eram procuradíssimos por famílias de todas as classes, principalmente crianças e senhoritas.

Ultimamente, alguns cinemas que se dizem familiares têm exibido fitas simplesmente indecorosas[1].

1. *O Comércio de São Paulo*, 15.1.1912, p. 3, «Vida Social».

Por isso algumas senhoras da melhor sociedade resolveram organizar uma liga contra os cinemas pornográficos.

Outra publicação reclamava do barulho feito pelo contra-regra do Íris-Theatre que imita os ruídos produzidos durante as fitas para lhes dar mais realidade. Os que sentam na primeira fila, "ficam quase surdos com o barulho de cavalaria produzido por um cavalo só..."[2]

No Velódromo era inaugurada uma quermesse em benefício da nova matriz da Consolação, com a instalação de muitas barranquinhas de prendas, correio-elegante, cineminha, etc.:

> Depois de amanhã, o Velódromo será franqueado ao público, desde às 5 horas da tarde, a fim de ser tirado um *film* cinematográfico do recinto, pavilhões, etc., o que será exibido, domingo no cinema da Quermesse[3].

No dia 11 de fevereiro, todos os cinemas e teatros de São Paulo deixaram de funcionar por motivo da morte do Barão do Rio Branco. Quatro dias depois, o Bijou exibia *Os Imponentes Funerais do Chanceler Barão do Rio Branco,* "fita de impecável nitidez tirada pelos cinematografistas P. Botelho & Cia., contendo além dos imponentes funerais, as manifestações de sentimento que o povo brasileiro demonstrou".

Estabelecia-se na cidade uma agência distribuidora de fitas que pretendia fazer sombra ao "poderoso trust" de Serrador:

AOS CINEMAS

Grande Empresa Cinematográfica JATAHY-CINE, Rio de Janeiro.

Abertura da firma em São Paulo, diretor-gerente, GUSTAVO PINFILD, Rua Quintino Bocaiúva n.º 4, Palacete Lara, elevador, 2.º andar, esquina da Rua Direita, São Paulo.

Sempre novidades — Alugam-se filmes de novidades de todos os fabricantes europeus e norte-americanos.

Preços e condições favoráveis, 6.000 *films* de *stock*[4].

Os empresários daquele tempo apelavam, nos seus anúncios, para os sentimentos familiares de decoro, respeito e seriedade, o que nem sempre espelhavam a verdade:

---

2. *O Pirralho* (São Paulo) nº 24, 20.1.1912, p. 11.
3. *O Comércio de São Paulo*, 8.2.1912, p. 3, «Quermesse».
4. *Idem*, 13.2.1912, p. 7.

AOS CINEMAS
Vende e aluga *films*

Grande empresa cinematographica Jahy-Cine Rio de Janeiro, filial em São Paulo, rua Quintino Bocayuva, 4-2.o andar. Gustavo Pinfildi, director-gerente.

CINEMA LIBERDADE
Rua da Liberdade, 38 e Rodrigo Silva, 41
A maior seriedade e respeito
Sessões Corridas desde ás 7 horas da noite
Programma escolhido todos os dias

Anúncio da Empresa Cinematográfica Jatahy-Cine (O Pirralho n.° 30 [SP], 2.3.1912, p. 14).

Anúncio do Cinema Liberdade (O Pirralho n.° 28 [SP], 17.2.1912, p. 14).

O Herói do Dia: Edu Chaves. (Traço do caricaturista paulistano Voltolino (O Piralho n.° 39 [SP], 4.5.1912).

O aviador Edu Chaves no seu aparelho (O Pirralho n.° 95 [SP], 14.6.1913, p. s/n.°).

A Aviação em S. Paulo

O HEROE DO DIA

CINEMA LIBERDADE

Praça da Liberdade, 38 e Rodrigo Silva, 41.

A maior seriedade e respeito. Sessões corridas desde à 7 horas da noite. Programa escolhido todos os dias[5].

Ou então este outro anúncio:

Neste popular cinema (Eldorado) impera a mais absoluta ORDEM E RESPEITO às exmas. famílias.

As fitas de atualidades filmadas por Antônio Campos e pelos irmãos Botelho primavam-se pela nitidez, oriunda não só da grande capacidade artesanal dos três cinegrafistas, como do bom e melhor material empregado. Na terça-feira de carnaval, o jovem Antônio Campos compareceu ao espigão da avenida para cinegrafar o *Corso de Carruagens na Avenida Paulista,*

belíssimo e completo *film,* conhecendo-se pela sua nitidez todos os cavalheiros, exmas. senhoras e senhoritas que tomaram parte no maravilhoso corso.

Outra filmagem de Campos, *A Fazenda do Brejão,* com lavoura de café "pertencente ao Dr. Vicente de Paula Monteiro de Barros, onde o Dr. Eduardo Prado passou uma grande parte de sua vida". Também de Antônio Campos as *Exéquias do Barão do Rio Branco em São Paulo,* realizadas no Santuário do Coração de Jesus e *A Quermesse no Velódromo,* exibida no Radium.

No dia 16 de março, "sob os auspícios da empresa Pascoal Segreto, foi franqueado ao público um interessante museu de figuras de cera":

MUSEU CIENTÍFICO ANATÔMICO

Rua Quinze de Novembro, 37

HOJE   e todos os dias   HOJE

Magnífica Exposição de Figuras de Cera representando

A VIDA FÍSICA DO GÊNERO HUMANO

Aberto das 10 horas da amanhã à meia-noite.

No interior do estabelecimento é que se vende a entrada para a seção científica anatômica.

Preço, 1$000

As crianças menores de 9 anos não pagam entradas[6].

---

5. *O Pirralho* (São Paulo) nº 28, 17.2.1912, p. 14.
6. *O Comércio de São Paulo,* 17.3.1912, p. 8.

Há ali coisas interessantíssimas — anotou *O Comércio* de 18 de março. Há muita naturalidade na posição e colaboração das figuras. Há índios, pretos, chineses, tasmanianos, suplícios da inquisição e a parte científica tem despertado a atenção dos médicos e todas as pessoas curiosas.

Os negócios cinematográficos iam bem. A empresa de Serrador publicava:

Aluga-se a 5$000 por dia os importantes films *Rosa Encarnada* e *Assassino de uma Alma*, da Pasquali, *O Esquife de Vidro*, da Éclair. Os pedidos podem ser feitos desde já à Cia. Cinematográfica Brasileira[7].

Outra empresa também fornecia fitas:

E D E N-C I N E M A

Rua de São Caetano, 11

HOJE　　　　　Grandioso sucesso　　　　　HOJE

Pela primeira vez em São Paulo

O CENTU'RIÃO DE SÃO JORGE

da Milano Film.

Drama histórico em 2 partes e 1.200 metros e outros filmes de grande sucesso da acreditada casa Empresa Cinematográfica Jatahy-Cine, filial em São Paulo, Rua Santa Ifigênia, 3-A.

AMANHÃ　　　　GRANDIOSA MATINÉ　　　　AMANHÃ[8].

Um grande anúncio de Serrador:

CINEMATÓGRAFO

PARA CASAS PARTICULARES, SOCIEDADES E COLÉGIOS.

A COMPANHIA CINEMATOGRÁFICA BRASILEIRA

acaba de receber uma grande remessa destes importantes aparelhos *Pathé Frères*, completos dos mais poderosos, prontos para funcionarem e que poderá vender pela módica importância de

R É I S　　　　900$000

Acompanhados de 15 fitas de assuntos variados.

Estes aparelhos constituem o mais delicado presente que se possa fazer a um amigo, a um parente ou a qualquer pessoa a que se queira demonstrar um afeto.

Além destes aparelhos, a Cia. Cinematográfica Brasileira recebeu também uma boa remessa de Cinemas para espetáculos públicos, dos mais modernos, bem como os afamados motores ASTER, dos quais é a única depositária em todo o Estado de São Paulo.

7. *Idem*, 20.3.1912, p. 7.
8. *Idem*, 30.3.1912, p. 7.

FITAS EM ALUGUEL

Sendo esta Cia. concessionária para o Estado de São Paulo de todas as fábricas mundiais, como sejam: Pathé Frères — Gaumont — Éclair Americ — Éclair — Ambrosio — Cines — Pasquali — Savoia — Ítala Film — Film d'Art — Nordisk — Biograph — Vitagraph — Edison — Messter — Lubin — Imp. Film — Wild West — Pharos — American Kinema — Realiance e todas as fitas de sucesso que se editam no mundo, é a única que pode alugar novidades no Estado de São Paulo.

Stock de 10 mil fitas, aumentado com 300 novidades que recebe todos os meses. Leiam os anúncios diários no *Estado de São Paulo,* seção teatral.

Compras, pedidos de catálogos e informações detalhadas, à Rua Brigadeiro Tobias, 52, São Paulo[9].

—

Na Semana Santa, o Bijou exibiu *O Mártir do Calvário,* fita francesa colorida, acompanhada por um coro de 24 pessoas de ambos os sexos, destacando-se as consagradas cantoras Mlle Ada Manery, que cantou a Ave Maria e Mlle Amália Rodriguez nos cânticos da Paixão, números ensaiados e dirigidos pelo maestro Carlo Pagliucchi, diretor da orquestra do Bijou.

Em fins de abril e princípios de maio os jornais paulistanos publicaram o inacreditável:

O VÔO DE EDU CHAVES

AUDACIOSA TRAVESSIA DO INTRÉPIDO AVIADOR — DE SÃO PAULO AO RIO EM AEROPLANO — TELEGRAMAS DO TRAJETO — ANSIEDADE — AFLIÇÃO — NÃO HÁ NOTÍCIAS DE EDU![10]

O aviador Edu Chaves, tipo calmo, corajoso e decidido, alto, de 1 metro e 88, pesando 90 quilos, musculoso, forte, às 11 horas da manhã do dia 28, saiu sozinho do prado da Mooca, passou por Mogi das Cruzes, Jacareí, São José dos Campos, Taubaté, Pindamonhangaba, Guaratinguetá, Cruzeiro, Queluz e em Barra Mansa desviou da rota, e ainda por falta de gasolina, teve que descer na Praia de Mangaratiba, às 5 horas da tarde, sendo socorrido por praieiros e pescadores do local.

Foi um delírio em São Paulo. Não se falou em outra coisa. Prepararam-se grande recepção no seu regresso, que foi no dia 8 de maio. O aviador compareceu ao Bijou para assistir *À Chegada do Aviador Brasileiro Edu Chaves,*

---

9. *Idem, ibidem.*
10. *Idem,* 29.4.1912, p. 1.

belíssimo e importante filme natural tirado por ocasião da grandiosa recepção e imponente manifestação feita ao nosso glorioso patrício no dia de sua chegada, depois do seu arrojado vôo de São Paulo ao Rio.

A fita foi tirada por Antônio Campos e a "exibição cinematográfica produziu grande entusiasmo entre os espectadores, que aclamaram vibrantemente o valente aviador patrício"[11].

Em São Paulo, duas músicas foram compostas em homenagem ao corajoso aviador, a valsa *Aviador*, de Manequinho Queiroz e a *schottish Edu Chaves*, da srta. Rolinha Meireles.

Em maio o Dr. Albuquerque Lins passava a presidência do Estado ao novo presidente Dr. Rodrigues Alves. Antônio Campos lá estava com a sua máquina e tripé para registrar o acontecimento: *A Posse do Dr. Rodrigues Alves*, "importante filme de interesse local tirado no dia 1.º de maio, por ocasião da entrega do governo ao novo presidente do Estado de São Paulo".

Outra filmagem de Antônio Campos, *A Festa Esportiva do Club de Regatas São Paulo e Tietê*, "interessante filme natural".

Também em maio a população italiana de São Paulo lotou o Parque Antárctica para ver um espetáculo inusitado, como que uma pequena amostra das grandes encenações italianas dos filmes históricos de Guazzoni ou Caserini:

FESTAS ROMANAS

No Parque Antarctica, às 2 horas da tarde de HOJE, serão exibidas cenas da antiga Roma no tempo dos Césares, tomando parte 500 pessoas, 90 cavalos, 8 carros bigas, liteiras, etc.

Haverá lutas de gladiadores, corridas de bárbaros a cavalo, lutas de Hércules, jogos olímpicos, corridas de bigas romanas, um cortejo histórico acompanhando César no seu carro triunfal no grande Coliseu, etc.

Os vestuários e material apresentados serão novos, riquíssimos e no rigor da época.

Pela primeira vez em São Paulo. Tudo ao vivo.

Preços

Veículo, 10$000 — Cavaleiros e bicicletas, 5$000 — Arquibancadas, 5$000 — Bancos, 3$000 — Entrada geral, 2$000 — Crianças, 1$000[12].

11. *Idem*, 10.5.1912, p. 1, «Edu Chaves Continua em Foco».
12. *Idem*, 18.5.1912, p. 4.

Do Rio de Janeiro vinha outra agência fornecedora de fitas disposta a enfrentar o todo-poderoso Serrador:

EMPRESA CINEMATOGRÁFICA
DE
ANGELINO STAMILE

Rua Quinze de Novembro, 16 — São Paulo

Sucursal do CINEMA OUVIDOR, da Capital Federal.

Empresa de maior importação no Brasil, com agentes em todos os Estados do Brasil, com as marcas registradas para uso exclusivo de seu comércio Biograph e Vitagraph. Importação direta de todas as melhores fábricas americanas, francesas, alemãs e austríacas. Esta empresa, possuidora de mais de um milhão de metros de filmes, recebendo semanalmente mais de 40 novidades, com agente especial em New York, Paris e Roma, acha-se aparelhada para fornecer em São Paulo e em todo o Estado, a qualquer empresa ou a qualquer casa que nos queira dar sua preferência.

Vendem-se, alugam-se e fazem contratos com exclusividade para esta ou aquela zona, e para informação em São Paulo, no escritório com os diretores JOSÉ DE SALERNO e VICENTE TAVOLI, gerente. Temos já organizados 300 programas com filmes completamente novos para São Paulo para início do negócio, e temos já à disposição os filmes sensacionais de 1.000 metros com os seguintes títulos:

O PENHOR DO BEIJO — DRAMA NO FUNDO DO MAR — AMOR ILÍCITO — LEVIANDADE — NO CAMINHO DA PERDIÇÃO — OS ENSINAMENTOS DE CRISTO REDENTOR — ESCRAVO DE AMOR — NOIVADO FATAL — AMOR MASCARADO — DOMINÓS BRANCOS e VÍTIMAS DO HIPNOTISMO.

Aviso: — Aos proprietários de cinematógrafos e interessados, que a Empresa Stamile é representante exclusiva no Brasil de várias fábricas de filmes cinematográficos americanos e das colossais fábricas Biograph e Vitagraph. A pedido de nossos fregueses expomos à vista do público nas vitrinas do *Estado de São Paulo* e *Fanfulla,* os respectivos contratos.

Rua Quinze de Novembro, 16, sobrado, São Paulo[13].

Mas Serrador não descuidava de seus prósperos negócios:

A Cia. Cinematográfica Brasileira adquiriu ontem por escritura pública lavrada nas notas do tabelião Claro Liberato de Macedo, pela quantia de 100:000$000, o prédio e terreno sito à Rua Correia de Melo, onde funciona a Cia. Gráfica de Duprat & Cia., tencionando ali construir um teatro modelo, com todas as comodidades para as exmas. famílias[14].

13. *Idem,* 19.5.1912, p. 8.
14. *Idem,* 16.7.1912, p. 4, «Novo Teatro».

Pelo que pudemos constatar, foi o exibidor Jácomo Rosário Staffa quem mais levou Serrador às barras dos tribunais, tanto em São Paulo como no Rio. Os dois empresários tiveram na justiça os maiores *arranca-rabos* na história dos direitos de exclusividade cinematográfica no Brasil:

A Cia. Cinematográfica Brasileira, proprietária dos cinemas Odeon, Pathé e Avenida, do Rio de Janeiro, por intermédio do seu advogado, Dr. Domingos Louzada, requereu ao Dr. Raul Martins, juiz federal da 1.ª vara, um interdito proibitório para garantir a livre exibição em suas casas de diversões das fitas cinematográficas que importa do estrangeiro, da fábrica Nordisk, de Copenhague. Porque o Sr. J. R. Staffa, proprietário do cinema Parisiense, se diz com direitos exclusivos de exibir no Brasil os filmes da referida fábrica.

O Dr. Raul Martins tomou conhecimento do pedido e deferiu a petição concedendo o necessário mandato de manutenção e intimou o Sr. J. Staffa para que desista de qualquer ato que possa turbar a posse da Cia., sob pena de pagar à suplicante a multa de 50:000$000, por infração, além das perdas, danos e custas.

O mandato ontem foi cumprido pelos oficiais do juízo[15].

Uma fita nacional de grande metragem era exibida em São Paulo:

BIJOU-THEATRE

HOJE   Segunda-feira, 23 de setembro de 1912   HOJE
em sessão única

Será exibido o grandioso filme artístico nacional da fábrica BRASIL FILM, com 1.200 metros de extensão e 3 atos, intitulado

MIL E QUATROCENTOS CONTOS
— ou —
O CASO DOS CAIXOTES

Em que é fielmente reproduzido em seus verdadeiros cenários o já célebre, sensacional e conhecido caso. Posado pelos artistas BEATRIZ MARTINS, AMÉLIA REIS, ÁLVARO COSTA, ANTÔNIO RAMOS, CARLOS ABREU, ALBERTO GHIRRA, SAMUEL ROSALVOS, AVELAR PEREIRA e MACHADO.

Admirável trabalho cinematográfico do hábil profissional PAULINHO BOTELHO, sob indicações de CÂNDIDO DE CASTRO no Rio, Santos e São Paulo.

Amanhã: Exibição do importante e interessantíssimo filme natural, reproduzindo fielmente

OS ÚLTIMOS ACONTECIMENTOS NO NORTE DE PORTUGAL[16].

Outra vez os dois turrões Serrador e Staffa voltavam à justiça:

15. *Idem*, 24.8.1912, p. 6.
16. *Idem*, 23.9.1912, p. 7.

O Sr. J. R. Staffa, representante no Brasil da Internazionale Film Vertillo, de Franckfort, requereu perante o Dr. Augusto Leite, 1.º delegado auxiliar, busca e apreensão da fita *A Dama da Serpente*, que ia ser exibida no Bijou-Theatre e isso porque tinha direitos autorais, como representante da fábrica, sobre a fita aludida.

Diante dos documentos exibidos, o Dr. Leite decretou a busca. Ao dar início à diligência, o Sr. F. Serrador, como representante da Cia. Cinematográfica Brasileira, declarou ter sido a fita aludida adquirida na Europa pelo seu representante, tendo sido a mesma exibida nesta Capital, nos cinemas da Cia.

No momento, porém, não podia exibir à autoridade, por ter sido despachada para Ribeirão Preto; estava, porém, à espera ontem mesmo, de uma fita idêntica que lhe fora remetida do Rio.

À noite, o Dr. Leite ia efetuar a busca, quando o sr. secretário da Justiça recebeu um ofício do juiz federal comunicando ter concedido manutenção de posse à Cia. Brasileira.

Diante disso, a autoridade deixou de realizar a diligência[17].

Um jornal escrevia contra o excesso de lotação dos 45 cinemas da Capital. Argumentava que os preços das entradas, muito reduzidos, atraíam todas as classes, ricas e pobres e os salões enchiam à cunha, acima da lotação prevista, podendo esse fato algum dia causar acidentes lamentáveis. A fiscalização deveria ser mais rigorosa com as empresas que vendem entradas em número superior à lotação, concluía a nota.

No final do ano a Cia. Sports & Atrações inaugurava um salão de patinação para os lados da aristocrática Vila Buarque:

SKATING PALACE

Praça da República n.º 50

Patinação de Luxo
2 sessões por dia

3 1/2 da tarde até 6 horas — 8 horas até 1 hora da manhã
CINEMATÓGRAFO GRATUITAMENTE

Durante as Sessões

Filmes da Cia. Internacional Cinematográfica pela primeira vez exibidas em São Paulo.

Preços nos dias úteis:

Entradas de tarde, 1$500 — Entradas de noite, 2$000 — Patinação, 1$000 — Camarotes com 4 entradas, 8$000.

A administração se reserva o direito de impedir a entrada a quem julgar conveniente[18].

Fitas nacionais exibidas no segundo semestre: *Exercícios de Ginástica Sueca pela Brigada Policial do Rio*,

17. *Idem*, 27.9.1912, p. 4, «A Dança da Serpente».
18. *Idem*, 31.12.1912, p. 9.

de Alberto Botelho, *Manufatura de Fumos de Costa Ferreira & Pena*, "filme natural tirado na Bahia", *Festas do Dia 14 de Julho no Rio de Janeiro*, tirada durante a comemoração do 44.º aniversário do Jockey Club, *Parada Militar da Força Pública*, em 2 séries, filmada por Paulino Botelho no prado da Mooca, *Grande Desastre na Central do Brasil*, filmado no local do pavoroso desastre no dia 31 de julho, *A Parada Militar em 15 de Novembro no Rio*, "nitidamente produzido pelo hábil operador A. Botelho", e vários números da fita da Brasil Film, *Cine-Jornal Brasil, Cristo no Júri*, filmado por Antônio Campos, vendo-se a grande multidão acompanhando a procissão que saiu de uma capela da Rua Vieira de Carvalho, atravessou a cidade, indo até ao Fórum Criminal, onde a imagem foi entronizada, *Os Festejos Escolares de 7 de Setembro*, de Antônio Campos, *Festa Esportiva do São Paulo Atletic Club*, de Campos e *Match de Football entre Paulistano x Americano*, de Campos.

Mas, infelizmente, a verdade é que essa produção nacional tornava-se liliputiana diante das grandes metragens do mercado internacional exibidas em todos os cinemas de São Paulo. Os freqüentadores já conheciam e admiravam os seus artistas favoritos, os grandes nomes da tela de então, Asta Nielsen, Alberto Capozzi, Vitoria Lepanto, Waldemar Psilander, Capellani, Gustavo Serena, Pina Fabri, Henny Porten, Adriana Costamagna e outros.

Por um levantamento que fizemos das fitas de 1912, ficamos inteirados de que o público paulistano tinha suas preferências pela comédia. Em uma cidade onde se trabalhava 12 horas por dia, o riso tornava-se uma necessidade. Apesar da grande influência italiana, o cômico querido de todos, homens, mulheres e crianças, não podia deixar de ser o francês Max Linder, o elegante *Rei do Riso*. Depois vinham os outros, italianos e franceses, com nomes curtos e engraçados, cada qual com suas caretas e maneiras de fazer rir, Bigodinho, Boireau *(Did ou Cretinetti na Itália)*, Robinet, Polidor, Tontolini, Pik-Nik, Totó, Calino, Willy, Bertoldinho, Abelardo, Kri-Kri, Firuli, Gontran, Riri, Bebê, Rosália, Léa, Nick Winter, Bonifácio, Gavroche, Zé Caipora, Fagulhas, João Bobo, Zezinho, Dranem, Bentoca, Emília, Testadurillo, Little Moritz, Pancrácio, Boucot, Passepartout e até... Mistinguett!

Algumas comédias de sucesso: *Max Bandido por Amor, Max Vítima da Quinquina, Bigodinho Rico e Pobre, Boireau e a Filha do Vizinho, Polidor Furtou um Pato, Gavroche e sua Sogra, O Automóvel do Fagulhas, Perei-*

rinha entre os Leões, Robinet Grevista, Contran Candidato Pacifista, Willy quer Igualar Nick Carter, Totó e o Ovo de Páscoa, Rosália Achou um Emprego, João Bobo Mata sua Sogra, Firuli Apache, Tontolini Veste-se Barato, Calino quer ser Cowboy, O Automóvel do Zé Caipora, Léa Telefonista, Pik-Nik Professor de Box, Nick Winter contra o Banqueiro Werb, Bigodinho Tenor, Totó Entusiasmado pela Nova Moda, Gontran Professor de Flauta, O Terrível Zezinho Campeão de Jiu-Jitsu, Zé Caipora Quer ser um Homem Chic, etc. etc.

Bigodinho (Charles Prince), ou ainda Rigadin, foi com Max Linder e André Deed, os maiores cômicos cinematográficos de antes da Primeira Grande Guerra Mundial.

1913: DOMÍNIO DA COMPANHIA CINEMATOGRÁFICA BRASILEIRA

A Cia. Cinematográfica Brasileira faz uma emissão de 600 contos de réis em 6.000 obrigações ao portador, no valor nominal de 100$000, com juros de 8% a.a., lançado nesta praça por intermédio da S.A. Comercial e Bancária Leônidas Moreira.
A inscrição será aberta hoje ao meio-dia e encerrada meia hora depois.
O Comércio de São Paulo, 3.4.1913, p. 4.

Escreveu *Zé Silva* em *O Pirralho* (n.º 75, 25 de janeiro) que:

São Paulo antigo não tinha bondes elétricos, automóveis, cinematógrafo, luz elétrica, e hoje além de tudo isso tem a Academia

Paulista de Letras, o Burjonas, o Wencesgau, o Jota Jota e muitas outras coisas, tais como aturar as campainhas barulhentas dos nossos cinemas.

Esqueceu-se, porém, o cronista de mencionar uma das manias do paulistano, o *football*. Tanto que no dia 26 de janeiro foi anunciado pela primeira vez na Capital um *match* em benefício da Cruz Vermelha, entre rapazes e... senhoritas. O quadro das moças chegou a ser noticiado:

Graciema Pinto
Lili Cardoso — Laura Varela
Heloísa Castelar — Zuleika Castelar — Marieta Silva Lopez
Lili Pena — Angelina Lopes — Ruth Arantes — Zaíra Ponte e
Beatriz Conceição.

O Velódromo ficou "cheio como um ovo". Às 16 horas, os *teams* entraram em campo debaixo de prolongadas palmas da assistência,

que não soube esconder a sua surpresa vendo no *field*, ao invés de senhoritas, destemidos rapazes metidos em trajes... femininos e com as faces totalmente mascaradas, à força do *carmin* e outros preparados da moda... Foi um logro que os moços do *Americano* prepararam... Mas como era benefício, o público aceitou com risadas e palmas o logro[1].

Outra mania (podemos substituir pela palavra *orgulho*) do paulistano era o corso da Avenida Paulista, realizado aos domingos, que passou a ser o divertimento mais alegre e mais elegante em que tomavam parte as famílias dos ricos industriais, comerciantes e fazendeiros de café.

No carnaval foi exibida no Radium a fita *O Corso de 1913 na Avenida Paulista*, numa filmagem nítida de Antônio Campos, vendo-se mais de 800 veículos entre carruagens e automóveis. Na mesma ocasião o Íris-Theatre apresentou *O Carnaval no Rio em 1913*, "de nitidez impecável tirado pela fábrica Brasil Film, dos irmãos Botelho".

Um princípio de incêndio andou assustando os assistentes do High-Life Cinema, na sessão das 8 horas da noite de 12 de fevereiro. Uma fita pegou fogo e todos correram para a rua. Felizmente, o incêndio não passou da cabina.

1. *O Comércio de São Paulo*, 27.1.1913, p. 4, «Os Sports».

A propósito do acidente, o redator dos "Fatos Diversos" comparou os cinemas daqui com os da Europa, onde os operadores são submetidos a rigorosos exames de capacidade profissional, para evitar acidentes constantes nas cabinas, como aconteceu no Largo do Arouche.

Outra falha nos nossos cinemas — continuava o redator — é a ausência de um aparelho automático para enrolar as fitas acompanhando o cilindro que as desenrola durante a passagem pela lente. Em todos os cinemas da Europa e em alguns do Rio, terminada a exibição, a fita está novamente enrolada e pronta para entrar na competente caixa de folha para evitar acidentes.

Aqui em São Paulo, as fitas são enroladas *a mão* ficando elas desenroladas durante a exibição, dentro de um saco que o operador coloca sobre o aparelho. Se incendiar a parte da fita que passa pela lente, é também destruída, com a rapidez do relâmpago, a parte desenrolada dentro do saco, pois é sabido que a composição química empregada na fabricação das fitas é tão inflamável quanto a pólvora![2]

Felizmente, o High-Life escapou do fogo e dias depois a empresa anunciava jubilosa a chegada da Europa do mecânico encarregado de instalar na sua cabina um novo sistema de cores:

HIGH-LIFE THEATRE
Cia. Kinemacolor
Praça Alexandre Herculano ns. 65 e 67

Primeira exibição desta assombrosa descoberta do sábio inglês URBAN SMITH, de exclusividade da Cia. Kinemacolor de São Paulo. Programa único que será exibido em 3 espetáculos: 7 1/2, 8 1/2 e 9 1/2 horas.

O MOMENTO SOLENE — Drama da Ítala Film em 2 atos.

UM ESTUDO SOBRE OS ANIMAIS — natural.

O DESABROCHAR DAS FLORES — natural.

Camarotes, 5$000 — Cadeiras, 1$000 — Não há meias entradas e ficam suspensas as permanentes até segunda ordem.

AMANHÃ — Novos filmes (Kinemacolor)

A FEITICEIRA (ou A FILHA DO DIABO) — grande sucesso da Nordisk[3].

Os críticos elogiaram o processo de coloração que era feito por meio de filtros giratórios de diversas cores.

O novo sistema de projeção, que conserva nitidamente a cor natural das pessoas e cousas estampadas, ao contrário das outras

2. *Idem*, 13.2.1913, p. 3, «Os Cinematógrafos».
3. *Idem*, 28.2.1913, p. 9.

High-Life Theatre
Companhia Kinemacolor
Praça Alexandre Herculano

HOJE — Sabbado 1. de Março — **HOJE**

Noves ... s KINEMACOLOR e um sensacional programma com Films «Nordisk» e o...
...tantes fabricas. — Já está confeccionado com grande apuro e fino gosto artistico um...
...na devéras sensacional para o espectaculo CHIC de AMANHÃ no qual está incluid...
...le Nordisk de ruidoso successo

A Feiticeira ou a Filha do Diabo

PREÇOS — Camarotes 5$000 — Cadeiras 1$000 — Não ha meias entradas e ficam suspensos os permanentes até segunda ordem. — PREÇOS

Anúncio do High-Life Theatre (O Pirralho n.° 81 [SP], 8.3.1913).

Anúncio da Cia. Cinematográfica Brasileira. (O Pirralho n.° 158 [SP] 24.10.1914).

Companhia Cinematographica Brasileira
SOCIEDADE ANONYMA

Capital realisado Rs. 4.000:000$000 === Fundo de reserva Rs. 1.080:000$000

THEATROS

S. Paulo: BIJOU THEATRE, BIJOU-SALON, IRIS-THEATRE, RADIUM-CINEMA, CHANTECLER-THEATRE, THEATRO SÃO PAULO, IDEAL CINEMA, THEATRO COLOMBO, COLYSEU DOS CAMPOS ELYSEOS, SMART CINEMA

Rio de Janeiro: CINEMA-PATHÉ, CINEMA-ODEON, CINEMA-AVENIDA, THEATRO S. PEDRO, CANTARA

Em Nictheroy: EDEN-CINEMA — **Bello Horizonte:** CINEMA-COMMERCIO — **Juiz de Fóra:** POLYTHEAM...
Santos: COLYSEU SANTISTA — THEATRO GUARANY

THEATROS

POLYTHEAMA, S. Paulo — THEATRO S. JOSÉ, S. Paulo — PALACE THEATRE, Rio de Janeiro
Em combinação com diversos Theatros da America do Sul

Importação directa dos Films das mais importantes Fabricas

...ordisk, Ambrosio Itala, Pharos, Bioscop, Selig, Nester, Durks e todos os films de successo editados no mundo Cinematog...
...usivamente para todo o BRASIL os films das principaes fabricas do mundo!!! 36 marcas... 70 novidades por
Stock de fitas, 6.000.000 de metros. Compras mensaes, 250.000 metros.

Unica depositaria dos celebres Apparelhos PATHÉ FRÈRES. Cinemas KOKS proprios para Salões em casa de Familias.

Alugam-se e fazem-se contractos de fitas

Séde em S. PAULO - Rua Brigadeiro Tobias, 52 - Succursal no RIO: Rua S. José, 11
Agencias em todos os Estados do Brasil

gravuras, que só têm cores preta e branca, está destinado ao maior sucesso na cinematografia.

Quem não gostou daquela história do kinemacolor foi o empresário Serrador, que não estava longe de ser o Pinheiro Machado da Cia. Cinematográfica Brasileira. Ele anunciou em um dos cinemas da sua rede, o Radium, a exibição da fita *Tempestade de Almas*, de 1.200 metros em 3 atos, da *Pathécolor*,

novo colorido a cores naturais que a invencível casa *Pathé* inventou e que é o único QUE NÃO FAZ MAL À VISTA NEM CANSA OS ESPECTADORES, E É DE PROPRIEDADE EXCLUSIVA DA CIA. CINEMATOGRÁFICA BRASILEIRA.

Outro cinema de Serrador, o Bijou exibiu *Zazá*, "interpretado por artistas franceses e todo colorido a cores naturais, da nova invenção *Pathécolor*, que é o único colorido que não faz mal à vista, e faz sobressair tudo por mais pequeno que seja", martelava repetidamente a máquina da propaganda de Serrador.

No fim de março, o presidente do Estado, Dr. Rodrigues Alves, abria as portas do palácio para receber uma comissão da Liga de Resistência Contra os Monopólios, que viera entregar-lhe um manifesto contra a carestia, com mais de 700 assinaturas.

O curioso manifesto, entre outras sugestões, pedia que se lançasse

impostos proibitivos sobre o comércio de bebidas alcoólicas e sobrecarregasse de impostos os cinematógrafos e outras casas de diversões que, segundo a tendência da época, são pouco mais ou menos coeficientes de corrupção social[4].

Os músicos de São Paulo se movimentavam. Este anúncio antecipava, por um mês, uma situação que iria se agravar mais tarde:

QUINTETO

Precisa-se de um bom quinteto para tocar em cinema. Tratar-se à Rua da Glória n.º 144, das 7 às 10 horas da manhã[5].

No dia 1.º de abril, o Centro Musical de São Paulo, associação em que estavam filiados todos os músicos

---
4. *Idem*, 30.3.1913, p. 1, «Carestia da Vida».
5. *Idem*, 3.3.1913,. p. 6.

profissionais da Capital, entrou em greve porque os proprietários de cinemas não aceitaram a tabela com os ordenados mínimos dos executantes.

Dos 45 cinemas da cidade,

só os cinemas Ambrósio, Eden e Edison aceitaram a tabela do Centro e por isso estão funcionando com suas orquestras completas. Os espetáculos de ontem foram sem músicos, a não ser uns dois ou três que conseguiram arranjar amadores ou pianistas[6].

Mas a antiga empresa de Serrador crescia, prosperava e aumentava o seu capital, conforme comunicação de página inteira nos jornais:

CIA. CINEMATOGRÁFICA BRASILEIRA
Sede, São Paulo, Estado de São Paulo, Brasil.

Capital realizado, 4.000:000$000. Juros anuais a 8%, resgatáveis no prazo de 5 anos. Tipo de emissão, 93%.

São Paulo, 25 de março de 1913.

Os diretores: Dr. Antônio Cândido de Camargo, presidente — Antônio Bittencourt Filho, gerente — Francisco Serrador, gerente — Antônio Gadotti, tesoureiro — Leônidas Moreira, corretor oficial. Sociedade Anônima fundada em 29 de junho de 1911 por assembléia geral. O seu capital era de 2.000:000$000, foi elevado para 4.000:000$000.

A Cia. dispõe de importantíssimos estabelecimentos cinematográficos: Avenida e Odeon, na Capital Federal; Iris, Bijou, Radium, Teatro Rio Branco, Pavilhão Campos Elísios, Smart, Ideal e Teatro Colombo, em São Paulo; Teatro Guarany e Coliseu Santista, em Santos; cinema Comércio, em Belo Horizonte; cinema Polytheama, em Juiz de Fora; Eden Cinema, em Niterói, além de outros de menos importância.

Tendo ainda em construção e quase concluídos em São Paulo o Marconi Theatre e o Pathé Palace.

Possui outra importante fonte de rendas qual seja a do aluguel de filmes, sendo o movimento numa metragem de sete milhões de metros que está em circulação (viagem) do Extremo Norte ao Extremo Sul do Brasil.

Os lucros da Cia. são muitíssimo apreciáveis, possuindo ela condições financeiras das mais invejáveis e mais prósperas e, ao ponto de ter dividido aos acionistas nos três primeiros semestres, um dividendo de 25% e igual dividendo vai distribuir no quarto semestre.

Os lucros demonstrados em progressão ascendente são os seguintes:

1.º trimestre de julho a setembro de 1911 — 150:419$674.
2.º trimestre de outubro a dezembro 1911 — 151:432$571.
3.º trimestre de janeiro a março 1912 — 144:161$638.

6. *Idem*, 2.4.1913, p. 4, «A Greve dos Músicos».

4.º trimestre de abril a junho   1912 — 230:992$478.
Semestre   julho a dezembro   1912 — 652:983$770.

Para a presente emissão, dá em primeira e única hipoteca e oferece como garantia:

    a) Marconi Theatre, Rua Correia de Melo n.º 6, prédio em construção, sólido e elegante.

    b) Teatro Rio Branco, Rua General Osório n.º 73.

    c) Ideal Cinema, Rua do Gasômetro ns. 35 e 37.

    d) Coliseu Santista, em Santos.

    e) Frontão Curitibano, em Curitiba.

        e em penhor e caução:

    a) Íris-Theatre, Rua Quinze de Novembro n.º 52.

    b) Radium-Cinema, Rua de São Bento n.º 59.

    c) Pavilhão Campos Elísios, Alameda Nothmann.

    d) Pathé Palace (em construção) Rua Rodrigo Silva.

    e) Smart Cinema, Praça Alexandre Herculano n.º 26.

    f) Teatro São Paulo, Praça de São Paulo.

    g) Teatro Colombo (contrato de sublocação) Largo da Concórdia.

e todos os cinemas que funcionam em Santos, Rio de Janeiro, Niterói , Belo Horizonte e Juiz de Fora; e todo o *stock* de armações, instalações elétricas, materiais de oficinas e laboratórios, máquinas, acessórios cinematográficos e demais materiais de projeções animadas, fitas novas e em uso, etc.

A inscrição já foi feita no Registro Geral de Hipotecas da 1.ª Circunscrição da Comarca de São Paulo sob o número ....

A subscrição é aberta às 12 horas e encerrará às 12,30 do dia 3 de abril de 1913, na S. A. Comercial e Bancária Leônidas Moreira, à Rua Álvares Penteado n.º 50, onde serão feitas as entradas das obrigações emitidas.

São Paulo, 25 de março de 1913
Os Diretores[7].

Mais um teatro inaugurado por Serrador:

CIA. CINEMATOGRÁFICA BRASILEIRA

Inauguração do magnífico e moderno
P A T H É   P A L A C E
Praça João Mendes
Extraordinários espetáculos com grandes atrações.
Novidades todos os dias

ARTE   LUXO   CONFORTO

Estréia a 30 de maio de 1913   Estréia[8].

7. *Idem*, 3.4.1913, p. 12.
8. *Idem*, 27.5.1913, p. 9.

Foram exibidos quatro filmes e diversos números de café-concerto: Os Geraldos, "maravilhoso dueto luso-brasileiro que acaba de chegar da Europa, onde causou o maior e mais justificado sucesso, principalmente em Paris"; os duetistas internacionais *Paris Chantecler* e os acrobatas Arbraar & Parther, Preços: frisas e camarotes com 5 entradas, 5$000 — cadeiras, 1$000 — gerais, 500 réis.

Denunciava o redator de *O Comércio* (16 de maio, p. 4) que

a polícia de costumes, seção criada pelas nossas autoridades, deveria proibir a venda de livros ou folhetos imorais e cheios de gravuras obscenas, que pelo seu preço reduzido, são vendidos nos cafés-concerto aos adultos e às crianças inconscientes.

O delegado Dr. Rudge Ramos, encarregado das diversões públicas, ouviu a queixa e foi mais longe. Descobriu que a corrupção também campeava nos cinemas e surpreendeu o operador Armando Bertoni em um cinema do Bexiga, o Savoia Theatre, exibindo fitas pornográficas depois das sessões habituais, cobrando 2$000 a entrada. O delegado apreendeu 10 fitas obscenas (que foram retalhadas a tesoura) e multou em 200$000 cada um, o operador e o proprietário Sr. Alberto Caldas.

Um dia o comediante Boireau (André Deed) veio a São Paulo:

CIA. CINEMATOGRÁFICA BRASILEIRA

Quarta-feira, 25 de junho de 1913.

Grande acontecimento teatral-cinematográfico.

E S T R É I A

do querido e universalmente conhecido cômico

A N D R É   D E E D

(Boireau)

EM CARNE E OSSO

que dará com a sua *troupe*, de que faz parte

MME. FRASCAROLLI DEED

no elegante e confortável

P A T H É   P A L A C E[9].

Deed não pôde estrear na data anunciada, pois as suas bagagens não chegaram a tempo. Ficou para o dia

9. *Idem*, 22.6.1913, p. 8.

Companhia Cinematographica Brasileira

Cia. Cinematográfica Brasileira — Os membros da diretoria. Francisco Serrador é o terceiro de pé, a partir da esquerda. (O Pirralho n.º 107 [SP] 6.9.1913).

O cômico Boireau (André Deed), ex-acrobata e cantor, veio a São Paulo, apresentando-se nos cinemas de Serrador.

O Senador Pinheiro Machado, chefe do Partido Republicano, dominou por completo a política nacional de 1910 a 1915.

seguinte. Preços cobrados: frisas e camarotes, 15$000; cadeiras, 3$000 e gerais, 1$000.

A sua *troupe* constituía-se de poucos artistas: Mme Frascarolli, F. Arnery, Franco Magliani (que ficou no Brasil, onde dirigiu mais tarde o filme de Leal, *Lucíola)*, Louis Deed, Marcel, etc. Sua temporada de poucos dias no Pathé Palace e no Polytheama foi um grande sucesso:

O conhecido e aplaudido Boireau, fez rir a bandeiras despregadas toda a assistência, especialmente a petizada[10].

Fitas nacionais exibidas no primeira semestre: *A Grande Ressaca em 8 de Março e seus Efeitos no Rio de Janeiro*, "de uma grande nitidez", tirado pelos irmãos Botelho, *Experiência da Dinamite Ideal Fabricada por Scarpia Lima & Cia. de Sorocaba*, "interessante filme natural tirado pelo hábil operador Sr. A. Campos", *As Festas do Espéria em 30 de Março*, também de Campos, *Ascensão em Funicular da Montanha Corcovado do Rio de Janeiro*, pelo operador Júlio Ferrez, *Estação Hidromineral de Cambuquira*, de Alberto Botelho, *A Procissão de Corpus-Christ em São Paulo*, de Antônio Campos, *Preito de Gratidão ao Dr. Pereira Passos*, de A. Botelho, *Uma Ascensão ao Corcovado*, filme colorido, *Comemoração da Batalha do Riachuelo*, filmada no Rio, *Uma Visita ao Instituto Serumterápico de São Paulo*, tirado por um operador da Gaumont, *Passeio na Baía do Rio de Janeiro*, de Júlio Ferrez sobre o passeio de hidroplano que o Presidente Marechal Hermes deu na Baía da Guanabara, e vários números do *Cine-Jornal Brasil*, dos irmãos Botelho.

Em julho, o prefeito de São Paulo e autoridades, todos encasacados e solenes, inauguravam o viaduto de Santa Efigênia, onde foi colocada uma placa de ferro com estes dizeres:

ENTREGUE AO TRÂNSITO PÚBLICO PELO PREFEITO DO MUNICÍPIO RAYMUNDO DUPRAT A 26 DE JULHO DE 1913.

Pois bem, quatro dias depois era praticado ali o primeiro suicídio. Carmen Camera, de 21 anos de idade, solteira, moradora à Rua de São João n.º 174, trabalhava como costureira em uma fábrica de coletes na Praça da República. Por motivos ignorados, atirou-se do viaduto, tendo morte quase instantânea. Por um desses caprichos estranhos e imprevistos, a infeliz mocinha estivera

10. *Idem*, 28.6.1913,. p. 4, «Ribaltas e Gambiarras».

anteontem à noite, acompanhada por uma tia, em um cinema e ali se divertira, rindo-se a valer de algumas fitas cômicas apresentadas[11].

No quartel da Força Pública, no bairro da Luz foi inaugurada no dia 12 de agosto, uma instalação completa de cinematógrafo e respectivos programas, cedida pela Cia. Cinematográfica Brasileira ao Dr. Sampaio Vidal, secretário da Segurança Pública.

O centro da cidade ia ganhar mais uma sala de espetáculos:

SCALA-THEATRE

Rua Barão de Itapetininga n.º 14

Sábado, 16 de agosto de 1913

Assombroso sucesso

INAUGURAÇÃO

Às 7 horas da noite

O mais aristocrático teatro de São Paulo

600 poltronas!

80 camarotes!

80 frisas!

Será exibido o mais portentoso trabalho cinematográfico

ÓDIO HUMANO

3.000 metros

8 partes[12].

Ali perto, no Largo do Paissandu, pontilhado de casas de divertimentos e de tolerância, ficava um café-concerto de Pascoal Segreto, onde foi exibida uma fita brasileira de enredo:

TEATRO VARIEDADES

Largo do Paissandu

Empresa Pascoal Segreto

HOJE   29 de agosto de 1913   HOJE

Extraordinário sucesso com a primorosa exibição do grandioso filmes em 3 partes, 1.500 metros (reais) e 220 quadros

UM CRIME SENSACIONAL

Emocionante drama de atualidade ocorrido recentemente no Rio de Janeiro.

Produção exclusiva da BRASIL FILM sob indicações de LUIZ ROCHA.

11. *Idem*, 1.8.1913, p. 4, «Os Cansados da Vida».
12. *Idem*, 13.8.1913, p. 7.

É o filme que despertou a maior curiosidade e sensação no público carioca, sendo exibido contemporaneamente, no Teatro São Pedro e no Pavilhão Internacional.

Espetáculos por sessões
das 7 horas em diante

Preços das localidades, para cada sessão:

Frisas, 4 entradas, 5$000 — Camarotes, 4 entradas, 4$000 — Cadeiras, 1$000 — Gerais, 500 réis[13].

Esta fita, segundo Alex Viany[14], também teve o título de *O Crime de Paula Matos,* foi dirigida por Paulino Botelho e contou com o desempenho de Antônio Ramos, Luísa de Oliveira, Mário Aroso, Judith Saldanha, Luís Rocha, Samuel Rosalvos e Mendonça Balsemão.

O Teatro São José apresentou o Trio Alegre (composto de João Phoca, Raul Pederneiras e Luís Peixoto). No palco, o primeiro fazia suas esplêndidas imitações, dizia monólogos, versinhos, fábulas e contava anedotas, enquanto a dupla Raul-Luís traçava caricaturas instantâneas de literatos, artistas, políticos, tipos populares e personalidades conhecidas. O preço era de: frisa, 15$000; camarote, 12$000; cadeira, 3$000; balcão e anfiteatro, 2$000 e geral, 1$000.

Um grande produção francesa era anunciada atrás do Largo da Sé:

CINEMA CONGRESSO

Rua do Teatro ns. 9 e 11 (Praça Dr. João Mendes)

Empresa — Giovanni Caruggi

Dias 18, 20 e 21 do corrente, exibição do assombroso filme policial da Éclair

PROTEA

2.500 metros em 5 partes

Cativante!

Sensacional!

N. B. — Este filme, cuja aquisição custou-nos mais de 30.000 francos, será também exibido por conta de nossa Empresa nos dias 18, 19, 20 e 21 do corrente mês, no Teatro Variedades (Largo do Paissandu) e nos dias 20 e 21 no cinema Campos Sales, no Bexiga.

Para informações, locação, dirigir-se à Empresa do cinema Congresso, única concessionária para todo o Estado de São Paulo[15].

13. *Idem*, 29.8.1913, p. 7.
14. VIANY, Alex. *Introdução ao Cinema Brasileiro*. Rio, MEC-Instituto Nacional do Livro, 1959, pp. 38 e 202, com duas cenas na parte iconográfica.
15. *O Comércio de São Paulo*, 14.9.1913, p. 9.

PROPHECIA DO «PIRRALHO»
Si o Pinheiro triumphar

PROFECIA DO PIRRALHO
SE O PINHEIRO TRIUNFAR
— A camisa também...

(Charge de Voltolino) (O Pirralho n.° 94 [SP], 7.6.1913).

O exibidor e importador Staffa inaugurava uma sala no bairro de Santa Cecília:

ROYAL-THEATRE
Rua Sebastião Pereira n.º 62
Grande e confortável cinema com 80 frisas e camarotes.

INAUGURAÇÃO
Amanhã, 11 do corrente
Programa cinematográfico e variedades.
Orquestra dirigida pelo exímio maestro MODESTO DE LIMA.
Preços:
Frisas, 6$000 — Camarotes, 5$000 — Cadeiras, 1$000 — Crianças, 500 réis[16].

Os cartazes distribuídos na cidade anunciavam para o nosso Teatro Municipal os próximos espetáculos da célebre *troupe* de bailados russos do Teatro Imperial, de São Petersburgo, dirigida por Diaghilev e da qual fazia parte o coreógrafo Nijinsky. Os preços das assinaturas eram altíssimos: *Avant scène*, 500$000; frisas e camarotes, 350$000; camarotes, foyer, 240$000; idem, 2.ª, 180$000; poltronas e balcões de 1.ª, 65$000; idem, de 2.ª, 54$000; cadeiras, foyer, 1.ª, 42$000; idem, 2.ª, 36$000.

No dia da estréia, a empresa do teatro, constrangida, avisava:

TEATRO MUNICIPAL
La Theatral Soc. em Com. — Dirigente: W. Mocchi.
AVISO
Por motivos independentes da vontade da Empresa a
CIA. DE BAILADOS RUSSOS
Recusou embarcar para São Paulo.
Pedindo desculpas aos srs. assinantes e ao público, deste contratempo, a Empresa avisa que hoje e amanhã no Café Guarani, de meio-dia em diante, começará a devolução das importâncias cobradas.
A Empresa[17].

A Barra Funda ganhava um novo cinema:

THEATRE CRISTAL
Rua Lopes Chaves n.º 37

16. *Idem*, 10.10.1913, p. 7.
17. *Idem*, 5.11.1913, p. 7.

Empresa: F. Rossi & Cia.

Lotação: 1.400 lugares.

HOJE   Sexta-feira, 28 de novembro de 1913   HOJE

Grandioso espetáculo de variedades e cinematográfico. Os filmes são fornecidos pela poderosa empresa J. R. Staffa.

Deslumbrante programa cinematográfico entre as mais belas fitas destaca-se PÁTRIA ESTRANHA, pungente concepção dramática da casa UNION.

Estréia do Grande Campeonato de Luta Greco-Romana, em que faz parte o célebre campeão brasileiro JOSÉ FLORIANO PEIXOTO.

LA SONIA, a graciosa trapezista.

Sucesso sempre crescente do popular ROYAL SIDNEY, o homem da rodinha.

Preços:

Frisas, 5$000 — Cadeiras de 1.ª, 1$000 — Cadeiras de 2.ª, 500 réis — Crianças, 500 réis[18].

Em dezembro, a Empresa Teatral Brasileira, de Serrador, Bittencourt e Gadotti, inaugurava na Rua Anhangabaú, o Cassino Antárctica, com os preços de: frisa (posse), 12$000; camarote (posse), 10$000; cadeira de 1.ª, 3$000; de 2.ª, 2$000; geral, 1$000.

O novo teatrinho, que se acha montado com fino gosto, certamente vai ser o ponto de *rendez-vous* do público que ama o café-concerto.

No Cinema Bresser, situado no Belenzinho, acontecia um fato lamentável:

Biaggio Lo Turco, operário, morador à Rua Vasco da Gama n.º 26, ontem, às 5 horas da tarde, quando trabalhava num cinematógrafo da Rua Bresser, foi vítima de um acidente.

Num momento de distração, Biaggio foi apanhado pelo aparelho, que lhe decepou o dedo indicador esquerdo. O operador foi medicado pelo Dr. França Filho, da Assistência[19].

Fitas nacionais exibidas no segundo semestre de 1913:

Football: Os Dois Primeiros Matchs entre Portugueses e Brasileiros, tirado no Rio por Paulino Botelho, *Divertimentos Esportivos no Rio de Janeiro*, filmado por um operador da casa Pathé, *A Chegada do Ministro das Relações Exteriores*, "nítido filme de João Stamato", *O Príncipe D. Luiz de Bragança em Lausanne, Rodeado de Brasileiros*, "nítido filme tirado do natural e gentil-

---

18. *Idem*, 28.11.1913, p. 6.
19. *Idem*, 22.12.1913, «Acidentes do Trabalho».

mente oferecido pelo Dr. Amador da Cunha Bueno", *Festejos Realizados no Rio em Honra do Ex-Presidente Theodoro Roosevelt,* "belíssimo e nítido filme tirado do natural", *O Chá Oferecido a Bordo do Couraçado São Paulo pelo Almirante Alexandrino de Alencar,* filmado por João Stamato, *Passeio Marítimo Oferecido ao Sr. Theodoro Roosevelt,* "belíssimo filme natural de Stamato", *Concurso Hípico no Posto Zootécnico Dr. Carlos Botelho,* nítido filme de A. Campos, *A Caça à Raposa,* "belíssimo filme tirado por A. Campos por ocasião da caçada oferecida por D. Olívia G. Penteado nos campos de Barro Branco", *O Concurso Hípico Realizado no Velódromo,* de Antônio Campos, *As Grandes Manobras da Força Pública,* filmado em 2 séries, "nítido trabalho do hábil operador Paulino Botelho", *Festival em Benefício das Vítimas do Guarany na Praça da República,* "nítido filme tirado do natural", e *O Casamento do Marechal Hermes,* fita exibida com grande sucesso em quase todos os cinemas de São Paulo.

1914: GUERRA EM PARIS E O VELHO POLYTHEAMA EM CHAMAS

> *Paris está triste, sem teatros e com pequeno movimento (...) Fome não existe, porque em todos os distritos há lugares para fornecer sopa aos pobres.*
>
> *Diariamente chegam da Bélgica e Norte da França milhares de pessoas quase nuas e famintas. Toda essa gente está sendo abrigada nos teatros e circos.*
>
> CARTA *escrita de Paris pelo jovem paulista Dr. Clóvis de Melo Nogueira, datada de 27.8.14*
> (OCSP, 24.9.1914, p. 2).

Em janeiro, terminavam-se as obras completas do Teatro São Paulo, obedecendo a um projeto do Dr. Alexandre de Albuquerque e construção a cargo da firma Gadotti & Cia. Às 20 horas houve uma sessão especial dedicada à imprensa:

> O aparelho cinematográfico é magnífico, segundo pudemos, de *visu*, constatar. Reflete admiravelmente as fitas que se exibem, sem trepidações que perturbem a vista do observador[1].

Um de seus programas:

TEATRO SÃO PAULO

Cia. Cinematográfica Brasileira

HOJE   HOJE

Grandiosa *matinée* familiar às 14 horas, com um magnífico programa. À NOITE neste magnífico e confortável teatro, o melhor da Capital, será apresentado um imponente programa. Dois filmes de grande espetáculo

UM DESAFIO SINGULAR

possante concepção dramática em 3 atos, da Gaumont.

AMOR EM PANE

comédia em 2 atos da Cines.

Dois sublimes números de variedades.

Preços:

Frisas	6$000
Camarotes	5$000
Cadeiras	1$000
Gerais	500 réis[2].

Os circos, com seus palhaços, feras e emocionantes pantomimas, jamais deixaram de percorrer os bairros da cidade. Um deles, o Circo Chileno instalou-se no dia 7 de fevereiro, na Avenida Rangel Pestana, apesar do cronista ter afirmado que o espetáculo não era bem-vindo porque "o público do Brás já não aprecia esse gênero de diversões"[3].

Antes do carnaval, a cidade recebeu, estupefata, uma fauna nunca vista antes, de sisudos índios peles-vermelhas, *cowboys* de chapelões e esporas, *girls* sorridentes e mexicanos bigodudos, debaixo de grandes *sombreros,* todos eles flanando pelas ruas centrais do Triângulo. Eram integrantes de um circo:

1. *O Comércio de São Paulo,* 29.1.1914, p. 4, «Ribaltas e Gambiarras».
2. *Idem,* 1.2.1914, p. 8.
3. *Idem,* 6.2.1914, p. 5. «Notícias do Brás».

OKLAHOMA RANCH WILD WEST

GRANDE CIA. NORTE-AMERICANA

DE COWBOYS, GIRLBOYS, ÍNDIOS, CAVALHADAS, HISTÓRIAS DO FAR-WEST, etc.

ESTRÉIA   HOJE   ESTRÉIA

Nos terrenos da Várzea do Carmo, junto à Rua do Gasômetro.

Preços: camarotes, 30$000 — cadeiras, 5$000 — gerais, 2$500.

Os bilhetes acham-se à venda desde às 10 horas da manhã no Café Guarani[4].

Às 2 e 25 minutos da madrugada do dia 24 de março, incendiou-se o Excelsior-Theatre, da Rua de São Caetano n.º 296. O cinema fora inaugurado em novembro do ano passado e rendia diariamente, segundo informações do gerente, de 300$000 a 500$000. Era propriedade de dois irmãos, Henrique e Emílio Romeo, este último ex-redator do jornal *Fanfulla*.

Os bombeiros evitaram que o fogo se alastrasse em outros prédios da vizinhança. O cinema estava segurado em 30 contos de réis na Cia. Equitativa.

Cinco dias depois, concluía-se o laudo pericial que terminava incriminando os proprietários. Foi pedida a prisão preventiva dos dois culpados.

No mês seguinte, repetia-se a história em outro salão: o Cinema-Theatre, da Rua General Jardim n.º 57, na Vila Buarque, que igualmente pegava fogo.

Os bombeiros vieram rapidamente, combateram as chamas, entraram no salão e encontraram vestígios de querosene nas cadeiras, e "as fitas que são muito combustíveis, estavam espalhadas pelo chão, para facilitar a propagação do fogo"[5].

Nos vigamentos dos telhados foram notados traços e forte odor de querosene e ainda encontradas garrafas daquele líquido com marcas digitais muito nítidas.

Sabe-se que o cinema era pouco freqüentado e sofria grandes prejuízos diários. Foi segurado em 25 contos de réis na Equitativa no mês de março, e no mês seguinte, foi feito outro seguro na Cia. Atlas de 25 contos. O cinema pertencia à empresa Matos & Cia. (dos primos Jaime Franqueira e Joaquim de Matos). Dias antes, a polícia tinha recebido denúncia de que o cinema exibia fitas pornográficas tarde da noite e apenas aguardava oportunidade para agir.

4. *Idem*, 4.2.1914, p. 7.
5. *Idem*, 30.4.1914, p. 4. «Incêndio Proposital».

O laudo pericial apresentado ao 4.º delegado da Capital revelava que o incêndio do Cinema-Theatre fora proposital e baseava-se nas seguintes provas:

Foram constatadas sobras de querosene na tela, soalho, esguicho, em centenas de cadeiras e nos archotes feitos de résteas de cebolas envolvidos em panos e trapos.

Moral da história: mais dois donos de cinema processados e trancafiados no xadrez.

Por que os proprietários de cinemas lançavam mão de tão sujo e perigoso expediente? Seria a propalada crise?

Um esperto agenciador de loterias aproveitou o tema para anunciar:

A CRISE

Crise! Crise! Fala-se tanto nela como se ela existisse mesmo havendo depois de amanhã uma LOTERIA tão vantajosa como a de SÃO PAULO

100:000$000
por 4$500[6].

Mas para Serrador os negócios prosperavam, conforme atestava o comunicado abaixo:

A CIA. CINEMATOGRÁFICA BRASILEIRA

Avisa aos seus fregueses e a todos os exibidores de filmes no Estado de São Paulo e do Brasil, que:

resolveu comprar na Europa, além da PATHÉ e suas séries, GAUMONT, AMBROSIO, SUZANNE GRANDAIS, por contrato firmado ultimamente, a série da grande artista alemã HENNY PORTEN.

Para este fim, a Cia. acaba de instalar em Paris 2 seções de compras de filmes,

HENRY LEVY, Rue Paradis, 22

e A. NEVIERE, Rue Chabrol, 71.

Acabamos de adquirir o filme de grande espetáculo BAILADO EXCELSIOR da fábrica italiana LUCA COMERIO, com orquestração própria, pelo preço de TRÊS MIL LIBRAS ESTERLINAS![7]

Um circo também falava em crise:

NO PALACE-THEATRE
Empresa Alberto Andrade
Avenida Brigadeiro Luís Antônio n.º 69-A

6. *Idem*, 5.5.1914, p. 7.
7. *Idem*, 30.4.1914, p. 8.

HOJE　　　　　ESTRÉIA do　　　　　HOJE
　　　　　　CIRCO EUROPEU

AVISO — A Empresa, atendendo à séria crise atual em que estamos atravessando, resolveu então realizar os seus *chics* espetáculos com preços reduzidos e ao alcance de todos.

Frisas	15$000
Camarotes	12$000
Cadeiras de 1.º	3$000
Cadeiras de 2.ª	2$000
Galeria numerada	1$500
Geral	1$000[8].

Fitas nacionais exibidas em São Paulo no primeiro semestre: *A Chegada de Santos Dumont ao Brasil*, filmada no Rio, *Festa da Escola 7 de Setembro no Parque Antárctica*, tirado por A. Campos, *Festa do Juramento à Bandeira*, fita natural, *O Carnaval de São Paulo em 1914 e o Corso na Avenida Paulista*, "nítido e interessaste filme tirado do natural por A. Botelho", *O Carnaval no Rio em 1914*, "belíssimo filme natural", *Criação de Gado Cavalar no Brasil*, filmado por Alfredo Musso, *Almoço no "Kaiser" Oferecido ao Presidente da República e Esposa*, sobre a chegada ao Brasil de uma divisão da esquadra alemã composta de 3 vasos de guerra, o *Kaiser, Koenig Albert* e o *Strasburgo*. *Passagem pelo Rio de Sua Alteza Henrique da Prússia*, "nítido filme tirado do natural pelo hábil operador Alfredo Musso". *Inauguração da Escola Naval em Batista das Neves*, filmado por Paulino Botelho, *A Velha Estrada do Vergueiro*, "o filme, que é muito nítido e interessante, mostra o estado da estrada quando abandonada e o seu estado atual, depois de reparada". *Comemoração da Batalha do Riachuelo*, de Alfredo Musso.

Outras fitas importantes (estrangeiras) exibidas no mesmo período: *Homenagem ao Precursor da Aviação*, fita natural francesa mostrando o nosso patrício Santos Dumont tendo o seu nome gravado em bronze, no monumento de Saint Cloud. *Meu Amor não Morre*, de Caserini, com Lyda Borelli, que já trabalhou em 1908, no Teatro Sant'Ana. *Max e a Bela Banhista*, com o *Rei do Riso*. *Fantomas*, filme seriado da Gaumont, com o ator Navarro. *Atlantis*, grande produção dinamarquesa de Auguste Blom. *A Fera Humana*, drama moderno de Mr. Morhdon. *Os Miseráveis*, em 4 épocas, com Henri Krauss, dirigido por Capellani. *A Porta Aberta*, drama da Pasquali com

8. *Idem*, 9.6.1914, p. 8.

Alberto Capozzi, "o dominador das platéias". *Bigodinho e a Viúva Alegre*, comédia da *Pathé*. *A Carmen*, com a célebre Vitória Lepanto, que já trabalhou em São Paulo. *La Glu*, com Mlle Mistinguett, com esta curiosa nota publicitária:

> Foi na confecção deste importante filme que a atriz Mistinguett foi ferida mortalmente a golpes de martelo, conforme notícia dada pelos jornais da Capital.

Max Ilusionista, outra impagável comédia de Max Linder. *Cinderela* (ou *O Sapatinho Maravilhoso*) "mágica extraordinária" de Méliès. *As Danças da Moda (O Tango Argentino e o Maxixe Brasileiro)*, fita natural. *O Inglês Tal Como Max o Fala*, comédia. *Napoleão*, drama histórico, *A Luta pela Vida*, de Zecca, com Mlle Gabrielle Robine e Mr. Alexandre, uma das primeiras duplas amorosas do cinema. *Bigodinho e a Gata Borralheira*, comédia. *Boireau e a Índia*, comédia com André Deed. *Kri-Kri e a Amiga de sua Mulher*, comédia italiana. *A Astúcia de Gribouillette*, dirigida por Deed e interpretada por sua esposa, Valentina Frascarolli, já conhecida de nosso público. *Max Ganha a Legião de Honra*, comédia. *Aventuras de Saturnino Farandola*, de Marcel Fabre (Robinet), *Maldita Seja a Guerra!*, "filme de alto valor artístico, foi exibido 60 vezes consecutivas no Odeon, do Rio". *Sherlock Holmes Embrulhado por Bigodinho*, comédia da *Pathé*. *Suzanna Quer Dançar o Tango*, "comédia da simpática Suzanna Grandais". *Bigodinho Mau Operário*, comédia com Charles Prince. *Nero e Agripina*, filme histórico de Caserini. *Rodolphi Casa com a Cozinheira*, comédia da Ambrosio com a *troupe* Rodolphi. *A Condessa Úrsula*, interpretada pela "rainha da plástica e do olhar", Henry Porten. *Max Professor de Tango*, comédia, *Nick Winter e o Homem da Máscara Cinzenta*, desempenhado pelo sagaz detetive Nick Winter. *Não Beijes Nunca a tua Criada*, com Max Linder...

1914 foi um ano de convulsões sociais no mundo inteiro. A situação internacional não caminhava bem por diversas causas, entre as quais as rivalidades comerciais e desejos de expansão das grandes nações que entravam em choque com o crescente nacionalismo e anseios de independência dos países pequenos ou subjugados.

Os jornais paulistanos informavam diariamente o leitor sobre greves de carteiros parisienses, alfaiates berlinenses, metalúrgicos russos, estivadores portugueses, mineiros e padeiros espanhóis, ferroviários de Pretória, ope-

Em julho, o aviador Edu Chaves fez o seu segundo vôo de São Paulo ao Rio em 4 horas (O Pirralho n.º 137, 4.4.1914).

rários de Bari, falências de firmas importantes de Buenos Aires, contrabando de armas em algumas repúblicas sul-americanas, preço baixo do café e estado de sítio no Brasil (Rio de Janeiro, comarca de Niterói e Estado do Ceará), crises ministeriais em vários países, revoluções no Equador e no México, com a intervenção norte-americana em Vera Cruz contra os Generais Zapata e Carranza, fabricação maciça de aeroplanos e dirigíveis na Alemanha, França e Rússia...

E para agravar o quadro, no final de junho, aconteceu o pior: em Serajevo, capital de Bósnia, pequena cidade de 40 mil habitantes, durante uma visita àquela localidade, o Arquiduque Francisco Fernando, herdeiro do trono austro-húngado e sua esposa, a princesa Sofia de Hohenberg, foram assassinados por anarquistas sérvios.

A notícia abalou o mundo. Daí por diante todos os países da Europa Central se mobilizaram. Nas ruas de Viena, o povo gritava por vingança e pedia a guerra em altos brados. Os meios diplomáticos trocaram notas e tudo fizeram para que a doce paz da *belle époque* não fosse rompida. Tudo em vão.

No dia 25 de julho o Imperador Francisco José, da Áustria, apadrinhado pela Alemanha, entregava um *ultimatum* com muitas exigências inaceitáveis ao Rei Pedro I da Sérvia. Era a guerra.

Em São Paulo, o Comitê de Relações dos Grupos Libertários realizava domingo (2 de agosto), grande comício popular, às 7 horas da noite, no Largo da Sé, contra os acidentes do trabalho (o desastre nas obras da catedral em que morreram quatro operários), a guerra sérvio-austro, uma provável conflagração mundial, a carestia de vida e contra as leis de repressão ao movimento operário[9].

> Enquanto na Europa cerca de 12 milhões de homens se mantêm em armas, prontos e preparados para a guerra, São Paulo dispõe de cerca de 12 milhões de sacas de café armazenadas nos portos estrangeiros. E se essa situação se prolongar? Que fazer?

perguntava Jorge Melo na sua coluna "Pela Lavoura" em *O Comércio*, de 1.º de agosto.

De fato, a situação ia piorar. Nos primeiros dias de agosto, a Alemanha declarava guerra à Rússia e à França e invadia a Bélgica. Quase imediatamente a Inglaterra entrou no conflito.

9. *Idem*, 29.7.1914 e 30.7.1914, p. 5.

Em São Paulo, alguém muito precavido nos negócios achou melhor pôr as barbas de molho:

LIBRAS ESTERLINAS

Vendem-se 1.800 libras esterlinas. Negócio urgente.

Dirigir-se à Rua Quinze de Novembro n.º 52, sala 5, com Domingos Grisolia Neto[10].

As casas de importação da Capital, como resultado da guerra européia, elevaram subitamente quase 40% nos preços dos seus artigos. Em conseqüência, os gêneros de primeira necessidade sofreram uma alta brusca e as vendas a prestações foram suspensas.

Vinte dias depois, a Prefeitura encontrou uma solução na criação das chamadas feiras francas, já adotadas nas principais cidades do Velho Mundo:

Tendo em vista o barateamento dos gêneros de primeira necessidade, nesta Capital, sobretudo na quadra difícil que se atravessa, e usando para isso de atribuições que lhe conferiu a Municipalidade, em lei especial, recente, o senhor Prefeito acaba de instituir feiras francas, em lugares públicos, ruas, praças, etc. que forem prévia e respectivamente designados. As vendas e compras se darão em dia e horas preestabelecidos, só sendo nelas admitidos os vendedores ambulantes já existentes na cidade, e que pagarão a mesma taxa de 200 réis diários por metro quadrado que ocuparem com as suas instalações[11].

Como medida de economia, os jornais de São Paulo reduziram o número de páginas e o noticiário limitava-se quase só aos acontecimentos importantes da conflagração européia, com isto resumindo ou sacrificando boa parte da matéria local.

Voltando aos espetáculos cinematográficos, foi anunciada para o dia 3 de outubro a estréia no Polytheama do cinema cantante de Edison, o Kinetophone, "a oitava maravilha do mundo":

No Polytheama realizou-se ontem, à noite, uma sessão especial para a apresentação à imprensa do Kinetophone, último invento de Edison.

O Kinetophone é um aparelho interessantíssimo. Construído duma combinação do fonógrafo com o cinematógrafo, dá uma idéia perfeita do natural. A sessão de ontem alcançou o maior sucesso, tendo a ela assistido numerosos convidados[12].

10. *Idem*, 6.8.1914, p. 6. «A Prefeitura e os Gêneros Alimentícios».
11. *Idem*, 27.8.1914, p. 2.
12. *Idem*, 3.10.1914, p. 5, «Ribaltas e Gambiarras».

O aparelho percorreu todos os cinemas de Serrador, Bijou, Pathé Palace, Coliseu Campos Elísios, etc. Foram exibidos os seguintes filmes cantantes: *Os Colegiais, Music-Hall, La Bohéme, Ministréis de Edison, O Trovador, Os Ferreiros Musicais* (paródia do *Trovador*), *Carmen* (Ária do Toreador), *Il Pagliacci, Jardim de Espanha* e *Lúcia de Lammermoor*.

Ainda em outubro, os jornais publicaram uma lista com os nomes dos franceses mortos em combate e nela figurava o nome do popular cômico Max Linder. No dia seguinte apareceu na primeira página:

A Cia. Cinematográfica Brasileira fez o seguinte comunicado à imprensa:
Divulgado o boato da morte de Max Linder, procuramos obter confirmação e recebemos do nosso representante em Paris o seguinte despacho: MORTE MAX LINDER É FALSA[13] .

Depois veio um telegrama de Paris esclarecendo que Max Linder se achava combatendo na região de Argonne.

O Teatro São José levou a revista paulistana do Dr. Danton Vampré e J. Nemo (o ator Brandão), em 3 atos, com música de Francisco Lobo, *São Paulo Futuro*. A revista, com muita cor local, fez sucesso e o São José apanhou boas enchentes, com todo mundo querendo conhecer as personagens: a Operária, o Italiano, o Cinematógrafo, a Moda, a *Light,* a Imprensa, o Café, a Crise, o Serenatista, a Tarantela, o Teatro Municipal, o Cocheiro, a Cançonetista, etc.

No dia 4 de novembro a empresa Alberto Andrade abria um café-concerto, com a orquestra do Maestro Adolfi executando na primeira parte um concerto com as peças *Eva,* de Léhar, *La Marche de Paris,* de Popy, *La Bella Risette,* de Léo Fall, *Babillage,* de Gillet, *Crisanteme,* marcha de Janusky e *The Charlestown Parade,* de Dixon:

FOLLIES BERGÈRE
Ladeira Santa Efigênia n.º 7

HOJE   HOJE

Grande inauguração desta elegante sala de espetáculos com esplêndidos programas de

CINEMA E VARIEDADES

CINEMA das 8 1/2 às 21 1/2 horas:

— AMOR E FUMO — comédia da Wiener.
— COBRA D'ÁGUA — 1 ato da Éclair.

13. *Idem,* 5.10.1914, p. 1.

No início da guerra correu a notícia de que Max Linder, alistado nas forças francesas, teria perecido em combate.

— O TESOURO DE KERMANDIE — drama em 7 atos da Roma Film.

— GONTRAN E O CASO DO COLAR — 1 ato da Éclair.

Preços: frisas, 5$000 — platéia, 1$000.

VARIEDADES das 22 às 24 horas:

Salomé, La Reverte, H. Dozeville, Heralda, Hedda, Fanny Rodier, M. Dumarly, Oterito, La Gamine, Vivian Hett, La Sevilla e Trio Ortega.

Preços: frisas, 10$000 — platéia, 2$000 .

ELEGÂNCIA!   LUXO!   CONFORTO![14]

Em novembro o Trio Phoca (constituído de João Phoca, Abigail Maia e Luís Moreira) dava uma série de espetáculos em vários cinemas de São Paulo.

João Phoca (José Batista Coelho), conhecido jornalista e teatrólogo, fazia conferências, Abigail Maia, atriz e cançonetista, cantava e Luís Moreira acompanhava-a ao piano e às vezes regia a orquestra do cinema. Fazia parte também um quarto elemento, o músico José Fantato, ao violão.

O Trio Phoca fez muito sucesso nas suas apresentações. João Phoca, muito engraçado nas suas imitações e no modo diferente de apresentar as conferências humorísticas, que obedeciam assuntos de sua especialidade: *Como se faz uma revista de ano, O carnaval carioca e os oradores da Cidade Nova, O teatro por dentro e por fora, Jornais e jornalistas, O cinema e os seus freqüentadores, O baile, o assustado e o choro, As conseqüências do namoro,* etc.

Abigail sempre aplaudida e chamada à cena, por seus números brasileiríssimos: o lundu *Mucama,* o samba nortista *Inderê,* o descante caipira *Chico Mané Nicolau,* a canção brasileira *A Pitangueira,* a modinha carioca *O Meu Ideal,* a cantiga nortista *Meu Boi Morreu,* a "modinha dengosa" *Faceira,* outra modinha *Acorda Adalgiza,* o samba rio-grandense *Chora, Chora Choradô,* o fado luso-brasileiro *Viana da Mota* e a cantiga sertaneja *Nhô Juca.*

Outro número muito bisado, *Os Ciúmes da Correta,* paródia da *Valsa das Rosas* em que Abigail imitava a atriz e cantora portuguesa Cremilda de Oliveira, *estrela* das fitas nacionais *A Viúva Alegre* e *O Conde de Luxemburgo.*

Em um de seus últimos espetáculos no palco do Pathé Palace, João Phoca apresentou a revista *Cousas da*

---

14. *Idem,* 4.11.1914, p. 6.

Paulicéa e Abigail cantou os seguintes números com arranjo do Maestro Luís Moreira:

1 — Gavota da Capital Artística.
2 — Ensembles dos Pontos da Cidade.
3 — Coro de Saudação.
4 — Valsa dos Campos Elísios.
5 — Lundu da Vila Buarque.
6 — Couplets da Avenida Paulista.
7 — Recitativo do Triângulo.
8 — Coplas da Caça a Raposa.
9 — Cançoneta da Mocinha do Cinema.
10 — One Steep da Snobinette e Coro dos Smarts.

E o programa ainda esclarecia:

Haverá ainda um *Ato de Cabaré* em que tomará parte fazendo caricaturas *à la minute*, o Dr. João de Almeida Brito, já conhecido nesta Capital.

Não encontramos títulos de fitas nacionais no segundo semestre, talvez motivado pelas medidas econômicas tomadas pelas autoridades aduaneiras do Ministério da Fazenda em restringir a importação de películas virgens. Estas, no início do ano, tinham sido tabeladas na classe 31.ª referente a "instrumentos e objetos matemáticos, físicos, químicos e óticos", cobrando-se a tarifa alfandegária de 5$000 por quilo, razão de 50%.

Alguns filmes estrangeiros exibidos na Capital de São Paulo: *Inimigos da Pátria*, com Henny Porten; *Ai dos Vencidos!*, drama militar; *A Conflagração Européia*, série de documentários da Pathé sobre as frentes de guerra; *O Mapa Animado da Guerra*, "reprodução exata do movimento de tropas beligerantes", *Visões da Guerra*, filmado no *front; Abaixo as Armas* (ou *Os Horrores da Guerra)*, fita pacifista da Nordisk; *Uma Fábrica Modelo de Aeroplanos*, fita natural da Pathé; *Angola e Moçambique*, "mostrando o embarque em Lisboa da expedição militar portuguesa para a África"; *Delenda Cathargo!*, filme histórico da Ambrosio; *O Calvário de uma Rainha*, drama de Zecca, com Mlle Robine e Mr. Alexandre; *Como se faz um Campeão de Boxe*, "fita natural mostrando os treinos diários do campeão francês Georges Carpentier; *Escola de Heróis*, com Ermette Novelli e Pina Menichelli; *Bigodinho Candidato a Deputado*, comédia com Prince; *Gribouillette e o Tio Valentim*, dirigida por André Deed, com Mlle Frascarolli; *Robinson Crusoé*, drama da nova fábrica Universal; *As Lágrimas do Perdão*, drama de Zecca com a dupla Robine-Alexandre; *Rocambole,* drama policial em 12 séries; *A Mulher Nua,* da Cines, com Lyda Borelli; *Otelo,* ou *O Mouro de Veneza,* da Ambrosio e *A Marca do Dólar,* "pela primeira vez se apresenta em São Paulo um filme americano de grande metragem, em 7 longos atos".

Antes de terminar o ano, os jornais publicaram em destaque:

O POLYTHEAMA EM CHAMAS! — REDUZIDO A ESCOMBROS — O TRABALHO DA EXTINÇÃO — OS PREJUÍZOS — VÁRIAS NOTAS.

O Polytheama em chamas! era a exclamação que ontem à tarde se ouvia, de quantos desciam a correr, rumo do barracão que se erguia na várzea do Anhangabaú, o belo trecho da Capital paulista, tocada com a varinha mágica do célebre arquiteto Bouvard.

Todos corriam para ali, vinte ou trinta mil curiosos, procuravam deliciar-se com o espetáculo que lançaria por momentos focos de luz aos escombros da extinta Rua de São José, chafurdada num amontoado de lama e de enxurradas violentas.

Num momento, como por encanto, a esplanada do Municipal, o Viaduto do Chá e os *belvédères* da Rua Líbero Badaró, ainda inacabados, regorgitavam de homens, mulheres e crianças, sem se falar das Ruas Formosa e São João, nas quais se viam os policiais em sérias dificuldades em conter a massa de populares curiosos. E os comentários ferviam:

— Até que enfim!... A Prefeitura pôs e Deus dispôs! O fogo extirpou o quisto da Avenida... futura! etc. etc.

O incêndio tinha começado na *formosa* cobertura de zinco do Polytheama às 4,50 da tarde, pouco depois que foram passados o drama *O Despertar da Consciência* e o filme n.º 14 da *Conflagração Européia,* que levaram ao pardieiro da Antárctica o escol de nossa sociedade e uma multidão de crianças.

Às 9 horas estavam terminados os trabalhos de rescaldo dos bombeiros. Do Polytheama restavam apenas os pilares e um montão de cinzas!

Não são conhecidas as causas do incêndio. O eletricista do teatro, Francisco Levato em companhia de seu auxiliar Augusto Moura, após o espetáculo da *matinée,* experimentava e procurava reparar a instalação elétrica, que era muito velha e defeituosa.

Nesta ocasião, ao que se diz, manifestou-se o fogo, que não pôde ser debelado pelo eletricista e seu companheiro. E com incrível rapidez, assumiu proporções assustadoras. Os bombeiros foram chamados.

Ali dava espetáculos a Cia. Cinematográfica Brasileira que tinha os aparelhos de projeção, mobiliário, um piano, além de três programas de custosas fitas. Elevam-se os prejuízos cerca de 30 contos de réis. O pavilhão não estava no seguro. Pertencia à Cia. Antarctica Paulista e os prejuízos foram avaliados em vinte e três contos de réis[15].

15. *Idem*, 28.12.1914, p. 3, noticiário.

A polícia ouviu os depoimentos de Carlos Salgado, gerente da Cia. Cinematográfica, de José Farina, gerente do Polytheama e dos eletricistas Francisco Levato e Augusto Moura. Todos confirmaram o que fora dito sobre o péssimo estado da instalação elétrica do teatro, agravado ainda mais pelo temporal que caiu na cidade pouco antes do incêndio.

Na Europa tudo indicava que a guerra ia continuar por muito tempo. E em São Paulo terminava uma época, a do café-concerto e do cinema europeu:

> Durante a guerra, a *epidemia cinematográfica* dos primeiros tempos arrefece. O desenvolvimento comercial, que foi muito grande nos anos 11, 12, 13, perde a sua vitalidade; o mercado se estabiliza[16].

Achava outro cronista paulistano dos velhos tempos que um dos benefícios trazidos pela guerra foi a decadência do cinematógrafo, nocivo tanto quanto o jogo do bicho. Argumentava que o cinema chegou a absorver as massas e criou raízes, mas agora estava num ponto de saturação tanto que os empresários lançavam mãos de números de variedades misturados com os nefandos filmes.

Hoje, o cinematógrafo estendia a mão ao teatro, a quem tanto mal fez e pedia-lhe socorro. É o cinema que está agonizante. E assim terminava o dramático articulista:

> Graças a Deus que não vai tardar o dia em que o cinematógrafo terá de ceder completamente ao teatro o lugar usurpado[17].

Quase que o falso Nostradamus acertou na profecia. Errou apenas no prazo e no *instrumento da vingança*. Cerca de quarenta anos depois é que o cinema cederia o seu lugar, não ao teatro, mas a um gênero de cinema em casa: a televisão.

* * *

---

16. GALVÃO, Maria Rita Eliezer. *Crônica do Cinema Paulistano*. São Paulo, Editora Ática, 1975, p. 37.
17. *O Pirralho* (São Paulo), nº 192, 19.6.1915, «Palcos & Telas».

Terceira Parte:

SALÕES, CIRCOS E CINEMAS

1897

CABARÉ DO SAPO MORTO — Rua de São João n.º 67. Teve vida efêmera. Foi aí que Emílio Rouéde se inspirou para escrever o *vaudeville* em 2 atos, *Cabaré do Sapo Morto*, apresentado no Teatro Apolo, em 2 de dezembro pela Cia. Silva Pinto.

CASA LEVY — Rua Quinze de Novembro n.º 33, à Rua da Boa Vista n.º 31-A. Venda e audição de pianos *Bechstein, Boisselot, Excelsior, Perzine, Schiedmayer, Sprunck*, etc.

CHÁCARA DULLEY — Rua do Bom Retiro n.º 48. Onde se praticavam jogos de *cricket*, ensaios de *football*, corridas e outros esportes pelos sócios do São Paulo Athletic Club.

CIRCO AMERICANO — Estreou no Largo da Luz em 23 de janeiro e em fevereiro passou para a Praça da República. Propriedade de R. Spinelli.

CIRCO LUSITANO — Armado em 17 de maio no Largo da Luz. Propriedade de Henrique Lustre & Pierre.

CIRCO COSMOPOLITA (CIRCO DE TOUROS) — Estreou na Rua Piratininga n.º 5 em 4 de julho. Notou o redator de *O*

São Paulo

Antigo

Vista do Polytheama quando era circo de cavalinhos (por volta de 1893) (O Pirralho n.º 75, [SP], 21.1.1913).

Comércio "que os bois vieram com os chifres nus quando aqui sempre se concedem licenças para touradas, com a condição de serem embolados os mesmos" (de 6 de julho de 1897, p. 2).

CIRCO DE TOUROS — Estreou em 10 de outubro no Parque da Vila Mariana, propriedade de Perez J. dos Santos & Cia. "Nos intervalos, Tim Brown divertirá o público com suas palhaçadas".

CIRCO UNIVERSAL — Praça da República, dirigido pelo artista Albano Pereira. Em 13 de dezembro, os estudantes, que tiveram suas entradas grátis canceladas, foram ao espetáculo e vaiaram o diretor e os artistas. Foi pedida a presença da polícia que efetuou algumas prisões.

COLISEU FESTA ALEGRE — Vida Frontão Francês.

EUGÊNIO HOLLENDER — Rua Direita n.º 18, editor de músicas. Dele disse o jornalista *Fabrício Pierrot:* "Extraordinário editor de polcas e colecionador de quantas bugigangas Deus pôs no mundo".

EXPOSIÇÃO ZOOLÓGICA — Rua Quinze de Novembro n.º 17.

FONÓGRAFO — Aparelho reprodutor de sons apresentado por Carmo Barra na festa da Penha. Exibido também no Salão Paulicéa pelo Prof. Kij.

FOTOGRAFIA ANIMADA — Rua da Quitanda n.º 6. Brinquedo ótico importado da Alemanha por Paupério & Cia. Também conhecido como *folioscópio* por ser do formato de um pequeno livro ou agenda, em que se vê várias fotografias ou estampas que, giradas com os dedos, dá uma impressão rudimentar de movimento. Também em exposição na Rua de São Bento n.º 91, apresentada pelo Prof. Kij.

FRONTÃO FRANCÊS — Rua Cerqueira César, Penha, propriedade da Cia. Frontão Paulista, com jogo da pelota, corridas de bicicletas, etc. Também indicado com a denominação de *Coliseu Festa Alegre.*

FRONTÃO PAULISTA — Rua Onze de Junho n.º 8, propriedade da Cia. de Diversões e Sports. Jogos de péla com quinielas simples, duplas e tríplices.

HIPÓDROMO PAULISTANO — No alto da Mooca. Diretor de corridas: Olavo Egídio. Aos domingos se reuniam os industriais, fazendeiros de café e seus filhos, donos dos cavalos.

JARDIM DO PALÁCIO DO GOVERNO — Largo do Palácio. Concertos semanais com a banda de música do corpo de bombeiros tocando repetidas vezes a marcha *Tomada de Canudos,* o dobrado *Gaúcho,* a habanera *Maçãs de Ouro,* a polca *Hermentino,* o pout-pourri *Baile do Excelsior,* a marcha *Tambor dos Granadeiros* e o terceto *Due Fascari.*

JARDIM PÚBLICO — No bairro da Luz, com banda de música aos domingos.

LANTERNA MÁGICA — Aparelho de propriedade do Dr. Luís de Souza, apresentado na festa do Divino Espírito Santo, na Vila de Santo Amaro. Aparelho de projeção que apresentava a distância e em ponto grande, figuras luminosas pintadas em placas de vidro.

MUSEU DE CERA — De Henrique Dessort exibido no Polytheama.

MUSEU DE CERA — Rua José Bonifácio n.º 37-A, pertencente a A. Diniz.

MUSEU HISTÓRICO DO ESTADO — No bairro do Ipiranga.

PRESÉPIO — Rua de Santo Amaro n.º 100, trabalho artístico de João Evangelista Pedroso, com entrada franca.

RESTAURANTE INTERNACIONAL — Próximo ao Museu do Estado, com diversões próprias para famílias e crianças. Dono: Diógenes Drolhe. Inaugurado no dia 5 de dezembro.

SALÃO DO CIRCULO FILODRAMATICO ERMETTE NOVELLI — Rua Quintino Bocaiúva n.º 35. Espetáculos de amadores. Inaugurado em 27 de novembro.

SALÃO DE EXPOSIÇÃO — Rua do Paredão, junto ao Viaduto do Chá. Exposição da tela de Almeida Júnior, *Partida da Monção*.

SALÃO FORTUNA — V. Salão Urânia.

SALÃO DO GRÊMIO DRAMÁTICO GIL VICENTE — Rua Direita n.º 11, presidente, Luís Pinto Nunes. Inaugurado oficialmente em 18 de julho.

SALÃO PAULICÉA — Rua Quinze de Novembro n.º 38. Concertos instrumentais e outras atrações. Propriedade de Domingos José Coelho. Apresentou pela primeira vez em São Paulo o aparelho *Vitascopio* de Edison.

SALÃO PROGREDIOR — Rua Quinze de Novembro n.º 38, antigo *Paulicéa*. Inaugurado em 17 de julho.

SALÃO STEINWAY — Rua de São João n.º 61, concertos e conferências.

SALÃO URÂNIA — Rua da Boa Vista n.º 19. Depois mudou-se para a Rua Quinze n.º 17, com a designação de *Salão Fortuna*.

TEATRO APOLO — Rua da Boa Vista. Inaugurado no dia 17 de março depois de ter passado por importantes reformas. No dia 11 de agosto, um grupo de amadores sírios apresentou em língua árabe, a tragédia *Aida*, de S. K. Nakache, em 5 atos.

TEATRO POLYTHEAMA — Rua de São João com Rua Anhangabaú, propriedade da Cia. Antarctica Paulista e arrendado ao Sr. Francisco de Salvio.

TEATRO SÃO JOSÉ (o primeiro) — Praça Dr. João Mendes, antigo Largo Municipal. Em seu concerto sinfônico de 30 de maio, anunciava: "Pede-se o maior silêncio durante a execução de todos os números".

VELÓDROMO PAULISTA — Rua da Consolação n.º 85, no local onde foi aberta mais tarde a Rua Nestor Pestana. O ciclismo era o esporte da moda e o seu maior campeão, o jovem corredor *Odarp* (pseudônimo de Antônio Prado Júnior).

VITASCÓPIO — Apresentado por Kij & Joseph no Salão Paulicéa. Aparelho de projeção inventado por Armat, em 1896, mas que foi adaptado, melhorado e explorado comercialmente por Edison.

1898

AUTÔMATO BOSCO — Tratava-se de um aparelho que tirava uma fotografia instantânea em apenas 3 minutos, já "com a respectiva moldura e que nunca se estraga". Funcionou no Café Brandão e depois no Polytheama. Preço, 1$500 de dia e 2$000 de noite. Propriedade de Inácio Feinkind.

BOLICHE DO CENTRO PAULISTA — Rua de São Bento n.º 63, propriedade de Rocha, Bressane & Cia. Inaugurado em 21 de maio e em julho sofreu um pequeno incêndio.

BOLICHE ESPORTIVO — Instalado no Teatro Polytheama a partir de 16 de março. Propriedade da Cia. de Diversões e Sports. Diziam que muitos dos pelotários inescrupulosos, os chamados *tribofeiros*, faziam reuniões nos seus quartos de pensão e aí combinavam antecipadamente o resultado da noitada.

BOLICHE PINDORAMA — Na Vila de Santo Amaro, inaugurado em 28 de maio.

BOULE CLUB — Rua do Gasômetro n.º 114, esquina da Rua D. Antônia de Queiroz, Brás. Boliche de João Christo inaugurado em junho.

CASA LEVY — Venda das últimas partituras musicais, entre elas, a polca *Se eu Soubesse lhe Dizia* e as valsas *Diva, Beata, Predileta, Mocinha* e a *Polca das Moças Bonitas* e a schottish *Chuvisco de Prata*, composições de Pedro Basílio.

CASSINO ESPANHOL — Representações e reuniões da colônia espanhola. Em maio correram notícias da vitória em Porto Rico da esquadra espanhola sobre a norte-americana. Os espanhóis de São Paulo saíram às ruas em passeata quando foram barrados pela polícia, com a alegação de que o Brasil, na condição de país neutro, não permitia tal manifestação em locais públicos. Foram todos para o Cassino e lá terminaram as comemorações.

CINEMATÓGRAFO (de Faure Nicolay) — Funcionou no Teatro Apolo.

CINEMATÓGRAFO (de Lumière) — Aparelho apresentado pelo Dr. Cunha Sales no Apolo.

CIRCO BADU — Estreou em abril na Praça da República e em dezembro, no Largo da Luz.

CIRCO DE FRANK BROWN — Estreou em agosto no interior do Polytheama com suas pantomimas luxuosas: *A Estátua Branca, Um Sonho Asiático, Aventuras de um Tourista, Uma Noite em Pequim*, etc.

CIRCO JAPONÊS — Armado no Largo da Luz no mês de maio. Direção dos irmãos Takssawa.

CIRCO LUSITANO — Estreou na Praça da República em 4 de agosto.

CIA. DE DIVERSÕES E SPORTS — Rua da Boa Vista n.º 48. Fundada em fevereiro com o capital de 500:000$000. Seus objetivos: "Construir ou adquirir por compra ou arrendamento um ou mais estabelecimentos para o jogo da péla e outros divertimentos análogos". Sua primeira diretoria: Dr. Carlos de Campos, Dr. Manuel F. Garcia Redondo, Fiel Jordão da Silva, Dr. Manuel Otávio Pereira e Souza, Cel. Carlos Teixeira de Carvalho, Alexandre Mendonça Sobrinho, Dr. José Roberto Leite Penteado, Major Manuel Nunes Quedinho e incorporador, Domingos dos Reis.

DIAPHANORAMA — Anunciado no Teatro Apolo em janeiro, pelo mágico Faure Nicolay. Devia ser uma grande lanterna mágica com projeções luminosas e não animadas, muito usada pelos ilusionistas famosos da época.

ELDORADO PAULISTA — Na Ladeira de São João onde funcionava um boliche. Segundo o jornal *O Comércio de São Paulo,* a Municipalidade cobrava diariamente de cada boliche o imposto de 100$000 e... viva o jogo!

FANTASCÓPIO — Exibido na festa de Nossa Senhora do Bom Sucesso em um lugarejo perto de Conceição de Guarulhos. Aparelho de projeção luminosa muitas vezes montado em um carrinho de rodas, que fazia a imagem crescer ou decrescer, conforme o avanço ou recuo do carrinho.

FONÓGRAFO — Exibido no Teatro Apolo. Venda e audição em uma loja de Carmo Barra na Rua de São Bento n.º 30-A, inaugurada em 22 de julho.

FRONTÃO BOA VISTA — Rua da Boa Vista n.º 48, propriedade da Cia. de Diversões e Sports. Inaugurado em 10 de fevereiro.

LARGO DA MISERICÓRDIA — Com um coreto em vias de conclusão no mês de dezembro.

PARQUE DE BOIS DE BOLOGNE — Na Ponte Grande.

PARQUE PAULISTA — Na Avenida Paulista, divertimentos variados: corridas de bicicletas, a pé, batalha de confete no carnaval, concertos musicais, etc.

PRESÉPIO MECÂNICO — Montado pelos artesãos Afonso Veridiano, J. Conceição e José Correia na Capela de Santa Cruz da Tabatingüera. Não faltavam o tradicional monjolo, o repuxo, o moinho de vento, a estradinha de ferro e os serradores.

QUERMESSE — Na Praça da República em benefício dos órfãos do Asilo N. Sra. Auxiliadora do Ipiranga. Funcionou em agosto com diversões lícitas.

SALÃO DO GRÊMIO DRAMÁTICO GIL VICENTE — Em dezembro o grêmio recepcionou oficiais do cruzador português *Adamastor,* ancorado no porto de Santos.

SALÃO PROGREDIOR — Concertos musicais com valsas, polcas, fantasias, marchas, galopes e sinfonias de Waldteufel, Suppé, Strauss, Verdi, Zeller, Carlos Gomes, Rossini, Fahrbach, Brahms, Massenet, etc.

SÃO PAULO SPORT — Rua Moreira César n.º 35 (antiga São Bento). O nome *Moreira César* era oficial, mas não durou. Inaugurado em 5 de maio.

TEATRO POLYTHEAMA — "A Cia. de Brandão não vem mais a São Paulo trabalhar, porque a Câmara Municipal continua a tolerar o boliche naquele teatro", era a queixa amarga do crítico de *O Comércio* (de 23.4.98, p. 2).

TEATRO SÃO JOSÉ — Tinha capacidade para 1.200 pessoas. Foi destruído por um incêndio no dia 15 de fevereiro. Estava entregue à empresa L. Milone & Cia., arrendatária por 10 anos. Ali se apresentaram Sarah Bernhardt, Eleonora Duse e outras celebridades.

VELÓDROMO PAULISTA — O grande atrativo deste ano foi a turma das *cycle-womens:* D. Olga, Miss Price, Mlle Lisette e *fraulein* Ema Record.

Para evitar repetições desnecessárias e cansativas, reunimos, ao final de cada ano, apenas os nomes das casas de diversões, empresas e congêneres existentes no mesmo local e endereço dos anos anteriores: Chácara Dulley, Frontão Paulista, Hipódromo Paulistano, Jardim do Palácio do Governo, Jardim Público, Salão de Exposição, Salão Steinway e Teatro Apolo.

1899

AO CARIOCA — Rua de São João n.º 55. Venda de lanternas mágicas.

CAFÉ-CANTANTE — Avenida Rangel Pestana n.º 72-A, local famoso pelas desordens e conflitos entre freqüentadores e policiais.

CAFÉ CENTRAL — Avenida da Intendência n.º 123, na Travessa do Brás. Café-cantante do italiano Salvador Lazzaro, lugar também conhecido pelas brigas quotidianas.

CAFÉ-CONCERTO — Na Floresta, Ponte Grande.

CASA NOVIDADES AMERICANAS — Rua do Rosário n.º 8, do Prof. Kij. Audição de fonógrafos. Em 2 de agosto anunciava em *O Comércio* que vendia máquinas para fazer células de todos os valores, ao preço de 5$000 e pelo correio, mais 1$000.

CIRCO PERY — Montado na Praça da República e depois no Largo Sete de Setembro. Direção dos irmãos Pery.

CIRCO UNIVERSAL — Estreou no Largo da Concórdia em 9 de junho. Propriedade do artista Albano Pereira.

ELDORADO PAULISTA — Café-concerto, ficava perto do Polytheama, inaugurado em 18 de março. Em 2 de julho foi preso na porta do Eldorado o espanhol Ricardo Ximenez Fernandez. O espertalhão ao mesmo tempo que pedia esmolas, coçava, apalpava e esvaziava as algibeiras do próximo.

EUGÊNIO HOLLENDER — Rua Benjamin Constant n.º 6. Uma de suas novidades editadas, a valsa *Animatógrafo,* de D. Francisca Gonzaga.

A falta de dinheiro

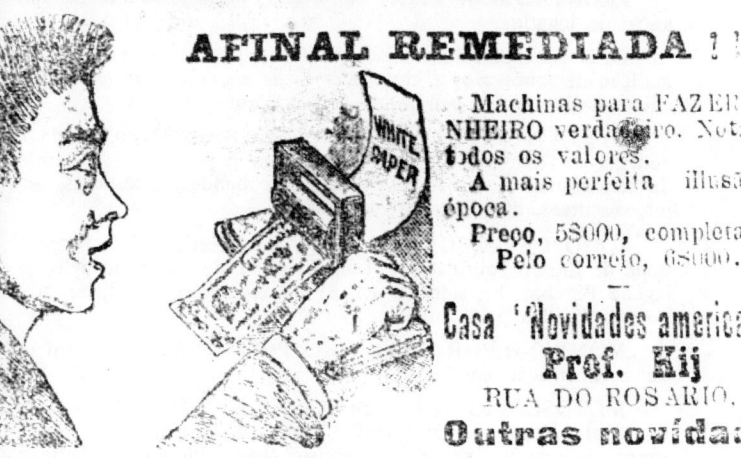

AFINAL REMEDIADA!!

Machinas para FAZER DINHEIRO verdadeiro. Notas de todos os valores.

A mais perfeita illusão da época.

Preço, 5$000, completa.
Pelo correio, 6$000.

Casa 'Novidades americanas'
Prof. Hij
RUA DO ROSARIO, 8

Outras novidades

Anúncio da máquina de fazer dinheiro.

"The Home Grand Graphophon" à venda na loja de Gustavo Figner.

FRONTÃO BOA VISTA — Acusado pelos jornais de ser um antro de jogatina.

GEO L. HURLEY — Rua da Boa Vista n.º 31-A. Venda e audição de fonógrafos e grafofones *Eagle* e grande sortimento em cilindros de cantos, bandas de música, orquestras, etc.

GUSTAVO FIGNER — Rua de São Bento n.º 50, venda e audição de fonógrafos e grafofones, com depósito e laboratório de fonogramas nacionais e estrangeiros: bandas, orquestras, solos, discursos, monólogos e modinhas.

JOGO DE ARGOLAS — Largo do Rosário n.º 2, propriedade de Enrico Fabricatore. Fechado em 11 de dezembro pelo delegado Porchat, baseado no art. 81 do regulamento policial: não possuía licença para funcionar.

MONTANHAS RUSSAS — Na Praça da República. Iniciada a construção em outubro.

MOTOSCÓPIO — Rua de São Bento n.º 14, salão de cinematógrafo. Tratava-se do aparelho *Mutoscopio* escrito de modo errôneo. Inaugurado em 20 de janeiro, funcionou até 26 de fevereiro.

PANORAMA — Instalado no Jardim da Luz em 17 de setembro. Grande quadro cilíndrico colocado de maneira que o espectador estando no centro, via os objetos como se estivesse observando no alto de uma torre, montanha, etc.

PARQUE DA CANTAREIRA — Local próprio para passeios campestres.

PRESÉPIO MECÂNICO — Na Capela de Santa Cruz de Tabatingüera, o mesmo trabalho do ano passado.

QUERMESSE — Rua Formosa n.º 12, inaugurado em 30 de setembro e dez dias depois fechado pela polícia por prática de jogos ilícitos.

SALÃO DO EDEN CLUB — Rua Florêncio de Abreu n.º 22, espetáculos amadores e beneficentes.

SALÃO DE ESGRIMA — Rua de São Bento n.º 57, direção do Prof. Jacinto Sanges. Inaugurado em 8 de junho.

SALÃO DO FAMILIAR CLUB — Rua General Osório n.º 34, sobrado, com teatrinho de amadores e salão de bailes. Inaugurado em 7 de outubro.

SALÃO DO GRÊMIO DRAMÁTICO GIL VICENTE — Rua Líbero Badaró n.º 20.

SALÃO ÍRIS — Rua do Rosário n.º 2, onde são feitas diariamente "diversas experiências físicas" até às 10 horas da noite. Inaugurado em 7 de novembro.

SALÃO NEW YORK EM SÃO PAULO — Rua Quinze de Novembro, junto ao jornal *O Estado de São Paulo*. Cinematógrafo, propriedade de Vitor de Maio. Inaugurado publicamente em 22 de julho.

SALÃO PROGREDIOR — Cinematógrafo e audição do grande grafofone.

SALÃO DA SOCIEDADE CONGRESSO LUSO-BRASILEIRO — Rua da Caixa D'Água n.º 8, espetáculos teatrais de amadores.

SALÃO TACO DE OURO — Rua Marechal Deodoro, esquina da Rua Senador Feijó. Bailes a fantasia no carnaval a 2$000 a entrada.

TEATRO APOLO — Foi demolido no início de 1899.

TEATRO POLYTHEAMA — A Cia. Faria & Sampaio foi multada pela Prefeitura por ter o espetáculo de 6 de março concluído alguns minutos após a meia-noite.

TEATRO SANT'ANA — Em construção no local onde existia o Teatro Apolo, na Travessa Boa Vista.

VELÓDROMO PAULISTA — Em abril os jornais reclamavam contra o imposto anual de 5$000 que a Prefeitura cobrava de cada proprietário de bicicleta, imposto que veio, em parte, contribuir para a decadência do ciclismo em São Paulo.

Outros locais de diversões: Chácara Dulley, Hipódromo Paulistano, Jardim do Palácio, Jardim Público, Parque Paulista, Salão Steinway e Velódromo do Bois de Bologne.

1900

CAFÉ DA LUZ — Bairro da Luz, café-cantante de baixa freqüência. Nele trabalhou a cançonetista Flora do Lago que, segundo um admirador, gorjeava como um rouxinol alegre.

CASA DE MÚSICAS IMPRESSAS — Rua de Santa Efigênia n.º 152.

CASA NOVIDADES AMERICANAS — Venda e audição de fonógrafos, grafofones e zonofones. Esta casa foi vendida em agosto, ao Sr. Gustavo Figner que representava a firma Irmãos Figner.

CASSINO PAULISTANO — Rua do Carmo n.º 38-A.

CHÁCARA DULLEY — No dia 25 de novembro foi realizado um *match* de *football* entre o Sport Club Internacional e a Associação Atlética do Mackenzie College. "No campo será permitido o ingresso ao público, havendo lugares reservados para as senhoras e a imprensa".

CINEMATÓGRAFO — Instalado na Praça da República, em um salão debaixo das *Montanhas Russas*.

CIRCO HOLMER — No Teatro Polytheama e depois, em novembro, estreou na Praça da República. Direção de Carlos H. Holmer. Suas pantomimas mais aplaudidas: *Os Bandidos da Serra Morena, A Morte do Famoso José Maria, A Filha do Ferreiro, A Feira de Sevilha*, etc.

CIRCO DA LUZ — No Largo da Luz, da empresa Maroni & Nardini.

CLUB GUARANI — Rua da Caixa D'Água n.º 6. Em novembro foi varejado pela polícia. Motivo: suspeita de bancar jogos proibidos.

Guerra ao jogo. **À falta de jogadores, a polícia prende as jogadoras**...

Prédio do Grand Hotel e da Rôtisserie Sportsman, na esquina das ruas Direita e São Bento. (Fotografia gentilmente cedida pela Divisão de Iconografia e Museus da Prefeitura do Município de São Paulo).

A Avenida Paulista, famosa pelas suas vivendas, chácaras, arborização e "clima inexcedível", numa fotografia de Guilherme Gaensly.

CLUB INTERNACIONAL — Rua Quinze de Novembro. Também na mesma ocasião recebeu a *visita* da polícia.

ELDORADO PAULISTA — Uma de suas atrações no início do século foi a brasileira Plácida dos Santos, que "cantava com muita graça e expressão alguns lundus e outras composições características do *folklore* nacional".

EXPOSIÇÃO DA BALEIA MONSTRO — Na Floresta. Parece incrível, mas o fato é que uma baleia de dimensões extraordinárias apareceu no dia 31 de março, na margem esquerda do Tietê, logo abaixo da Ponte Grande. Foi vista e imediatamente arpoada por diversas pessoas.

EXPOSIÇÃO DE COBRAS — Rua Quinze de Novembro n.º 11, propriedade do Capitão Reni.

EXPOSIÇÃO DO PORCO MONSTRO — Jardim da Aclimação. Um porco da raça *craonez*, de 1 metro e 15 de altura por 1 e 80 de comprimento, pesando 380 quilos e com 2 anos de idade. Foi exposto em agosto.

FONÓGRAFO — Na Galeria Webendoerfen, Rua Quinze de Novembro.

FOTOGRAFIA ANIMADA — Álbuns de procedência alemã à venda na loja de Paupério & Cia. à Rua da Quitanda n.º 6.

FRONTÃO BOA VISTA — Muito freqüentado pela colônia espanhola.

GUSTAVO FIGNER — "Maior e permanente depósito de fonogramas ou cilindros impressos com as mais variadas musicas".

HIPÓDROMO MECÂNICO — Praça da República. Centro de diversões da empresa F. Tripoli & Rheinfranch.

IRMÃOS FIGNER — V. Gustavo Figner e Casa Novidades Americanas.

LANTERNA MÁGICA — Exibição na Praça da República.

MESQUITA ÁRABE EM MINIATURA — Rua Ipiranga n.º 12, trabalho de Manuel Santaello composto de 9.000 peças. Inaugurada a exposição em 3 de setembro.

MONTANHAS RUSSAS — Na Praça da República. Os trabalhos de montagem e de funcionamento ficaram a cargo dos engenheiros Drs. Botet, Montmorency e Antônio Terralavoro.

MUSEU HISTÓRICO DO ESTADO — No bairro do Ipiranga. Anúncio de 14 de janeiro: "Hoje, correrão magníficos trens para este aprazível lugar, no qual tocará excelente banda de música".

PANORAMAS — Rua do Rosário n.º 5, expostos no Salão Paris em São Paulo. Trabalhos do artista Antônio Rossetto.

PARQUE DA CONSOLAÇÃO — V. Velódromo Paulista.

PRESÉPIO — Rua Galvão Bueno n.º 43. Visitação pública durante os dias natalinos das 6 horas da tarde à meia-noite.

PRESÉPIO MECÂNICO — Rua Campo de Santa Cruz de Tabatingüera, trabalho de Afonso Fernandes Vieira e José A. Correia.

QUERMESSE — Rua José Bonifácio n.° 3-A. Fechado pela polícia em novembro.

QUERMESSE — Na Galeria Webendoerfer, Rua Quinze com Boa Vista.

RECREIO FAMILIAR — Na Avenida Paulista. Uma propaganda imobiliária descrevia o encanto da região: "A Avenida Paulista, a *great attraction* dos *touristes* que nos visitam, com belas propriedades, jardins e chácaras primorosas, é o ponto escolhido para os passeios de tílburis, bicicletas e cavalgadas, porque o arrabalde é alegre, divertido de um clima inexcedível".

SALÃO DO EDEN CLUB — Apresentação do fonógrafo *Concert* de Edison pelo "hábil e simpático eletricista" Prof. Kij.

SALÃO DO GRÊMIO DRAMÁTICO GIL VICENTE — O ator Leonardo realizou sua festa artística neste salão no dia 16 de dezembro. Cantou nos intervalos *Seu Anastácio Chegou de Viagem* e recitou *O Intendente,* paródia do *Deputado do Tim-Tim.* Foi muito aplaudido.

SALÃO DE LA GIOVANE ITALIA — Rua Santa Rosa n.° 6, bailes e reuniões sociais.

SALÃO NEW YORK EM SÃO PAULO — V. Salão Paris em São Paulo.

SALÃO PARIS EM SÃO PAULO — Rua do Rosário n.° 5. Cinematógrafo. Vitor de Maio, vivo e esperto como quase todos os empresários da época, procurava sempre nomes adequados que acompanhassem a moda. Assim, quando tinha um aparelho de Edison, o nome de seu salão seria *New York em São Paulo.* Já que adquiriu um projetor de Lumière, a denominação teria que ser mui justamente *Paris em São Paulo.*

SALÃO PROGREDIOR — Concertos com início às 8 horas da noite ao preço de 1$000.

SALÃO DA RÔTISSERIE SPORTSMAN — Rua de São Bento n.° 61. Cinematógrafo, baile infantil, concertos vocais e instrumentais.

TEATRINHO JOÃO MINHOCA — Estreou na Praça da República em 3 de maio. Entrada para adultos, 1$000, crianças, 500 réis.

TEATRO POLYTHEAMA — Empresa Manuel Ballesteros & Cia. Informava o *OCSP* (4.9.900, p. 1), que à noite, no Polytheama, na hora do espetáculo "reúnem-se na porta vendedores de jornais, cambistas que compram e vendem as senhas, cocheiros de tílburis que vêm parolar, enquanto esperam os fregueses no término do espetáculo, e os vadios, papalvos e *mirones,* que não fazem nada".

TEATRO SANT'ANA — Rua da Boa Vista, propriedade do industrial Antônio Álvares Leite Penteado (depois Conde de Álvares Penteado). Inaugurado em 26 de maio. "Os tempos vão mal, não há esperança do câmbio subir, o dinheiro escasseia cada vez mais... E o teatro da Rua da Boa Vista enche-se, porém, todas as noites" *(OCSP,* 3.10.900, p. 1).

TIRO AO ALVO — Rua de São João, em um pequeno barracão contíguo ao velho Polytheama. Um fato lamentável ocorreu na noite de 2 de dezembro: um moço quando atirava com uma *Flaubert*, errou o alvo, indo atingir o ventre de um menor de 12 anos de idade.

VELÓDROMO PAULISTA — Foi adquirido em agosto pelo Club Atlético Paulista e teve seu nome alterado para Parque da Consolação, que aliás não pegou.

Outras diversões: Hipódromo Paulistano, Jardim do Palácio, Jardim Público e Salão Steinway.

1901

AO CENTRO — V. Salão Progredior. Na noite da estréia, 28 de janeiro, os proprietários suspenderam os concertos em vista da Prefeitura exigir o pagamento diário de 30$000.

BIÓGRAFO AMERICANO — Aparelho apresentado em janeiro no Eldorado Paulista por Vitor de Maio. O mesmo que *Biógrafo de Maio*.

BIÓGRAFO DE MAIO — V. Biógrafo Americano.

CAFÉ BRANDÃO — Rua de São Bento n.º 67, esquina de São João n.º 1. Concertos instrumentais com peças de Metra, Waldteufel, Donizetti, Verdi, Suppe, Beccucci, Strauss, Bonafous, Gounod, Holzer, etc.

CASA EDISON — Rua do Rosário n.º 8-A. Depois mudou-se para a Rua Quinze de Novembro n.º 29-A. Propriedade dos irmãos Figner. Em setembro anunciava o recebimento de "aparelhos alemães modernos, gravam e reproduzem a voz no mesmo instante!" Em novembro iniciou a publicação de sua revista *Echo Phonographico*, com reclames e "leitura variada e amena".

CASA FUCHS — Rua de São Bento n.º 83-A, de Guilherme Fuchs. Venda e audição de "gramofones, últimos modelos e colossal sortimento de lâminas com as mais recentes gravações".

CASA L. GRUMBACH — Rua de São Bento n.º 91. Venda e audição de grafofones. Cilindros para grafofones, dúzia 30$000.

CASA SIGMUND — Rua da Boa Vista n.º 31-A. "Vende cilindros para fonógrafos, 15$ a dúzia, 8$ meia dúzia e 1$500 avulso".

CASSINO PAULISTA — Rua de São João n.º 21. Café-concerto dirigido por Joseph Cateysson. Ex-Eldorado.

CINEMATÓGRAFO — Aparelho apresentado no Teatro Sant'Ana e também na quermesse da Praça da República.

CINEMATÓGRAFO (AO AR LIVRE) — Na Rua Quinze de Novembro. Exibia anúncios elétricos e vistas cômicas. Em maio foi proibido pela polícia a pedido da Prefeitura.

CIRCO CHILENO — Estreou em 10 de agosto no Largo da Concórdia, Brás. Direção do artista José Fernandez.

CIRCO FERNANDES — Montado na Praça da República, direção de Serafim Fernandes. Este circo uniu-se depois com o Novo Mundo.

Anúncio do grafofone Mignon da Casa Edison.

MARCA REGISTRADA
S. PAULO
ESCRIPTORIO – R. FLORENCIO DE ABREU, 25A

GRAPHOPHONE MIGNON

completo, com 6 cylindros de modinhas, cantos e bandas 68$000; para o interior, 5$000 extraordinarios para despacho.

Novo illustrado catalogo gratis

CASA EDISON — Rua 15 de Nov. 29-A

COMMOD

CASA MATRIZ.

CIRCO HOLMER — Estreou em 16 de março na rua Piratininga, esquina do Largo do Brás.

CIRCO NOVO MUNDO — Estreou em julho no Largo da Concórdia. Direção de Antônio Gonçalves. Fundiu-se com o Circo Fernandes quando foi para a Praça da República.

CIRCO SPINELLI — Estreou no Largo da Concórdia em novembro. Propriedade do artista Spinelli. Nele trabalhava o famoso palhaço Benjamin de Oliveira.

COLISEU ANTARCTICO DO BRÁS — Estreou em 22 de dezembro na Rua D. Antônia de Queiroz, da empresa Pinto & Cia. Touradas à moda espanhola. Segundo Alfredo Camarate, a tourada portuguesa é mais pródiga na parte de equitação, tem mais destreza, mais finura, é mais requintada e jamais termina com a morte do touro; a espanhola é mais brutal, selvagem, violenta, bárbara, sangrenta e acaba matando o touro.

ELDORADO PAULISTA — V. Cassino Paulista.

EXPOSIÇÃO ARTÍSTICO-RELIGIOSA — Rua de São Bento n.º 97, esquina do largo. Eram 12 figuras em cera representando a Santa Ceia, trabalho de Anísio Fernandes.

EXPOSIÇÃO DE UM CADÁVER — Rua Quinze de Novembro n.º 8.

FONÓGRAFO — Apresentado na Praça da República por ocasião de uma quermesse.

FOTOGRAFIA ANIMADA — Brinquedo ótico à venda na Casa Edison.

GRANDE BIÓGRAFO LUMIÈRE — Aparelho apresentado no Teatro Sant'Ana.

MONTANHAS RUSSAS — Antes de iniciar o divertimento, a banda de música especialmente contratada pela empresa, costumava fazer uma passeata pelas ruas centrais da cidade.

MUSEU DE CERA — V. Salão Paris em São Paulo.

MUSEU HISTÓRICO DO ESTADO — Em setembro, exposição do quadro *Partida da Monção*, de Almeida Jr. recentemente adquirido pelo governo.

PAULICÉA PHANTÁSTICA — Rua do Rosário n.º 5. Centro de "novidades e diversões" com animatógrafo. Em outra sala do mesmo prédio, o empresário Vitor de Maio inaugurou o seu restaurante *Maison Moderne*, "instalado com luxo e conforto".

POLYTHEAMA-CONCERTO — Rua de São João. Café-concerto da empresa Pascoal Segreto. No dia 24 de maio foi programada uma luta romana entre os lutadores Porthos e o *Tigre do Amazonas*. Momentos antes do combate, o atleta Porthos *ensaiou*, esmurrando o dono da pensão onde morava, à Rua de São João n.º 15. À noite, venceu com extrema facilidade o seu terrível adversário.

QUERMESSE — Na Praça da República, com vários divertimentos: teatrinho João Minhoca, fonógrafo, tiro ao alvo, cinematógrafo.

RECREIO ANTÁRCTICO DO BRÁS — Avenida Rangel Pestana n.º 142, casa de diversões de Beyra, Pinto & Cia. Inaugurada em 16 de novembro. "Salão profusamente iluminado a luz elétrica, onde os apreciadores do tiro ao alvo, do jogo da bola e da cerveja *Antarctica* podem passar horas agradabilíssimas".

SALÃO DO CENTRO DRAMÁTICO RECREATIVO — Rua Líbero Badaró n.º 20. Inaugurado em 7 de abril.

SALÃO EXCELSIOR — Rua Florêncio de Abreu n.º 29, com espetáculos teatrais de amadores.

SALÃO DO FAMILIAR CLUB — Rua General Osório n.º 34, sobrado. No espetáculo de 23 de novembro, "durante um dos intervalos, a menina Virgínia, de 5 anos de idade, cantou admiravelmente a cançoneta *Chiribiribi*, acompanhada ao piano por sua irmã Griselda Lazzaro, sendo ambas muito aplaudidas" *(OCSP,* 25.11.1901, p. 2).

SALÃO DO HOTEL PANORAMA — V. Salão Steinway.

SALÃO PARIS EM SÃO PAULO — Rua de São Bento n.º 77, com cinematógrafo, museu de cera e outras diversões.

SALÃO PROGREDIOR — Cinematógrafo, estereoscópio, kinetoscópio, zonofone, etc. Passou a denominar-se *Ao Centro.*

SALÃO SPORT — Na Galeria de Cristal. Rua da Boa Vista, com tiro ao alvo para senhoritas.

SALÃO STEINWAY — Teve o seu nome mudado para *Salão do Hotel Panorama,* mas não prevaleceu por muito tempo.

SALÃO VARIÉTÉS — Largo de São Francisco n.º 5. Café-cantante de Salvador Lazzaro. Inaugurado em 16 de março.

TEATRO POLYTHEAMA — Vida Polytheama-Concerto.

TEATRO SANT'ANA — Iluminado a luz elétrica, com exibição de cinematógrafo. Sobre o *Tim-Tim,* com Pepa Ruiz, o crítico de "Palcos e Salões" anotou: "A dança do maxixe é inadmissível num teatro freqüentado por famílias de nossa primeira sociedade" *(OCSP,* 24.11.1901, p. 1).

TIRO AO ALVO — V. Salão Sport.

VELÓDROMO MECÂNICO GROSSET — Instalado no interior do Polytheama. Propriedade de Ricardo Arrua & Cia. Inaugurado em 9 de março. Invenção do pintor francês Elie Auguste Grosset, preso em São Paulo por ter abatido a tiro de revólver o seu compatriota e ex-sócio Ferdinand Reyne, na Rua Quinze.

Outras diversões: Frontão Boa Vista, Hipódromo Mecânico, Hipódromo Paulistano, Jardim do Palácio, Jardim Público, Parque Paulista, Salão do Eden Club e Velódromo Paulista.

1902

BILHARES FRANCESES — Rua da Conceição n.º 5, reaberto em 17 de junho, com exibição do mágico Faure Nicolay, que era perito nas carambolas.

BIÓGRAFO AMERICANO — Aparelho apresentado no Cassino Paulista e no Polytheama-Concerto.

CASA EDISON — Em julho lançava no mercado paulista as primeiras chapas para gramofones, impressas dos dois lados, com dobrados, polcas, modinhas, lundus, tangos, valsas, discursos e trechos de óperas.

CASA FUCHS — "Novidades constantes em chapas para gramofones e zonofones e cilindros para fonógrafos e grafofones". Em abril anunciava as novidades *Fandanguaçu, Bico de Papagaio* e cançonetas napolitanas cantadas por D'Avigny e Cantalamessa.

CASSINO PAULISTA — Exibia fitas.

CASSINO PENTEADO — Rua Rodrigues dos Santos n.º 2, Brás. Festivais artísticos e reuniões sociais.

CINEÓGRAFO LUBIN — Rua Quinze de Novembro n.º 63. Salão de novidades com cinematógrafo, variedades e outras atrações mecânicas.

CINEPHONE — Aparelho cinematográfico conjugado com fonógrafo trazido de Paris pelo italiano Vitor de Maio e exibido pela primeira vez na Capital, no Salão *Paris em São Paulo*. Outro projetor semelhante foi apresentado mais tarde no Sant'Ana pelo ilusionista Cesar Watry.

CIRCO CLEMENTINO — Montado em um barracão no Largo do General Osório, em frente à estação da Sorocabana. Depois foi para a Praça Dr. João Mendes. Possuía quatro palhaços: Caetano, Warteley, Santos e o popular Serrano, cantador de modinhas e lundus.

CIRCO SPINELLI — Esteve armado no Largo da Luz, junto à Correção, no Largo da Concórdia, na Praça Dr. João Mendes, na Praça da República e na Rua D. Antônia de Queiroz. Direção de Afonso Spinelli. Tomava parte o palhaço negro Benjamin de Oliveira, o conquistador de "simpatias na Capital e em todos os Estados onde tem trabalhado".

CIRCO DE TOUROS — Praça da República, dirigido pelo *espada* Graciliano Bernal, com a apresentação dos toureadores: Madrileño, Dorado, Peludo, Chocolat, Chiquito (que, na terceira noite de função, perdeu um olho por uma chifrada de touro), Benedito Corisco, Paquilo e Antônio Sem Medo. Os touros eram anunciados como vindos dos sertões de Cananéia, dos campos da Faxina ou do Paranapanema.

COLISEU PAULISTA (CIRCO DE TOUROS) — Estreou em 12 de outubro na Avenida Brigadeiro Luís Antônio, propriedade do toureiro português Adelino Raposo. Toureadores: Jorge Cadete, Manuel dos Santos, Fernando de Oliveira (morto em Lisboa no ano de 1904, espezinhado e marrado por um touro), Antônio Barreiros, José Santareno e a ex-atriz Isabel Marques, que entrava na arena garridamente vestida à moda alentejana.

EXPOSIÇÃO ARTÍSTICO-RELIGIOSA — Rua Direita n.º 4. Inaugurada no dia 5 de julho, sendo visitada por 500 pessoas.

EXPOSIÇÃO MUNICIPAL — Em outubro, patrocinada pela Sociedade Paulista de Agricultura. Uma das curiosidades expostas era o aparelhamento de telégrafo sem fios, inventado pelo eletricista Henrique Gruschka.

Timo-Timo — Timo-Timo — Timo-Timo — Timo-Timo — Timo-Timo

Acaba de chegar um grande e novo sortimento deste interessantissimo jogo para familias.

Grammophones e Zonophones

A melhor das machinas fallantes

Preços reduzidos, em vista das enormes remessas em viagem e do colossal stock

Variadissimo sortimento de chapas de todos os tamanhos e systemas

NOVIDADES:
Fandanguassú — Bico de Papagaio — Cançonetas napolitanas cantadas por D'Avigny e Cantalamessa

CASA FUCHS

Rua S. Bento, 83-A   CAIXA 373   3-2   Rua S. Bento, 83-A   CAIXA 373

Telegrammas: FUXIBUS

UNICA QUE VENDE SORTES

Loteria de S. Paulo

Anúncio dos gramofones e zonofones da Casa Fuchs.

Anúncio do Circo Clementino.

Zerrenner, Bülow & C.
Largo do Monte Alegre, n. 10 — Santos
Rua de S. Bento, n. 81 — S. Paulo

DE TOROS

Republica

amanhã

horas da tarde
corrida de

6 TOUROS 6

a capricho
garantindo-se a sua bravura.

AOS TOUROS!

camarote sombra 3$, geral ou sol 2$; meias...

...a dar mais touros sendo os annunciados
...spender o espectaculo, os bilhetes adquiridos

CIRCO CLEMENTINO

Largo General Ozorio

Em frente á Estação Sorocabana

HOJE   SABBADO, 3   **HOJE**
(Dia feriado)

A's 8 1|2 h. da noite

Grande acontecimento!

ESTRÉA

Esta importante Companhia Equestre, Gymnastica, Contorcionista, Malabarista e Zoologica

Dirigida pelo conhecido artista

CLEMENTINI

AVISO — Tendo sido contratada a Companhia para o Norte...
dará apenas um limitado numero de espectáculos...

Preços — Camarotes, 20$; cadeiras, 3$...

Rua de S. Bento, 29.
Em Santos — Rua 15 de Novembro, 65.

PRAÇA DE TOUROS
COLYSEU PAULISTA
AVENIDA BRIGADEIRO LUIZ ANTONIO

HOJE — Domingo, 15 de junho — HOJE
ás 3 horas da tarde

GRANDIOSA CORRIDA de
8 bravissimos touros 8

Em benefício das obras da egreja matriz do Braz

Cavalleiro, Adelino de Almeida Raposo
Espadas: German Leon (Facultades) e Manoel Antelo (Antelito)

BANDARILHEIROS: — Sinez Cortez (Valenciano), Rufino de Oliveira (Paraense), Frederico Perez, Francisco Antelo e Francisco Cassa.

Um grupo de valentes moços de forcado fará as pégas que o director da corrida ordinar.

O director da corrida, Avelino de Faria

ORDEM DA CORRIDA: — 1º touro, farpeado pelo cavalleiro Adelino de Almeida Raposo; 2º touro, bandarilhado por Valenciano e Rufino; 3º touro, bandarilhado por Frederico Perez e Francisco Antelo; 4º touro, bandarilhado pelo espada Facultades a sós. — *Intervallo de 20 minutos.* — 5º touro, farpeado pelo cavalleiro Adelino de Almeida Raposo; 6º touro, bandarilhado pelo espada Antelito a sós; 7º touro, bandarilhado por Valenciano e Francisco Cassa; 8º touro, para amadores.

Haverá uma chistosa pantomima, intitulada:

O JANTAR AMARGURADO

Personagens — D. Genoveva, Augusto Elias — O janota, José Simões — e o cozinheiro, José Santareno.

As portas da praça abrem-se ás 2 horas da tarde. Se por motivo de força maior tiver de ser transferida, os bilhetes serão validos para a primeira corrida a annunciar.

Não ha senhas de sahida até o intervallo.

Estão em vigor as disposições policiaes do costume nestes espectaculos.

Tocará esta corrida a banda de musica da Brigada Policial, regida pelo maestro Antão.

PREÇOS — Camarotes, 30$; cadeiras, 6$; sombra, 4$; sol, 2$.

Bilhetes á venda na «Livraria Civilisação» — rua 15 de Novembro, 58.

Anúncio do Colyseu Paulista (Touradas).

FOTOVERAMOVIL — Aparelho cinematográfico de grandes dimensões apresentado pelo mágico e empresário Watry no Teatro Sant'Ana.

PAULICÉA PHANTÁSTICA — Propriedade da empresa Castro & Ferreira. Em janeiro anunciava: "Inauguração de novos aparelhos automáticos para aqueles que querem conhecer o futuro". Mais tarde o salão foi vendido a José Caruso.

PAVILHÃO MODERNO — Largo Brigadeiro Galvão, com espetáculos de ilusionismo.

PHOTOPHONE LÍRICO — Aparelho cantante apresentado no salão *Paulicéa Phantástica* em 18 de setembro.

POLYTHEAMA-CONCERTO — Dirigido por Cateysson, com cinematógrafo. No seu botequim vendia-se um copo duplo de chope *Coió*, da Antarctica 500 réis. No tocante às bebidas, a Cia. Antarctica quando não colaborava, estimulava a abertura de novas diversões que vendessem refrigerantes. Revelava *Fubrício Pierrot* que as 4 fábricas da Capital (Antarctica, Bavária, a da Penha e a do Cambuci) produziam cada uma mais de mil litros diários de cerveja e toda essa produção era consumida aqui mesmo em São Paulo.

PRESÉPIO MECÂNICO — Na Capela de Santa Cruz da Tabatingüera. Outro presépio estava exposto na Rua do Palácio n.º 3.

RAIOS X — Aparelho construído e apresentado por Henrique Gruschka na Rua Quinze de Novembro nº. 63. Esse Gruschka era um industrial estabelecido no Largo do Paissandu, 44, inventor também de um sistema de telégrafo sem fios, do qual falamos linhas atrás.

RINHA — Travessa do Hospício. Seus galos índios, respeitados pela agressividade, constituíam junto com os pobres bois das touradas, o alvo de comiseração e reclamação das pessoas amigas dos animais. Era voz corrente de que os empresários deixavam os galos e touros presos, sem água e alimento uns dois ou três dias, para despertar neles o instinto de luta.

SALÃO DA CERCLE FRANÇAIS — Rua Marechal Deodoro n.º 8. Espetáculos teatrais beneficentes.

SALÃO PARIS EM SÃO PAULO — Em 3 de maio apresentou pela primeira vez em São Paulo o aparelho de cinema falante, o Cinephone.

SALÃO VARIÉTÉS — Rua de São João n.º 53, inaugurado em 4 de outubro. Café-cantante do italiano Salvador Lazzaro e dirigido por sua filha Griselda, futura artista do cinema cantante brasileiro.

TEATRINHO GARGI — Rua dos Imigantes n.º 180, Bom Retiro. Espetáculos teatrais e reuniões de operários. No dia 11 de outubro, houve aí uma assembléia de 300 tecelões em greve da fábrica Anhaia.

TEATRO SANT'ANA — No dia 5 de junho, a empresa deu um espetáculo de gala dedicado à colônia inglesa em regozijo da paz celebrada na África do Sul. No teatro estiveram o Cônsul Mr. William Smith Wilson e o Vice-cônsul Mr. Charles W. Miller, antigo esportista.

Outras diversões: Coliseu Antarctico do Brás, Frontão Boa Vista, Hipódromo Mecânico, Hipódromo Paulistano, Jardim do Palácio, Jardim Público, Salão Excelsior, Salão Steinway e Velódromo Paulista.

1903

A L'INCROYABLE — Rua Direita n.º 24-A, cinematógrafo de curta existência.

BIOSCÓPIO CAPTOTRICON (de Farragut) — Aparelho cinematográfico apresentado no Sant'Ana.

CAFÉ-CANTANTE — Rua da Estação n.º 37-A. Freqüentado por gente da mais baixa categoria, escreviam os jornais. Uma notícia policial de 7 de abril referia-se a um grande conflito naquele local, com bordoadas e navalhadas entre marafonas e ébrios ressudando a álcool e sarro de cachimbo.

CAFÉ-CANTANTE GRISELDA — Avenida Rangel Pestana n.º 156. Vivia sempre cheio de operários e moradores do bairro do Brás. No seu acanhado palco existente nos fundos do salão, exibiam-se os bufos e cançonetistas acompanhados ao piano pela formosa Griselda Lazzaro, de 15 anos de idade, belíssima, pretexto de muitas brigas entre os seus admiradores até que, por fim, acabou seduzida por um deles.

CASA BEETHOVEN — Rua de São Bento n.º 30, de Chiaffarelli & Cia. Audição de pianos. Inaugurada em 5 de abril.

CASA E. BEVILACQUA — Rua de São Bento n.º 14. Venda e audição de pianos.

CASA FUCHS — Venda de gramofones *Victor* e de vistas cinematográficas.

CASA LEBRE — Rua Direita n.º 2 e Quinze n.º 1. Venda de lanternas mágicas.

CINEMATÓGRAFO — Aparelho instalado no Jardim da Luz por iniciativa de Guilherme Fuchs por ocasião de uma festividade ali realizada em abril.

CIRCO AMERICANO — Estreou na Praça Dr. João Mendes, em 19 de setembro, mais tarde foi para a Alameda Barão de Limeira. Dirigido por Santos & Galdino Pinto. Seus palhaços: Amendoim, Cubano e o famoso Polidoro.

CIRCO COSMOPOLITA — Montado na Alameda Barão de Limeira, onde estreou na noite de 11 de julho. Direção de Guilherme Pinto.

CIRCO HOLMER — Armado na Rua Marechal Deodoro em janeiro. Direção do *aramista* Ângelo Holmer. Sua alegria estava a cargo dos *clowns* Tonino, Scarpini e Petit.

CIRCO PARAENSE — Esteve no Largo da Concórdia em fevereiro e depois na Rua Brigadeiro Tobias n.º 78, próximo à Beneficência Portuguesa. Direção de Olívio & Buck.

Prof. Luigi Chiaffarelli, dono da Casa Beethoven e membro da comissão lírica, da qual faziam parte Júlio Mesquita e Alfredo Camarate.

João Minhoca
DIVERSÃO ALEGRE — PARA CRIANÇAS
MORAL — DE 10 A 60

Para hoje o seguinte exercicio de composição, que os meninos deverão completar, enviando a esta redacção o trecho composto:

«O amor da patria é..............
.... puro, ardente, quem não ama a Patria...

Coluna jornalística baseada no teatrinho João Minhoca.

CIRCO SALVINI — Estreou em 21 de março no Largo da Concórdia e em 12 de abril na Rua Marechal Deodoro, local do antigo Teatro São José. Propriedade de Felipe Salvini. Diretor: Pedro Castro. Representante: José M. Martinelli. Possuía 20 artistas e 60 animais sábios: 10 cavalos, 2 cabras, 3 gatos e 1 cão.

CIRCO SPINELLI — Esteve na Praça Dr. João Mendes e depois foi para a Alameda Barão de Limeira, entre as ruas General Osório e Duque de Caxias. Realizou também touradas, mas não "satisfizeram à expectativa geral. Bandarilheiros incertos e poucos conhecedores do ofício, gado cansado e imprestável para a lide", conforme observou o crítico de "Teatros Etc." *(OCSP,* 16.2.903, p. 2).

CIRCO DE TOUROS — Rua Carneiro Leão, no Brás, da empresa Fernando Belostas.

CONFEITARIA FASOLI — Rua Direita n.º 5, propriedade de André Fasoli. Inaugurada em 31 de janeiro. Concerto instrumental das 8 às 11 horas da noite.

CONFEITARIA D'OESTE — Rua de São Bento n.º 2. Concertos diários por um sexteto.

EXPOSIÇÃO ZOOLÓGICA — Rua Direta n.º 29.

HIPÓDROMO PAULISTANO — Promovia também corridas de automóveis e motociclos.

JARDIM DO PALÁCIO DO GOVERNO — Banda de música da brigada policial no coreto, das 7 às 9 da noite, aos domingos e quintas-feiras.

JARDIM PÚBLICO — Banda de música da Força Pública no coreto. Em março inauguração de dois divertimentos: o cinematógrafo e o teatrinho João Minhoca. Grande quermesse em 18 e 19 de abril.

LANTERNA MÁGICA — À venda na Casa Lebre. Usada também freqüentemente nas conferências do Salão Steinway.

LARGO DA CONCÓRDIA — Com a banda de música *Princesa Mafalda,* regida pelo maestro Libório Passos aos domingos, das 5 às 7 horas da noite.

L'ASTER — Projetor elétrico que exibia fotografias coloridas e fixas pelo processo do Prof. Lipmann (Prêmio Nobel de 1908). O projetor foi apresentado no Teatro Sant'Ana em maio.

MUSEU HISTÓRICO DO ESTADO — Aberto do meio-dia às 5 da tarde.

PANORAMA — Rua Onze de Junho, propriedade e invento de Mr. Georges Charles Martin. "Havia também uma coleção de espelhos cômicos que, pela transformação das figuras, proporcionava alguns minutos de distração aos visitantes".

PARQUE ANTARCTICA — Na Água Branca, com diversões variadas: batalhas de flores, concertos, *football, baseball* e "botequins com as melhores bebidas". Bondes do Largo de São Bento de meia em meia hora.

PARQUE DA CANTAREIRA — Passeios campestres, música, etc. "Correrão trens de hora em hora".

PRESÉPIO MECÂNICO — Travessa da Glória, na casa do Cel. Ramalho. Outro na Rua dos Gusmões n.º 20, trabalho do Sr. Joaquim F. de Lima e outro na Rua do Hospício n.º 10, feito por Manuel S. da Costa.

QUERMESSE — No Jardim da Luz em benefício da Santa Casa de Misericórdia, com cinematógrafo, banda de música, leilão de prendas e outros divertimentos. Preço da entrada, 1$000.

SALÃO EXCELSIOR — Em maio alugava-se o salão para cursos de danças, concertos, espetáculos e outras diversões.

SALÃO PROGREDIOR — Administrador, Júlio Netzel. Concertos vocais e instrumentais ao preço da entrada de 1$000.

TEATRINHO JOÃO MINHOCA — No Jardim Público da Luz.

TEATRO DO GRÊMIO DRAMÁTICO DA LAPA — Bairro da Lapa, local de reuniões e de diversões operárias.

TEATRO POPULAR — Rua do Gasômetro n.º 114, Brás.

VELÓDROMO PAULISTA — Com jogos oficiais do campeonato de *football* da Liga Paulista.

Outras diversões: Biógrafo Americano, Casa Edison, Cassino Paulista (Eldorado), Coliseu Paulista (Circo de Touros), Frontão Boa Vista, Polytheama-Concerto, Salão Ibach, Salão da Rôtisserie Sportsman, Salão Steinway, Salão Variétés, Teatrinho Gargi e Teatro Sant'Ana.

1904

ART NOUVEAU RINK — Rua de São João n.º 21, no antigo Cassino Paulista. Inaugurado em 24 de setembro.

BAILES POPULARES (de iniciativa particular) — Nas Ruas General Osório, São Caetano, Vitorino Carmilo n.º 84 e nos bairros de Vila Mariana, Bom Retiro, Lapa e Penha.

BOSQUE DA SAÚDE — V. Parque de Vila Mariana.

CARROSSEL SANTOS DUMONT — Inaugurado na Praça Dr. João Mendes em 13 de fevereiro e depois na festa da Penha. Em maio foi interditado pela polícia devido a um acidente.

CASA BEVILACQUA — Edições de valsas, polcas, *schottishs* e músicas populares. Uma de suas novidades foi a partitura da valsa *Club XV*, de Oscar A. Ferreira.

CASA EDISON — Rua de São Bento n.º 26, da firma Figner Irmãos.

CASSINO PAULISTA — Em setembro foi transformado em *rink* de patinação.

CINEMATÓGRAFO (ao ar livre) — Largo de São Francisco n.º 5, aparelho em uma das janelas do prédio da Sociedade Paulista de Agricultura. Aí foram exibidas as primeiras fitas paulistanas. Tivemos também outros aparelhos no Jardim da Luz, no Teatro Sant'Ana e no Parque Antarctica.

CIRCO AMERICANO — Montado na Alameda Barão de Limeira em fevereiro e depois no Largo do Paissandu e mais tarde no Largo da Concórdia.

CIRCO PAULISTANO — Estreou em 26 de março na Rua dos Imigrantes, em um terreno particular. Depois em abril, foi para outro terreno particular da Rua Major Sertório n.º 54, no Bexiga. Direção do artista Brasiliense.

CIRCO SALVINI — Estreou em 24 de setembro no Largo da Concórdia e depois em dezembro, passou para o Largo Coração de Jesus.

CIRCO TEMPERANI — Esteve em 21 de maio na Praça Dr. João Mendes e depois em junho, no Brás.

CIRCO VARIEDADES — Na Praça Dr. João Mendes, onde estreou no dia 6 de junho.

COLUMBIA ÉLITE ROLLER SKATING RINK — Rua Onze de Junho n.º 8. Patinação para cavalheiros, famílias e senhoritas. Gerente: Harris.

CONFEITARIA CASTELÕES — Rua Quinze de Novembro. Concertos pelo sexteto *Pizzicato*, das 7 horas às 10 horas da noite.

CONFEITARIA PAULICÉA — Rua Quinze de Novembro n.º 29-A, propriedade de Alberto Fonseca & Cia. Inaugurada em 7 de maio. Todas as noites, escolhidas peças musicais por um sexteto de 1.ª ordem.

EXPOSIÇÃO DE ALGODÃO — Com exibições diárias do cinematógrafo.

EXPOSIÇÃO DOS ÍNDIOS BORÓROS — Rua Direita n.º 29. Os índios *Tauboraki*, *Azerua* e a indiazinha *Tereocreude* imitavam gritos de aves e animais, tocavam instrumentos selvagens, dançavam e mostravam costumes de sua tribo. "É um espetáculo novo para o nosso público". Por se tratar de menores (porque a lei brasileira considerava o índio como menor), o juiz Dr. Clementino de Souza e Castro mandou fechar a exposição e intimou a empresa Carvalho & Cia. a prestar contas.

EXPOSIÇÃO PREPARATÓRIA — Largo de São Francisco n.º 5.

JARDIM DO PALÁCIO DO GOVERNO — Concertos da banda musical *Ettore Fiermosca* no coreto aos domingos e quintas.

LARGO DA MISERICÓRDIA — Banda de música no coreto restaurado entre as Ruas José Bonifácio e Direita.

ORQUESTROFONE — Grande aparelho fonográfico geralmente apresentado nos centros de diversões e nas salas de espera dos cinematógrafos.

PARQUE DE VILA MARIANA — Passeios campestres e reuniões familiares. Propriedade de Frederico Hammes. Com botequins vendendo chopes da Antarctica e da Bavária. É o mesmo Bosque da Saúde.

QUERMESSE — Tiveram diversas: no Parque Antarctica, no Bosque da Saúde, no Jardim da Luz e no interior do Teatro Sant'Ana.

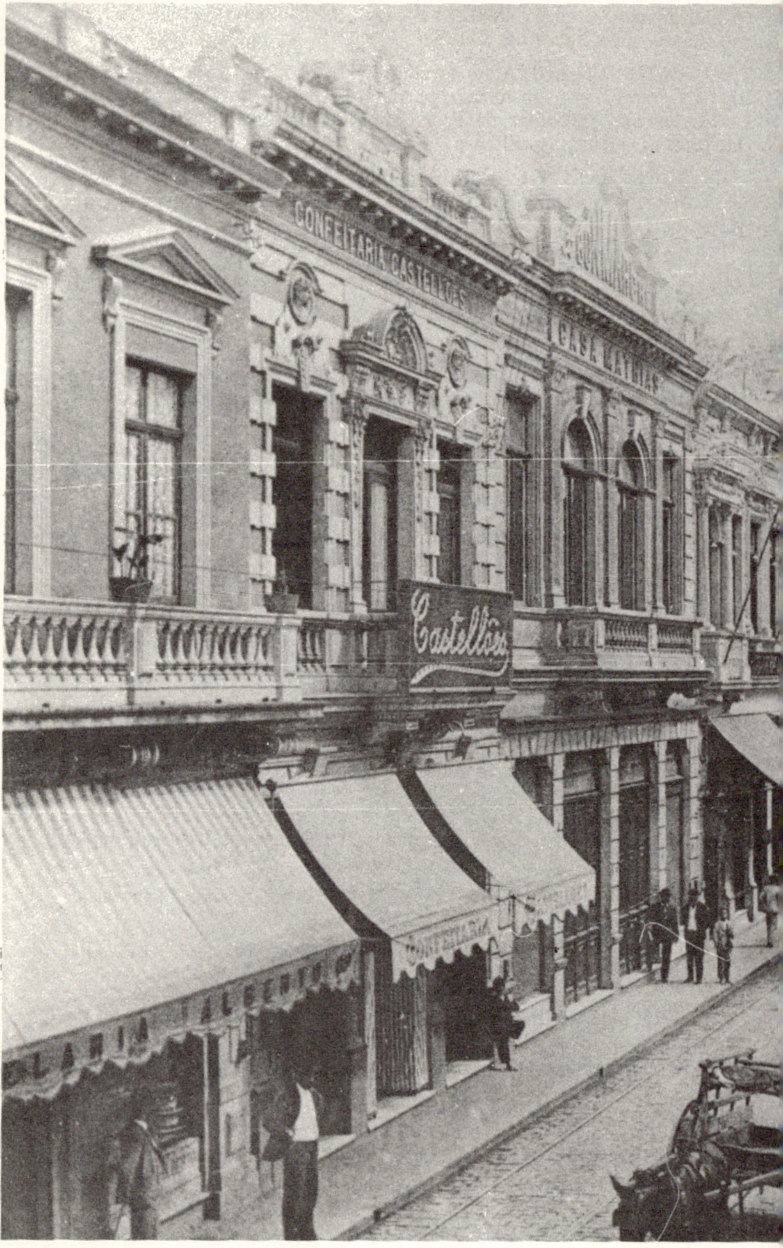
CONFEITARIA CASTELLÕES
CASA MATHIAS
Castellões

O Largo do Rosário (depois Praça Antônio Prado), vendo-se parte da Rua Quinze, a Chapelaria Alberto, a Confeitaria Castelões, a Casa Mathias e a Brasserie Paulista, com uma tabuleta à porta anunciando a ópera Elisir D'Amore no Teatro Sant'Ana. (Fotografia gentilmente cedida pela Divisão de Iconografia e Museus da Prefeitura do Município de São Paulo).

RINHA PAULISTA — Rua Glicério n.º 24, de A. R. Braga.

RINK COSMÓPOLIS — Rua do Gasômetro n.º 114. Gerente: João M. Berra. Inaugurado no mês de outubro.

SALÃO CARLOS GOMES — Rua de São José, próprio para concertos, inaugurado em 7 de maio.

SALÃO PROGREDIOR — Em 9 de julho foi inaugurado um curso de danças do Prof. Francisco Eugênio Vuono, que ensinava como bailar à americana, francesa e figuração, o *cake-walk*, etc.

SÃO PAULO STAR SKATING RINK — Rua Onze de Junho n.º 3, inaugurado em 30 de dezembro.

TEATRINHO JOÃO MINHOCA — Instalado em 20 de novemvro, no Club de Regatas São Paulo, com as seguintes peças de fantoches: *Um Impertinente, Proezas da Maricota* e *Matar a Morte!* Era de ver-se a alegria e a *torcida* da petizada quando os bonecos *entravam* de cacete em cima da morte!

TEATRO GUARANY — Rua do Paraíso n.º 32. Espetáculos teatrais de vários grupos amadores.

TEATRO POPULAR — Transformado em salão de patinação.

TEATRO SANT'ANA — O dono de uma fábrica de luvas próxima ao teatro avisava, em anúncio de outubro, que "acabava de receber de Paris uma legítima camurça para fazer luvas de patinadores e uma finíssima *peau de suede,* última novidade francesa para teatro".

Outras diversões: Cassino Penteado, Confeitaria Fasoli, Confeitaria D'Oeste, Frontão Boa Vista, Hipódromo Paulistano, Jardim Público, Largo da Concórdia, Museu do Estado, Parque Antarctica, Parque da Cantareira, Polytheama-Concerto, Salão da Cercle Français, Salão Ibach, Salão Steinway e Velódromo Paulista.

1905

AO EMPÓRIO ARTÍSTICO — Rua do Rosário n.º 4-A. Venda de cilindros grandes de fonógrafo a 20$000 a dúzia.

ART NOUVEAU RINK — Diretores: Chaby e Rochinha. Aí se realizavam competições de rapazes e senhoritas, corridas com camisolas e de maçãs. A agilidade de suas *sportwomen* era apreciada, principalmente a *demi-mondaine* Alzira, uma das melhores corridistas do salão.

BIOSCÓPIO NORTE-AMERICANO — Aparelho cinematográfico apresentado no Teatro Sant'Ana, em maio, com pouco êxito.

BOSQUE DA SAÚDE — Na Vila Mariana, com jogos de *football*.

CARROSSEL SANTOS DUMONT — Instalado no Largo do Arouche.

CASA EDISON — Anunciava gramofones em prestações semanais de 5$.

Anúncio do Parque Antarctica.

Parque Antarctica

AGUA BRANCA

onc rtos musicaes diariamente, das 3 ás 6 horas da ta
 nccionando todos os divertimentos do parque
ink ao ar livre
   Tiro ao alvo—Boliche
       Corridas do Klond
 Não ha em S. Paulo ponto de diversão mais ittor
 m mais saudavel.

(Publicidade Velox)

CASA DI FRANCO — Rua do Rosário n.º 8-A. Partituras de músicas nacionais e estrangeiras. Entre as novidades de dezembro figuravam a *schottish* de Júlio Reis, *Papo de Rola, Avenida,* passo dobrado de Anacleto de Medeiros, *Lembranças do Passado,* valsa e a romanza *Femme Sensible.*

CASSINO PAULISTA — Em outubro foi alugado para servir de depósito comercial.

CINEFATIMATÓGRAFO — Aparelho cinematográfico apresentado no Teatro Sant'Ana pela transformista Fátima Miris.

CINEMATÓGRAFO FALANTE (de Hervet) — Aparelho apresentado em março no Teatro Sant'Ana.

CIRCO AMERICANO — Largo da Concórdia e em 14 de janeiro estreou no Largo Coração de Jesus. Direção de Santos & Pinto.

CIRCO JUVENIL PAULISTA — Armado na Avenida da Intendência n.º 48. Propriedade de um grupo de amadores.

CIRCO ORIENTE — Estreou em 30 de março na Rua dos Imigrantes n.º 2, Bom Retiro. Direção dos artistas Procópio Teixeira e José Bahia.

CIRCO SALVINI — Montado na Travessa do Paissandu durante o mês de janeiro. Tinha como atração o popular palhaço Caetano.

CIRCO-TEATRO FRANÇOIS — Estreou em 15 de janeiro na Praça Dr. João Mendes e depois deslocou-se para o Largo Coração de Jesus. Direção dos irmãos François. Secretário: José Guerra. Uma de suas maiores figuras era o compositor Eduardo das Neves que escrevia pantomimas, representava e cantava.

CIRCO DE TOUROS — Na Travessa Particular da Rua Anhangabaú. Direção do toureador português José Bento de Araújo. Tomavam parte as célebres *niñas* toureiras, entre as quais se destacava, pela coragem, destreza e arte, a *señorita* Lola Salinas, a fascinadora de touros.

COLISEU ESPANHOL (CIRCO DE TOUROS) — Instalado na Rua Piratininga, Brás, direção de José Garcia, *El Billetero.*

COLUMBIA SKATING RINK — Com jogos de *football* sobre patins.

CONFEITARIA SUÍÇA — Praça da República n.º 12-A, de João de Siqueira & Cia. Concertos instrumentais às quintas-feiras e domingos.

EXPOSIÇÃO DE ANIMAIS — Em julho, no Posto Zootécnico da Mooca. Exposição de gado *vacum,* cavalar, suíno e lanígero. "Os bondes da Mooca passavam cheios de visitantes que dirigiam àquele local, especialmente o elemento feminino de alta classe" *(OCSP,* 18.7.1905, p. 1).

FRONTÃO BOA VISTA — Gerente: José Mourão. Intendente: L. Ruiz.

GRUPO DRAMÁTICO ODEON — Chamado simplesmente de Grupo Odeon, associação fundada por um grupo de artistas e autores teatrais, tinha por finalidade levar à cena somente peças de autores nacionais. Alguns de seus fundadores: Oscar Monteiro,

No Teatro Sant'Ana. (Capa de Hattos).

Júlio dos Santos, Alberto Viana, Florentino Bella, Oscar Simon, Assis Costa, A. Carvalho, A. Pereira, B. Pinto, Arlindo Leal e Antônio Campos. Não estariam aqui explicadas a origem e a preferência de Antônio Campos pelas adaptações literárias de autores brasileiros, que ele faria mais tarde para o cinema paulista?

HIPÓDROMO PAULISTANO — No dia 3 de dezembro, José Ferrari, o *homem máquina*, correu a pé contra diversos ciclistas profissionais, ganhando a prova, sendo muito aplaudido pelo público.

JARDIM PÚBLICO — Alguns dos números mais executados pela banda da Força Pública: *Paris*, valsa de Metra, *Harmonia das Esferas*, valsa de Strauss, *Vamos à Floresta*, polca de J.P. Tavares, *João do Carmo*, marcha de Manuel Passos e a mazurca *Perdão*.

LARGO DA MISERICÓRDIA — Com a banda *Giuseppe Verdi* no coreto.

MUSEU ZOOLÓGICO — Rua Florêncio de Abreu n.º 20-A, propriedade de José Pilar e Ernesto de Sá. Coleção de animais selvagens empalhados inaugurada em 22 de dezembro.

PANORAMA DE SÃO PAULO — Trabalho do fotógrafo Valério Vieira exposto no Salão Progredior. Na inauguração foi visto por 3.800 pessoas e no dia 27 de dezembro, recebeu a visita do Dr. Tibiriçá, presidente do Estado e de sua comitiva.

PARQUE ANTARCTICA — Direção de J. Brunet Ribeiro. "Hoje fará sua estréia o impagável João do Diabo, amigo das crianças, divertimento nunca visto em São Paulo" *(OCSP,* 19.11.905, p. 3).

POLYTHEAMA PAULISTA — Uma das denominações do Teatro Polytheama. Em 15 de dezembro foi apresentado pela primeira vez na Capital, a cachorra Ghighi cantando um trecho de ópera. É que, enquanto a orquestra executava a *Gioconda*, o pobre animalzinho uivava.

PRAÇA ANTÔNIO PRADO (Antigo Largo do Rosário) — No coreto, concertos da banda de música *Ettore Fierramosca*.

PRESÉPIO MECÂNICO — Na Avenida Cantareira n.º 8, trabalho de Jorge Fenina; outro, preparado pelos artistas Olívio de Brito, Antônio da Conceição e Pedro dos Santos, na Rua de São Paulo n.º 31, e, finalmente, "um belo trabalho" feito pela família Valeriano exposto na Ladeira da Tabatingüera n.º 49.

RECREIO DA LUZ — Rua da Estação n.º 41, café-cantante.

RECREIO TAUROMÁQUICO PAULISTANO (CIRCO DE TOUROS) — Na passagem particular da Rua Brigadeiro Tobias com a Rua Anhangabaú. Estreou em 16 de abril. Cobrava os seguintes preços: camarotes, 40$000; cadeiras, 8$000; na sombra, 5$000; no sol, 3$000. Aliás, preços caríssimos para a época.

RINK ANTARCTICA — Com salão ao ar livre na Água Branca. Inaugurado em 23 de abril.

SALÃO ALHAMBRA — Galeria de Cristal na Rua da Boa Vista. Espetáculos teatrais de amadores.

SALÃO DO CLUB ESPÉRIA — Onde foi realizado um campeonato de luta romana no mês de fevereiro.

SALÃO ÍRIS — Rua do Rosário n.º 2, com diversões mecânicas.

SALÃO PROGREDIOR — "A orquestra Viena, aceita chamados para bailes, banquetes, batizados e outras festas" (anúncio de 13 de janeiro).

SALÃO STEINWAY — Conferências literárias e artísticas. No dia 21 de março concerto do flautista Pattapio Silva.

TEATRINHO JOÃO MINHOCA — Instalado no Parque Antárctica.

TEATRO SANT'ANA — Curioso é que o próprio Satanás tinha também seus admiradores ou adeptos, pois em abril anunciava-se a estréia da Cia. Norte-Americana de Ventriloquismo, Mistérios e Novidades do Verdadeiro Diabo.

TIRO AO ALVO (Para senhoritas) — Instalado no antigo Cassino Paulista, da empresa A. Manfredi & Cia. Inaugurado em 11 de fevereiro.

VELÓDROMO PAULISTA — Ascensões aeronáuticas. Às 3 horas da tarde de 17 de dezembro, foi exposto, como curiosidade, no local de uma ascensão, um camelo que a firma Cocito Irmão & Cia. importou da África.

Outras diversões: Casas Bevilacqua, Jardim do Palácio, Museu Histórico, Parque da Cantareira, Polytheama-Concerto, Rink Cosmópolis, Salão Excelsior, Salão Ibach e São Paulo Star Skating Rink.

1906

CASA EDISON — Anúncio de 22 de janeiro: "15$000 a dúzia, é o preço atual dos nossos Cilindros Paulistas impressos com modinhas e cançonetas brasileiras pelo Bahiano".

CASA DI FRANCO — Rua de São Paulo n.º 59.

CINEMATÓGRAFO FALANTE (de Candburg) — Aparelho apresentado no mês de maio no Teatro Sant'Ana. Outro aparelho falante, de Star & Company, foi exibido no Sant'Ana.

CIRCO AMERICANO — Estreou em 17 de maio na Praça Dr. João Mendes. Propriedade de Manuel Ballesteros. Direção de Galdino Pinto. Tomava parte o palhaço Polidoro.

CIRCO DE CAVALINHOS DE PAU — Armado no Largo do Arouche, da empresa Souto & Saul. Incendiou-se na madrugada de 22 de março. Origem do fogo: um lampião aceso em uma barraca pelo guarda Manuel de Oliveira. Estava segurado em 12 contos de réis e os prejuízos foram de 1 conto. Foi preso o sócio J. Souto para averiguações.

CIRCO DE E.C. RAY — Estreou em dezembro no Polytheama. Seus artistas: os irmãos Seyssel, músicos excêntricos, Lalanza, o jacaré humano, Mr. Nasha, o homem-borracha, Mr. Matheus e seus jumentos argelinos, Wosmel, o atleta de força dental, etc.

CIRCO INTERNACIONAL — Estreou em 20 de dezembro na Avenida Tiradentes, bairro de Santana.

CIRCO PAVILHÃO FLUMINENSE — Armado na Rua da Consolação, em frente à Rua Maria Antônia. Direção do *clown* Demóstenes Silva.

CIRCO-TEATRO FRANÇOIS — Montado no Largo Coração de Jesus, onde estreou em 14 de junho. Seu grande sucesso era o palhaço cançonetista Serrano.

CIRCO-TEATRO PAVILHÃO BRASILEIRO — Estreou em dezembro na Praça Dr. João Mendes, pertencia à empresa Eduardo das Neves e João de Castro.

CIRCO-TEATRO TAVARES — Armado em 27 de outubro na Praça Dr. João Mendes, da empresa Tavares. O popular Eduardo das Neves cantou neste circo algumas vezes.

CIRCO DE TOUROS — Estreou em 29 de abril na travessa particular da Rua Anhangabaú. Direção do famoso cavaleiro. Adelino Raposo. Na função de 13 de maio, Adelino toureou montado em um... camelo!

EXPOSIÇÃO DE ANIMAIS EMBALSAMADOS — Rua Marechal Deodoro n.º 32, propriedade de Ernesto de Sá. Inaugurada em 20 de julho.

EXPOSIÇÃO DE ANIMAIS (Segunda) — No Posto Zootécnico da Mooca. Inaugurada em 12 de outubro. Entrada com direito de ida e volta nos *bonds* da Mooca e Hipódromo, 1$000.

EXPOSIÇÃO DO TÚMULO DE JESUS CRISTO — No Salão Progredior.

FERRO-CARRIL ASIÁTICO — Rua Onze de Junho n.º 8, antigo Frontão Paulista. Propriedade do Padre Francisco Martins Dias. Inaugurado em 3 de abril.

MINOLINDO — Grande lanterna mágica que a empresa Candburg apresentou no Teatro Sant'Ana, em junho, juntamente com um aparelho falante. O tal Minolindo projetava retratos luminosos, coloridos e não animados, do couraçado *Aquidabã*, antes da explosão, da Avenida Central, do Rio, Cardeal Arcoverde, Nilo Peçanha, D. Pedro II, José do Patrocínio, Lauro Müller, Princesa Isabel, etc. Talvez tenha relação com o aparelho *L'Aester*, apresentado em 1903.

MOULIN ROUGE — Largo do Paissandu, café-concerto da empresa Pascoal Segreto inaugurado em 1.º de agosto.

SALÃO BEVILACQUA — Rua de São Bento n.º 14, defronte ao jornal *O Comércio de São Paulo*. Concertos de amadores.

SALÃO BEVILACQUA — Rua de São Bento n.º 14, defronte ao jornal *O Comércio de São Paulo*. Concertos de amadores.

SALÃO DA CERCLE FRANÇAIS — Rua de São Bento n.º 79.

SALÃO PROGREDIOR — "Uns três anos atrás o Sexteto Tombozo tocava no Progredior e nos salões aristocráticos de São Paulo. É esse que anda agora esmolando humildemente pelas ruas asfaltadas da Capital artística" (A. Boucher Filho, "Bric à Brac", *OCSP*, 25.3.1906, p. 1).

Cartaz do café-concerto Moulin Rouge.

TEATRINHO JOÃO MINHOCA — Instalado no Club de Regatas São Paulo.

TEATRO MINERVA — Largo do Cambuci. Bailes e espetáculos de amadores.

TEATRO SANT'ANA — A seção "Artes e Diversões" *(OCSP,* 17.5.1906) lembrava "à empresa do Sant'Ana a necessidade de melhorar o repertório da orquestra que tocava durante os intervalos".

VÁRZEA DO CARMO — Realização de jogos de *football* aos sábados à tarde. Contava João da Rua em "Aspectos de São Paulo" *(OCSP,* 6.5.906, p. 1) que a várzea do Carmo à noite, era escura como breu e o ponto predileto dos assaltantes.

Outras diversões: Frontão Boa Vista, Hipódromo Paulistano, Jardim do Palácio, Jardim Público, Museu Histórico, Parque Antárctica, Parque de Vila Mariana e Polytheama-Concerto.

1907

AUTO-TOURS — Rua Quinze de Novembro n.º 38, instalado no Salão Progredior. Panorama giratório em que os espectadores, comodamente sentados, como se estivessem no interior de um automóveis, apreciavam ruas e paisagens de New York, São Francisco e Washington.

BIJOU-THEATRE — Rua de São João, junto ao Polytheama e ao Mercadinho. Cinematógrafo de Francisco Serrador inaugurado em 16 de novembro.

BIÓGRAFO — Aparelho cinematográfico funcionou, em janeiro, no Eden-Theatre.

BOSQUE DA SAÚDE — "É o lugar mais apropriado para piqueniques. A mata virgem ali existente pode ser percorrida pelos visitantes em todas as direções. O público encontra ali, espalhadas pelo mato, inúmeras clareiras com mesas e bancos para piqueniques" *(OCSP,* 2.6.1907, p. 5).

CAFÉ GUARANI — V. Cinematógrafo Kinema-Theatre.

CASA EDISON — "Únicos agentes da Columbia Phonograph Company de New York".

CINEMATÓGRAFO JAPONÊS — Instalado no Salão da Rôtisserie Sportsman. Empresa Oishiyako & Cia. Maquinista: Rodrigo Sayago. Diretor de orquestra: Maestro Riccardo Galli.

CINEMATÓGRAFO KINEMA-THEATRE — Rua Quinze de Novembro n.º 52, antigo Café Guarani. Empresa Cinematográfica Kinema, de Staffa.

CINEMATÓGRAFO PATHÉ — Aparelhos instalados no Teatro Popular, no Sant'Ana e no Salão Progredior.

CINEMATÓGRAFO PAULISTA — Rua de São Bento n.º 59.

CINEMATÓGRAFO RICHEBOURG — Aparelho de propriedade da F. Serrador, funcionou no Sant'Ana, Polytheama e no Bijou-Theatre.

POLYTHEAMA

Espectaculos to[dos]
[to]das as noites. As
[m]ais notaveis *trou*[pes]
[pe]s de café-concer[to]
companhias ly[ricas]
[ric]as, dramaticas
[de] comedia e de
[vau]deville.
Matinées dedica[das]
[da]s familias, to[dos]
[d]os domingos e
[dias] de festa.

[Empreza]: J. Cateysson & C.

Cartaz do Polytheama.

CINEMATÓGRAFO WARWICK — Aparelho funcionou em alguns dias de novembro no Polytheama, com pouca eficiência.

CIRCO CHILENO — Estreou em novembro no Largo Coração de Jesus. Empresa Manuel Ballesteros. Direção de Roberto Fernandes. Em 5 de novembro anunciou "o drama crioulo escrito para esta Cia. pelo escritor gaúcho Celso de Oliveira, *O Terror das Fronteiras*".

CIRCO DE FRANK BROWN — Estreou em 19 de setembro no Polytheama. Sua maior atração, a princesa Ywonne Mayrenas e suas feras.

CIRCO GUARANI — Armado em novembro na Praça Dr. João Mendes. Direção de João Alves. Nele trabalhou o popular Eduardo das Neves. Na parte cômica funcionavam os palhaços *Fubeca* e Olímpio.

CIRCO MEYSTRICK — Montado na Praça Dr. João Mendes, Diretor: Adelino Mota.

CIRCO OF NOVIDADES — Estreou em junho no Largo Coração de Jesus. Propriedade de José Offack.

CIRCO-TEATRO PAVILHÃO BRASILEIRO — Estreou em janeiro na Rua da Consolação, em frente à Rua Maria Antônia.

CIRCO UNIÃO ARTÍSTICA — Armado na Praça Dr. João Mendes, onde estreou no dia 19 de dezembro. Empresa: B. M. A. Dirigido pela artista Elisa Brose. Do elenco fazia parte o campeão eqüestre brasileiro Anchises Pery.

CIA. PAULISTA DE ELETRICIDADE — Rua de São Bento n.° 55, loja. Audição e venda de gramofones e zonofones.

EDEN-THEATRE — Ficava na Rua de São Paulo. Café-concerto e cinematógrafo da empresa J. Cateysson. A partir de novembro, já completamente reformado, transformou-se no Bijou-Theatre.

EMPRESA CINEMATOGRÁFICA AMERICANA — Agência carioca, em novembro, enviou para São Paulo o seu representante Alberto Botelho para colocar no mercado as máquinas marca *Pathé* (Conforme registro do livro *A Bela Época do Cinema Brasileiro*, Editora Perspectiva, 1976, p. 214).

EMPRESA CINEMATOGRÁFICA KINEMA — Do empresário Jácomo Rosário Staffa.

EMPRESA F. SERRADOR — Proprietário do Bijou-Theatre.

EMPRESA PASCOAL SEGRETO — Proprietária do café-concerto Moulin Rouge e arrendatária pelo prazo de dois anos, do Teatro Sant'Ana.

MOULIN ROUGE — Largo do Paissadu, café-concerto com exibição do *The American Biograph* da empresa Pascoal Segreto. Regente de orquestra: Maestro Segré.

POLYPHON — Grande gramofone automático que imitava uma grande orquestra, própria para salas de grandes dimensões. Vendia-se um, conforme anúncio inserido em *OESP*, 16.12.1907, p. 4.

POLYTHEAMA-CONCERTO — Esteve fechado por algum tempo e reabriu em 10 de novembro, com espetáculos variados, entre os quais "vistas do cinematógrafo Warwick, que não agradaram, por suas incômodas trepidações".

PRESÉPIO MECÂNICO — Rua Quintino Bocaiúva n.º 20. "Movimento e montado a capricho, chama-se a atenção das exmas. famílias".

PROGREDIOR-THEATRE — Vide Salão Progredior.

RINHA — Rua do Lavapés n.º 24. O noticiário do dia 14 de maio descrevia uma grande briga na véspera provocada pelos *torcedores* de dois galos, com respeitável número de feridos.

SALÃO NOVO SÉCULO — Largo de São Bento n.º 10. A partir de 25 de março, das 5 horas da tarde às 11 da noite, apresentação do fenômeno "Busto Vivo".

SALÃO PROGREDIOR — Em 3 de novembro inaugurava um aparelho *Pathé* "com vistas muito animadas e interessantes".

SALÃO DA RÔTISSERIE SPORTSMAN — Rua de São Bento n.º 59, com cinematógrafo.

TEATRO POLYTHEAMA — V. Polytheama-Concerto.

TEATRO POPULAR — Em dezembro funcionou um aparelho *Pathé*.

TEATRO SANT'ANA — Apresentou o cinematógrafo Richebourg em agosto.

THE AMERICAN BIOGRAPH — Aparelho cinematográfico apresentado no Moulin Rouge.

VELÓDROMO PAULISTA — No dia 15 de dezembro exibiu o célebre Marino, que deixava passar sobre o seu corpo dois automóveis carregados de gente. Um observador disse que o homem parecia feito de casca de tartaruga!

Outras diversões: circo E. C. Ray, Frontão Boa Vista, Hipódromo Paulistano, Jardim do Palácio do Governo, Jardim Público, Museu Histórico Paulista, Parque Antárctica, Salão Excelsior, Salão Steinway e Teatro Internacional da Lapa.

1908

AMERICAN NOVELTY — Centro de diversões com entrada franca. "Vistas automáticas, animadas e rotativas, rodas místicas, indicadores de peso e força, bonecos mecânicos que vendem goma de mascar e bombons, etc."

BIJOU-THEATRE — Dizem que nas proximidades do Bijou e do Polytheama reuniam-se todos os batedores de carteiras da cidade. Toda pessoa que vinha do interior, matuto ou não, queria ver as cançonetistas estrangeiras do Polytheama ou as vistas cômicas do Bijou. Eram constantes as queixas nos jornais de furtos ali cometidos.

BIOSCÓPIO SINCRÔNICO — Aparelho de cinematógrafo falante que funcionou em junho, no Salão Progredior.

CAMPO DO OSÓRIO — Extensa várzea banhada pelo Rio Tamanduateí no trecho entre as Ruas Glicério e da Mooca. Dia-

O Café Java, no Largo da Misericórdia, entre as ruas Direita e Quintino Bocaiúva, onde ficava o Cinematógrafo Reclame. (Fotografia gentilmente cedida pela Divisão de Iconografia e Museus da Prefeitura do Município de São Paulo).

O maestro paulista Antônio Leal, diretor da orquestra do Íris-Theatre. (Não confundir com o cinematografista português radicado no Rio).

riamente, à tarde, grupos de menores costumavam realizar *trainings* de *football*. No dia 28 de dezembro, o garoto Teodorico, ao retirar a bola de um matagal próximo, foi picado por uma cobra urutu.

CASA BEETHOVEN — Rua de São Bento n.º 20, de Chiaffarelli & Melo. Venda e audição de músicas de todos os gêneros.

CASA EDISON — Rua de São Bento n.º 26 e filial à Rua Quinze de Novembro n.º 27. Venda de lanternas mágicas (com 12 vistas a 7$000), estereoscópios (com 6 vistas de vidro a 2$000), cinematógrafos a 15$000 e outros brinquedos da moda.

CASA VERDI — Rua de São Bento n.º 82, de M.L. Freire. Venda de gramofones *Columbia, Victor* e discos *Odeon, Victor* e *Homophone*.

CINE-SYNCHROPHONE PATHÉ — Aparelho falante instalado no Progredior-Theatre pela empresa Ernesto Cocito & Cia.

CINEMA EXCELSIOR — Ao ar livre, instalado nos jardins do Liceu Salesiano. Funcionou por pouco tempo durante um festival promovido em benefício dos índios bororos.

CINEMA PALACE — Ladeira do Piques, n.º 7-A, com "exibições diárias de fitas novas e muito nítidas".

CINEMA PAULISTA — Rua Marechal Deodoro, da empresa F. Serrador. Inaugurado em 19 de setembro.

CINEMATÓGRAFO — Salão existente no bairro de Santana, conforme revela notícia de *OCSP,* 10.11.1908, p. 3, sem contudo mencionar o nome do estabelecimento.

CINEMATÓGRAFO — Rua do Seminário, propriedade de Alberto Dantas, que é o dono do apreciado *João Minhoca*. Inaugurado em setembro.

CINEMATÓGRAFO BRASIL — Rua de São Bento n.º 59, no Salão da Rôtisserie Sportsman. Empresa Costa. Inaugurado em 13 de maio.

CINEMATÓGRAFO (de Candburg) — Funcionou no Pavilhão Elisa Brose.

CINEMATÓGRAFO COLOSSO — A partir de 25 de fevereiro, funcionou no Teatro Sant'Ana. Da empresa Pascoal Segreto.

CINEMATÓGRAFO DA EXPOSIÇÃO NACIONAL — Funcionou de 26 de setembro até 11 de outubro, no Teatro Sant'Ana. Operador: José Granito. Exibiu fitas nacionais tiradas na Exposição Nacional de 1908, no Rio pela Empresa Pascoal Segreto.

CINEMATÓGRAFO FALANTE — Funcionou no Íris-Theatre.

CINEMATÓGRAFO PARISIENSE — Rua do Bom Retiro n.º 70, perto das estações da Luz e da Sorocabana. Possuía uma grande tela. Inaugurado em 5 de março.

CINEMATÓGRAFO RECLAME — Funcionou ao ar livre em vários locais: iniciou no dia 19 de junho no Largo da Misericórdia, com o aparelho instalado sobre o prédio do Café Java, exibindo vistas coloridas e anúncios luminosos. Depois foi para o Largo do Palácio e mais tarde, para a Praça Antônio Prado. Propriedade de Alberto Andrade.

CINEMATÓGRAFO RICHEBOURG — Aparelho da empresa F. Serrador, funcionou no Bijou, cinema Paulista e no Colombo.

de classificar o meu?
trabalho ou mo-

strumento de tor-

(Mathus.)

de mathematicas, no
cedo Soares:
, escrevendo na pedra:
M assim como *P*

: Como?
: Sim: P egual a

italianas. vieram enriquecer
o attrahentissimo programma
espectaculos desta alegre casa
diversões. O baile á phantasi
realisado hontem, correu cheio
enthusiasmo e animação.

COLOMBO

As vistas cinematographicas
presentando a Paixão de Chris
exhibidas na Semana Santa, ag
daram immensamente aos assiste
tes que enchiam todas as noite
bello theatro do largo da Conc
dia.

Noticiário do Teatro Colombo.

Anúncio do Íris-Theatre.

Grandiosa Matinée Familiar
Variado espectaculo á noite

Iris-Teatre

sa cinematographica de RUBEN & ALCIDES

O mais aperfeiçoado cinematographo
sesacionaes novidades-Luxuosa e importante installação
ra com esplendido piano Steinway, de propriedade da
empresa e sob a regencia do maestro paulista
ANTONIO LEAL.

sensação - Vistas de novidade incontestavel

DE NOVEMBRO, 52 - Empresa RUBEN & ALCIDES

CINEMATÓGRAFO SERRADOR — Funcionou algum tempo, em dias de quermesse no Jardim da Luz.

CIRCO UNIÃO ARTÍSTICA — Com a estréia do cinematógrafo de Candburg passou a denominar-se *Pavilhão Elisa Brose*.

EDEN-THEATRE — Rua do Gasômetro n.° 114, antigo Teatro Popular. Cinematógrafo.

EDISON CYNEMA — Inaugurado em setembro. "Tem tido muita concorrência as vistas exibidas neste novo e nítido cinematógrafo que funciona à Rua Mauá, 71" *(OCSP,* 5.9.1908, p. 4).

EXPOSIÇÃO PREPARATÓRIA PARA A EXPOSIÇÃO NACIONAL — Avenida Tiradentes. Participação da banda de música dos índios bororos. Entrada, 500 réis.

FREGOLIGRAPH — Aparelho cinematográfico apresentado pelo grande transformista italiano Frégoli em sua temporada no Sant'Ana.

GRAND CINÉMATOGRAPHE FRANCO-BRÈSILIEN — Da empresa Didier, funcionou no Polytheama.

HÉRCULES — Grande gramofone que tocava músicas no intervalo de cada sessão do Bijou. Inaugurado em 15 de agosto. Deveria ser o mesmo Polyphon.

HIGH-LIFE CINEMA — Largo do Arouche n.° 65, inaugurado no dia 24 de dezembro.

IRIS-THEATRE — Rua Quinze de Novembro n.° 52, cinematógrafo da empresa Rubens & Alcides. Inaugurado em 5 de setembro. Foi o primeiro cinema de São Paulo a exibir fitas cantantes nacionais, isto a partir de 28 de setembro.

MIGNON-THEATRE — Largo do Mercadinho, próximo à Rua Brigadeiro Tobias. Cinematógrafo pertencente ao Dr. Labieno da Costa Machado. Operador: Fúlvio Lavalle, moço italiano que, em outubro, enforcou-se dentro da cabina, desesperado por não ser correspondido por uma jovem freqüentadora do mesmo cinema.

MOULIN ROUGE — A Light de vez em quando dava o ar de sua influência: "O espetáculo de ontem foi interrompido algum tempo, devido à falta de luz elétrica" *(OESP,* 29.12.1908, p. 3).

PARIS-THEATRE — Rua Anhangabaú n. 12 e 14, cinematógrafo da empresa Lima & Cia. Inaugurado em 11 de dezembro.

PARQUE ANTÁRCTICA — Ascensões do balão *Argentina,* do Capitão Silimbani.

PAVILHÃO ELISA BROSE — V. Circo União Artística. Exibia fitas.

PRESÉPIO MECÂNICO — Rua 25 de Março n.° 11, aberto nos dias natalinos das 9 da manhã às 10 da noite.

QUERMESSE — No Jardim da Luz, em benefício dos índios bororos. "Sessões cinematográficas do popular empresário Serrador, de 15 em 15 minutos".

SALÃO DE ATOS DO LICEU — Alameda Nothmann. Cinematógrafo.

SALÃO GUARANI — Rua do Lavapés n.° 13, cinematógrafo de Hermette Rigotti inaugurado em 26 de dezembro.

SALÃO LIRA — Largo do Paissandu n.º 20. Concertos.

SALÃO NASI — Teatrinho de amadores da Rua dos Pescadores, Cambuci. No dia 27 de dezembro, durante a representação do drama *Veteranos da Liberdade,* o ator Alcebíades Valente, de 19 anos de idade, no 2.º ato, recebeu um tiro que não era de pólvora, falecendo dias depois na Santa Casa.

SALÃO DA RÔTISSERIE SPORTSMAN — Nova sede na Rua Direita n.º 49, no antigo Hotel de França. Proprietário, Daniel Souquiérs.

TEATRINHO JOÃO MINHOCA — Apresentado no Club de Regatas São Paulo e no Jardim da Luz.

TEATRO COLOMBO — Largo da Concórdia, Brás. Construído por França Pinto que o explorará durante vinte anos, passando-o depois à Municipalidade. Inaugurado em 20 de fevereiro com o drama *Maria Antonieta* levado pela Cia. Dramática Italiana Bolognesi. Em março, arrendado por Serrador, passou a exibir fitas.

TEATRO LUSO-BRASILEIRO — Rua da Graça n.º 116, Bom Retiro. Cinematógrafo inaugurado em dezembro.

VÁRZEA DO OSÓRIO — V. Campo do Osório.

Outras diversões: Bosque da Saúde, Circo de Frank Brown, Frontão Boa Vista, Hipódromo Paulistano, Jardim do Palácio do Governo, Jardim Público, Museu Histórico Paulista, Polytheama-Concerto, Salão Eden Club, Salão Progredior, Salão Steinway, Teatro Sant'Ana e Velódromo Paulista.

1909

AMERICAN CINEMA — Rua Barra Funda n.º 151, inaugurado em 19 de fevereiro.

BAR — Avenida Tiradentes n.º 240, dos Srs. Romolo & Barros, inaugurado em 9 de abril. Iluminado a luz elétrica. Com bilhares e local próprio para o apreciado jogo de *boccia.*

BIJOU-SALON — Rua de São João, junto ao Bijou-Theatre, da empresa Serrador. Funcionou poucas vezes para apresentação de curiosidades.

BIJOU-THEATRE — A partir de 28 de julho passou a exibir na 2.ª sessão fitas cantantes feitas pela empresa, com os cantores em carne e osso escondidos atrás da tela.

CASA DI FRANCO — Em julho anunciava *"A Viúva Alegre,* opereta completa para piano só, piano e canto, banda, orquestra, bandolim, etc."

CASA EDISON — Propriedade exclusiva de Gustavo Figner a partir de 12 de janeiro. "Discos com os melhores trechos d'*A Viúva Alegre*". Venda também de aparelhos cinematográficos para amadores e crianças: "Cada pessoa pode ser cinematografada em casa e exibir fitas em sua própria casa".

CINEMA GUARANI — V. Salão Guarani.

CINEMA POPULAR — Avenida Rangel Pestana n.º 140, esquina da Rua Martim Burchard. Funcionava todas as noites.

CINEMATÓGRAFO FALANTE — de F. Serrador, estreou no Bijou em 28 de julho, com fitas nacionais. Outro aparelho funcionou no Radium.

CIRCO UNIÃO FAMILIAR — Montado no bairro do Belenzinho, no mês de fevereiro. Sua maior atração eram os artistas Landa.

CIRCO VARIEDADES — Estreou em 17 de abril na Avenida Rangel Pestana n.º 335, esquina com a Rua do Hipódromo. Depois foi para a Avenida Brigadeiro Luís Antônio, esquina da Rua Asdrúbal do Nascimento. Exibia "fitas no final do espetáculo muito apreciadas, pois eram de uma nitidez esplêndida, apesar do circo ser iluminado a gás!"

CONFEITARIA PINONI (Bar e Restaurante) — Rua de São Bento n.º 47, de Miguel Pinoni. Em junho anunciava: "Acabamos de instalar em nosso Bar um aperfeiçoado cinematógrafo *Pathé*. Funciona todas as noites das 8 e meia horas até meia-noite. A entrada é franca".

EDEN-CINEMA — Rua de São Bento n.º 33, da empresa Cunha Arêas & Cia. "Sua sala de espera, com um botequim, pode comportar até 1.200 pessoas e as instalações elétricas, a cargo da Light, contam com cerca de mil lâmpadas". Inaugurado em 9 de janeiro. Em maio mudou a denominação para *Lírico-Cinema*.

EXPOSIÇÃO DE FERAS — Rua da Boa Vista n.º 23, propriedade de José Apóstolo.

FRONTÃO BOA VISTA — "Onde são realizadas funções do jogo da pelota que prometem eternizar-se entre nós", escrevia *O Estado de São Paulo* de 11 de julho.

GALLINA & CIA. (COMPTOIR GERAL DE FOTOGRAFIA) — Rua de São Bento n.º 30. Venda de gramofones, discos, aparelhos cinematográficos, acessórios e fitas para venda e aluguel.

GENTIL-THEATRE — Largo do Paissandu. Espetáculos amadorísticos.

HIGH-LIFE CINEMA — Em dezembro, a casa *Ao Paraíso das Andorinhas*, da Rua Marquês de Itu n.º 40, dava aos seus fregueses entradas do High-Life para quem comprasse mercadorias acima de 8$000.

IDEAL-CINEMA — Rua Barão de Itapetininga n.º 44, propriedade de Gatti & Cia. Inaugurado em 2 de fevereiro.

IRIS-THEATRE — Cinema exibidor dos grandes *films d'art* franceses e italianos.

J. STOLZE — Loja à Rua Quinze de Novembro n.º 29-A. Venda de fitas cinematográficas positivas, negativas, etc.

LÍRICO-CINEMA — Antigo Eden-Theatre, da empresa Silvério Silvini. Inaugurado em 12 de maio, teve curta duração.

MOULIN ROUGE — Em fevereiro possuía um cinematógrafo que exibia fitas do gênero livre após os espetáculos de variedades.

OLA GIRATÓRIA — Rua de São João, em frente ao Bijou-Theatre. Panorama circular giratório inaugurado em 3 de setembro. Propriedade de F. Serrador.

PANORAMA UNIVERSAL — "Última invenção americana", funcionou alguns dias no salão do Radium-Cinema.

PARIS-THEATRE — Rua Anhangabaú, n.ºs 12 e 14, em frente ao Mercadinho. "Projeções por transparência, adotadas nos melhores cinematógrafos da Europa". Gerente: Olímpio Santos. Depois o cinema foi transferido para a Rua Direita n.º 29 e vendido a uma sociedade anônima constituída dos Srs. Henrique Vanorden, Dr. J. F. Rangel de Freitas, Cel. J. B. Paula Lima, Dr. Joaquim Rodrigues dos Santos, Antônio Picossi, Comendador Leôncio Gurgel, Abílio Silva, Vicente Costabile e Dr. Gabriel Dias da Silva.

PARQUE ANTARCTICA — A Light deu aí uma festa em 7 de maio, para os seus funcionários do serviço de tração. A banda de música executou o *Maxixe Aristocrático,* o *Vem Cá Mulata* e um trecho de *A Viúva Alegre.* Os nacionais maxixaram a valer enquanto os motorneiros e cobradores italianos dançaram a polca.

PARQUE REBOUÇAS — Avenida Rebouças n.º 22, centro de diversões inaugurado em 1.º de agosto. Direção de Gabriel Martins de Andrade.

PAVILHÃO PAULISTANO — Avenida Tiradentes. Circo, exibia filmes.

PETIT CINEMA — Rua Marquês de Itu n.ºs 50 e 50-A, Vila Buarque. Inaugurado em 23 de outubro.

PROGREDIOR-THEATRE — Exibição de fitas. Concertos com uma orquestra de 8 músicos dirigida pelo Prof. Mazzi.

RADIUM-CINEMMA — Rua de São Bento n.º 59, da empresa F. M. Varela & Cia. e depois, a partir de junho, de José Balsells. Inaugurado em fevereiro. Exibição de 5 fitas todas as noites.

RECREIO DAS PERDIZES — Rua das Palmeiras n.º 165. Boliche, propriedade de Guilherme P. da Silva.

RUBEN BIÓGRAFO — Aparelho cantante anunciado em março no Polytheama.

SALÃO ALHAMBRA — Rua Marechal Deodoro n.º 2, sobrado.

SALÃO DE ATOS DO LICEU — Cinema pertencente aos padres Salesianos. Possuía um aparelho aperfeiçoado *Pathé* que importou diretamente em junho.

SALÃO CARLOS GOMES — Chamado também de Salão Steinway ou do Conservatório. No dia 23 de outubro, na conferência humorística *Os Casamentos,* pronunciada por Juvenal Pacheco, o preço cobrado foi de 3$000. Comparado com o ingresso dos cinemas, pode-se concluir facilmente que era caríssima a cultura nacional!

SALÃO CELSO GARCIA (ou Classes Laboriosas) — Rua do Carmo n.º 39. Espetáculos teatrais e reuniões operárias.

GALLINA & COMP.

=== RUA S. BENTO, 46 ===

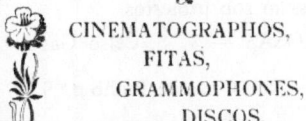

CINEMATOGRAPHOS,
FITAS,
GRAMMOPHONES,
DISCOS,
ARTIGOS
PHOTOGRAPHICOS

IRMÃOS CARNICELLI

Anúncio de Gallina & Cia. (Reprodução fotográfica do Autor).

BIJOU-SALÃO

Com um programma caprichosamente organisado, realisa-se domingo ás 2 horas da tarde neste salão, uma bellissima *matinée* em beneficio dos esforçados, amaveis e sympathicos porteiros do elegante CINEMA da rua de *São João*.

As peças que deverão subir á scena, incontestavelmente as melhores do repertorio da companhia Leite & Pinho, são as seguintes: **Na Cidade Que Trindade** e **O Cara Linda**.

Conhecidos os fins deste espectaculo, é de esperar que o *Bijou Salão* apanhe uma enchente extraordinaria.

Noticiário sobre o Bijou-Salão (O Pirralho n.º 52 [SP], 3.8.1912). (Reprodução do Autor).

José Thomaz Saldanha da Gama, administrador do Teatro Cassino (Álbum Imperial n.º 4 [SP], 20.4.1908, p. 142).

ESTITOS CARNAVALESCOS..

As conferencias no Steinway

— O patrão tambem vae fazer uma conferencia?!
— Vou, sim, pateta. Os credores estão assanhados e com o thema—*Tristezas*, que escolhi, provar-lhes-ei que com ellas... se pagam dividas.

No dia 8 de agosto apresentou-se um *faquir hindu* chamado Amar-Nath que prometia puxar com os olhos um carro de 4 rodas e acender uma fogueira na cabeça de uma dama. No final, o faquir nada fez, o público enfurecido, vaiou e começou a quebrar cadeiras. Foi quando alguém se lembrou de apagar as luzes do salão, fazendo com que os assistentes se retirassem sob protestos.

SALÃO DAS CLASSES LABORIOSAS — V. S. Celso Garcia.

SALÃO DO CLUB GERMÂNIA — Rua Onze de Junho n.º 9, incendiado em 3 de julho.

SALÃO DO CONSERVATÓRIO — V. S. Carlos Gomes.

SALÃO GUARANI — Nos dias 19, 20, 21 e 22 de janeiro, deu sessões cinematográficas em benefício das vítimas dos terremotos da Calábria e Sicília.

SALÃO ITÁLIA FAUSTA — Rua Florêncio de Abreu n.º 45. Espetáculos amadores de sociedades recreativas e operárias, quase sempre.

SALÃO DO INSTITUTO HISTÓRICO — "Temos mais um salão para conferências, reuniões, etc., salão amplo, elegante, arejado e em pleno centro da cidade: o salão nobre do Instituto Histórico, cujo suntuoso edifício foi ontem inaugurado à Rua Benjamin Constant" *(OCSP,* 26.1.1909, p. 1).

SALÃO STEINWAY — V. S. Carlos Gomes.

SÃO PAULO SPORT — Largo de São Bento, centro de diversões esportivas da empresa Garcez & Cia.

SMART CINEMA — Largo do Arouche, inaugurado em 24 de outubro.

SPORT HALL — Rua Anhangabaú n.ºs 10 e 12, da empresa Peyres & Cia. Inaugurado em 21 de agosto.

TEATRINHO JOÃO MINHOCA — Funcionava nos intervalos das sessões do Paris-Theatre.

TEATRO CASSINO — Com duas entradas pelas Ruas 24 de Maio n.º 40 e Onze de Junho, 8. Propriedade da Cia. de Diversões. Administrador, José Thomaz Saldanha da Gama. Ficava localizado dentro de um jardim particular bem cuidado e arborizado. Inaugurado em 25 de setembro com exibição de fitas.

TEATRO POLYTHEAMA — Café-concerto e exibidor de fitas em algumas ocasiões. Pertenceu mais tarde à empresa Serrador.

TEATRO SÃO JOSÉ (O segundo com este nome) — Rua Xavier de Toledo, esquina da Barão de Itapetininga (no local onde se acha atualmente o prédio da Light). Inaugurado em 28 de dezembro pela Cia. Lahoz com a opereta *Geisha*.

Outras diversões: Cinema Paulista, Cinema Reclame, Cinematógrafo Richebourg, Cia. Paulista de Eletricidade (venda de aparelhos musicais), Edison Cinema, Hipódromo Paulistano, Jardim do Palácio do Governo, Jardim Público, Mignon-Theatre, Museu Histórico do Estado (no Ipiranga), Pavilhão Elisa Brose, Salão Bevilacqua, Salão Lira, Teatro Colombo, Teatro Sant'Ana e Velódromo Paulista.

1910

BIJOU-SALON — Em março apresentaram-se os Marconi (que nada tinham com o célebre físico italiano), "os reis da eletricidade, o maior assombro do século XX!" Preços cobrados: adultos, 1$000 e crianças, 500 réis.

BIJOU-THEATRE — "Apesar da tromba d'água de ontem (15 de setembro) o vasto salão do Bijou não esteve vazio, tendo agradado as fitas exibidas".

BOSQUE DA SAÚDE — Todas às quintas-feiras reuniões familiares com divertimentos gratuitos. "O caminho está agora esplêndido para automóveis e outros veículos".

BRASIL CINEMA — Rua Barão de Itapetininga. Em 15 de janeiro anunciou: "Não haverá hoje o espetáculo por motivo de luto na família de um dos sócios da empresa".

CASA EDISON — Em janeiro participava que recebera um grande sortimento de discos gravados pelas bandas da força pública, *Ettore Fieramosca,* Veríssimo e outras novidades.

CASA LEVY — Rua Quinze de Novembro n.º 50-A. Venda dos últimos sucessos musicais da atualidade: *Supplication,* valsa, *Camponês Alegre,* valsa, *Princesa dos Dólares,* valsa e a mesma em polca-marcha, todas a 2$000, etc.

CHANTECLER THEATRE — Rua General Osório n.º 77, entre as Ruas Santa Efigênia e Visconde do Rio Branco. Cinema da empresa Serrador. Inaugurado em 10 de novembro, com capacidade para 800 pessoas, iluminação de 400 lâmpadas de 12 velas, com uma pintura no salão, representando cenas da peça *Chantecler,* de Rostand.

CINEMA POPULAR — Com grande freqüência aos domingos. Artur Salgado, um menino que vendia cocadinhas na porta do cinema, no dia 28 de maio, apresentou queixa ao delegado do Brás, alegando que o dono do Cinema Popular dera um pontapé no seu tabuleiro de doces. O empresário foi obrigado a indenizar o rapazinho.

CINEMA ODEON — Rua Marquês de Itu, inaugurado em 7 de agosto.

CINEMA SÃO JOÃO — Rua de São João n.º 371, de Antônio Garcia Leal & Cia. Inaugurado em 27 de outubro: "Na estréia, apresentou belas fitas e conseguiu apanhar boa concorrência".

CINEMATÓGRAFO — Aparelho instalado no Club de Regatas São Paulo, Ponte Grande, durante um festival esportivo realizado em setembro.

CINEMATÓGRAFO CANTANTE — Funcionou no Bijou-Theatre com fitas nacionais produzidas por Serrador.

CIRCO DE FRANK BROWN — Temporada curta no Polytheama, de 18 de setembro até 2 de outubro.

CIRCO PAVILHÃO AMERICANO — Armado na Avenida Brigadeiro Luís Antônio.

CROMOS ANIMADOS — Série de fitas curtas de desenhos animados e de fantoches animados, feitos provavelmente pelo caricaturista francês Émile Cohl, apresentada por Mme Watry (esposa do empresário Watry), no Teatro São José a partir de 8 de novembro. Um dos filmezinhos exibidos tratava-se do *Le Tout Petit Faust,* parodiando *O Chantecler,* de Rostand: "A fita sobre *O Chantecler* e a fonte luminosa continuam agradando no Teatro São José" *(OCSP,* 14.11.1910, p. 3).

EXPOSIÇÃO DO AEROPLANO *SÃO PAULO* — No dia 12 de janeiro em diante no Polytheama. Monoplano inventado e construído por Demétrio Sensaud de Lavaud e anunciado como o primeiro aeroplano brasileiro.

EXPOSIÇÃO DE SUCURIS VIVAS — Na Salão Ilusão. Propriedade de Castro & Lago.

GRAND BAZAR PARISIEN — Rua de São Bento n.º 87, Venda de discos e gramofones *Sultan, Vitória* e *Regina.*

GRANDE CIRCO ZOOLÓGICO NORTE-AMERICANO — Estreou no Polytheama em 28 de janeiro. Direção do domador Mac Pherson. Na função do dia 6 de fevereiro, uma assistente de apenas 5 anos de idade, aproveitando-se do descuido dos pais, aproximou-se muito da jaula de uma pantera, sendo por esta atacada. A menina, em estado grave, seguiu para a Beneficência Portuguesa.

HIPÓDROMO PAULISTANO — No dia 16 de janeiro, o Sr. Gastão de Almeida, ao som de *A Viúva Alegre,* entrou no seu aeroporto *Rio Branco,* e acionou o motor. O aparelho correu na pista, mas não levantou vôo e o público vaiou fortemente o aeronauta.

IRIS-THEATRE — Em março, compacta multidão ficava na Praça Antônio Prado acompanhando com entusiasmo os resultados das eleições presidenciais, pelas projeções luminosas do jornal *O Estado.* Várias vezes, a empresa do Iris, receando graves incidentes, fechava as portas e adiava suas exibições.

LANTERNA MÁGICA — Muito empregada na época para ilustrar as conferências científicas e religiosas realizadas no Teatro Sant'Ana, Sociedade Científica de São Paulo, Associação Cristã de Moços, etc. Uma das sociedades citadas, em março anunciou ter efetuado o gasto de 295$000 com a compra de uma lanterna para projeções, vistas e apetrechos.

MOULIN ROUGE — "O Moulin é o único estabelecimento onde a gente não se aborrece, mas se diverte", era o que indicava uma de suas propagandas. Mais tarde tomou a denominação de *Royal Theatre,* porém sem se popularizar.

MUSEU DE CERA — Instalado no Salão Ilusão, com figuras ceroplásticas representando os cadáveres de D. Carlos I, rei de Portugal e de seu filho Luís Felipe, mortos em atentado.

PAVILHÃO DOS CAMPOS ELÍSIOS — Funcionava em um barracão de propriedade de Antônio Álvares Penteado no Largo Coração de Jesus. Cinematógrafo, transferiu-se depois para um novo pavilhão construído na Avenida Barão do Rio Branco, esquina com a Nothmann.

PAVILHÃO HALLEY — Avenida do Ipiranga, da empresa Rodrigo Sayago & Cia. Cinema inaugurado em 27 de outubro. O

Rua Direita, esquina com Largo da Misericórdia. (Fotografia gentilmente cedida pela Divisão de Iconografia e Museus da Prefeitura do Município de São Paulo).

PAVILHÃO DAS ROSAS

O aviador Gastão de Almeida.

nome *Halley* era influência ainda de um cometa surgido em maio deste ano.

PAVILHÃO DAS ROSAS — Inaugurado em 15 de janeiro, no Teatro Cassino para a "excelente e graciosa" orquestra das Srtas. Mirales. Mais tarde foi ocupado pela orquestra das damas vienenses, que executava valsas langorosas, sob a regência do maestro Freichutz.

RADIUM-CINEMA — Vendia e alugava fitas tanto para a Capital como para o interior.

REAL CINEMA — Rua da Graça n.º 144. Seu fiscal era o espanhol Francisco Mezzacapa.

ROYAL CINEMA — Rua São Lázaro n.º 19, propriedade de Ângelo Pelegrini & Cia. Foi vendido depois a Antônio Garcia Leal, transferindo-o para a Rua Lopes de Oliveira.

ROYAL-THEATRE — Largo do Paissandu, antigo Moulin Rouge. Propriedade da Cia. Teatral Paulista, composta dos Srs. Dr. Guilherme Ellis, Antônio Correia Vasques, Dr. Alexandre de Albuquerque e J. Saldanha da Gama. Nota: não confundir com o Royal Cinema.

SALÃO DA ASSOCIAÇÃO CRISTÃ DE MOÇOS — Rua do Rosário n.º 15. Conferências sobre viagens e expedições com projeções de lanterna mágica.

SALÃO ILUSÃO — Rua de São João, ao lado do Bijou-Theatre.

SALÃO DA SOCIEDADE CIENTÍFICA DE SÃO PAULO — Rua Quinze de Novembro n.º 20. Série de conferências sobre os índios carajás e a catequese, com projeção de lanterna mágica.

SMART CINEMA — Propriedade de Pedro Manielli. No dia 24 de outubro, em comemoração ao seu primeiro aniversário, a empresa distribuiu internamente o primeiro número de um jornal ilustrado.

SPORT BOLICHE — Instalado no Moulin Rouge.

SPORT PARISIEN — Rua de São João n.º 41, inaugurado em 8 de janeiro, com jogo de bilhares praticado por senhoritas.

TEATRO CASSINO — Nos dias 3 e 5 de janeiro, o teatro estava cheio na expectativa da luta romana entre o campeão paulista Cícero Marques e o campeão carioca J. Floriano Peixoto, que empataram na primeira e a segunda terminou com a vitória do filho do Marechal de Ferro. No dia 1.º de setembro, a empresa dedicou um espetáculo aos *footballers* do Corinthians inglês em visita a São Paulo.

TEATRO COLOMBO — No dia 20 de outubro, ao ser apresentado um número circense, as tábuas do palco cederam e o elefante *Topsy* afundou, levando consigo o empregado Paulo de tal, que recebeu ferimentos generalizados.

TEATRO POLYTHEAMA — Exibia fitas, entre elas a famosa *A Viúva Alegre,* da produtora carioca William & Cia.

TEATRO SÃO JOSÉ — Em março, quando esteve ocupado pela Cia. de Silva Pinto, a empresa foi multada em 50$000 "por ter começado o espetáculo antes da hora anunciada no programa e terminado depois da meia-noite".

WATRIGRAFF — Enorme aparelho cinematográfico apresentado pelo ilusionista Casare Watry, em novembro no Teatro São José.

Outras diversões: Cinema Reclame, Frontão Boa Vista, High-Life Cinema, J. Stolze (venda de películas virgens), Mignon-Theatre, Parque Antárctica, Parque da Cantareira, Petit Cinema, Salão Itália Fausta, Salão Progredior, Salão Steinway, Sport Hall, Teatrinho João Minhoca, Teatro Sant'Ana e Velódromo Paulista.

1911

AMERIKAN CINEMA — Avenida Celso Garcia n.º 40, da empresa Pascoal Plastino. "Salão higiênico, ventilado e confortável" inaugurado em 10 de novembro.

BRÁS-BIJOU — Avenida Rangel Pestana n.º 148, da empresa Sprovieri, Fiori & Gogliano, exibia fitas fornecidas diariamente pela empresa Serrador. Nos intervalos apresentavam-se cantoras populares, Elvira Benevente, Pimpinela, Argentina, etc.

BRASIL CINEMA — Rua dos Andradas. No espetáculo da noite de 11 de julho, o assistente Joaquim Alves de Arruda, ao assistir a uma comédia de Boireau, foi agredido e posto na rua pelo sócio Bruno pelo simples fato de ter soltado... uma gargalhada!

CASA EDISON — Rua de São Bento n.º 38-A, com filiais na Rua Quinze n.º 27 e Rua Barão de Jaguara n.º 15, em Campinas, e depósitos na Rua Mauá n.º 123 e na Avenida Rangel Pestana n.º 179.

CHANTECLER THEATRE — Achava *O Pirralho* que "o Chantecler tinha um excelente pianista e apresentava filmes sensacionais".

CINEMA BELÉM — Avenida Celso Garcia, 228, esquina da Rua Belém. Propriedade do capitalista Manuel Correia Leite. Inaugurado em 18 de fevereiro.

CINEMA CANTANTE (GAUMONT) — Apresentado no mês de julho, no Radium.

CINEMA CANTANTE — Apresentado pelo italiano Salvador Lazzaro no Teatro Variedades, exibindo fitas nacionais.

CINEMA CONGRESSO — Rua do Teatro n.ºs 9 e 11, com a Praça Dr. João Mendes, da empresa Giovanni Caruggi.

CINEMA FAMILIAR — Rua General Jardim, Vila Buarque.

CINEMA LIBERDADE — V. Liberdade Theatre.

CINEMATÓGRAFO — Funcionou em fevereiro, em uma festividade esportiva no Club de Regatas São Paulo.

CIRCO CLEMENTINO — Em maio estreou na Avenida Rangel Pestana n.º 331, junto à Rua Maria Marcolina, no Brás. Em junho passou para a Rua dos Imigrantes, esquina da Rua da Graça, bairro do Bom Retiro. O menino Mário Léo, aprendiz de tipógrafo, de 13 anos de idade, no dia 3 de julho, entrou debaixo do pano e foi mexer com as feras, sendo atacado por um leão. Aos gritos foi salvo pelos empregados do circo.

CIRCO SPORT — Montado na Rua Maria Marcolina, esquina com Chavantes, onde estreou em 26 de outubro. Esteve também no Bom Retiro.

COMPANHIA CINEMATOGRÁFICA BRASILEIRA — Fundada por assembléia geral de 29 de junho. Antiga empresa Richebourg ou F. Serrador.

EDEN CINEMA — Rua de São Caetano n.º 11.

ELDORADO CINEMA — Rua Quintino Bocaiúva n.º 39, inaugurado em 26 de agosto.

FLOR DO ORIENTE — Rua do Oriente n.º 41, cinema inaugurado em 21 de outubro.

GRAN CIRCO — Armado em 25 de agosto na Alameda Barão de Limeira. Propriedade de Delfim Deltorelli.

HIPÓDROMO PAULISTANO — Preferido, pela sua localização e vastidão, para os vôos de aeroplanos. Foi aí que encontrou a morte o aviador paulista Alaor de Queiroz, segundanista da Faculdade do Largo São Francisco.

IDEAL CINEMA — Rua do Gasômetro n.ºs 35 e 37, propriedade de Vicente Linguanotto, rotulado pelo *O Comércio* de "inteligente empresário que acaba de inventar um aparelho redutor para o consumo de luz, aplicando-o à máquina cinematográfica".

ÍRIS-THEATRE — Cinema, passou a pertencer a partir de 1.º de julho, à empresa de Serrador. Possuía uma excelente pianista, Mlle Candinha, que executava admiravelmente todos os trechos de *A Viúva Alegre* e o *Conde de Luxemburgo,* constantemente pedidos pela platéia.

ÍSIS-THEATRE — Rua do Gasômetro n.º 47, cinema pertencente aos irmãos Taddeo. Inaugurado em 7 de abril.

LANTERNA MÁGICA — Empregada por alguns conferencistas, como o caso do Tenente-coronel Rondon na sua palestra sobre os índios do Brasil, no Salão Germânia.

LARGO DA CONCÓRDIA — A banda musical *Restauração Portuguesa,* todas as noites tocava no coreto. Diziam até que Serrador subvencionava a banda para que atraísse público para o Teatro Colombo.

LIBERDADE-THEATRE — Rua da Liberdade n.º 38, cinema dos empresários Lochino & Cia., inaugurado em 12 de maio.

PAULICÉA CINEMA — V. Teatro Variedades.

PAVILHÃO ELISA BROSE — Inaugurado em 25 de maio na Rua de São João, esquina da Rua Apa. Cinema, no ano anterior esteve instalado na Praça Dr. João Mendes.

PAVILHÃO ORIENTE — Rua Henrique Dias, esquina da Rua Rodrigues dos Santos, Brás. Cinema da empresa Francisco Cunha com fitas fornecidas por Serrador.

PAVILHÃO PAULISTA — Rua Dr. Abranches. Em junho, o empresário N. Bontempo anunciou a peça *Romeu e Julieta* e

A maxixeira Elvira Benevente. Em 1970, encontrava-se internada na Casa do Ator, em São Paulo (Revista Teatral n.º 7, [SP], 23.4.1914, capa).

Anúncio do Radium Cinema (O Pirralho n.º 60 [SP], 5.10.1912).

Anúncio do Cinema Congresso (O Pirralho n.º 69 [SP], 7.12.1912).

Radium Cinema

— DA —

Companhia - Cinematographica Brasileira

Quarta-feira proxima soirée chic dedicada a fina sociedade paulistana.

Ide todos - ao sympathico cinema da rua de S. Bento - quarta-feira proxima.

CINEMA CONGRESSO

EMPRESA GIOVANNI CARUGGI

Unica empresa que exibe em 1.o lo- — — gar no districto da Li- — — berdade novidades do Bijou Theatre

Variadas sessões todos as noites das 6 1|2 em diante, aos domingos grandiosos matinées as 2 horas da tarde

Hoje 16 de Novembro será exhibido o grandioso drama passional, de grande sensação

Um drama no circo

ou a quéda da noite

Film d'arte do fabricante Benchel em 2 actos com 1.000 metros

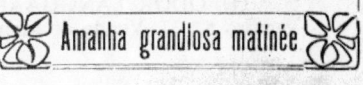

Amanha grandiosa matinée

distribuiu uns cartazes espalhafatosos pelo bairro. Na noite da estréia, o falso empresário desapareceu com o dinheiro e deixou o público sem espetáculo.

POLYPHON — Funcionou na sala de espera do Ideal Cinema, do Brás.

RADIUM-CINEMA — A partir de 24 de maio passou a pertencer à empresa F. Serrador.

RINK AVENIDA — Vide Teatro Rink.

RINK THEATRE — V. Teatro Rink.

SALÃO DO CORREIO PAULISTANO — Rua do Rosário n.ºs 8 e 12. Concertos.

SALÃO ILUSÃO — Com vários divertimentos mecânicos e sonoros, imitando as *Penny Arcades* americanas.

SALÃO TE-BE — Largo de Guianazes, junto à confeitaria do mesmo nome, propriedade de Teixeira, Bastos & Cia. Concertos e exibição de filmes. Inaugurado em 4 de março. Possuía magnífica orquestra dirigida pelo Maestro Lorena.

SMART CINEMA — Praça Alexandre Herculano n.º 94 (antigo Largo do Arouche). Em 22 de abril inaugurava seus novos salões.

STAR CINEMA — No bairro da Lapa, próximo ao ponto de bondes. Inaugurado em 2 de março.

TEATRO CARLOS GOMES — Largo do Paissandu. Ex-Moulin Rouge.

TEATRO CASSINO — Rua D. José de Barros n.º 8 (antiga Onze de Junho). Administrador: Afonso Segreto.

TEATRO COLOMBO — Arrendado pela empresa F. Serrador.

TEATRO MUNICIPAL — Rua Barão de Itapetininga, inaugurado em 12 de setembro.

TEATRO POLYTHEAMA — Funcionou às vezes como café-concerto. Um de seus grandes sucessos foi o *Corta-Jaca Aristocrático* dançado pela dupla Asdrúbal-Elvira Benevente. Outra dupla de grande êxito, Os Geraldos (Geraldo Magalhães e Alda Soares) e ainda, pelo sensacionalismo e espalhafato, o *Vermouth*, o cão que fala ("A empresa dá 5 contos de réis a quem provar que o cachorro não fala!")

TEATRO RECREIO — Rua da Barra Funda, cinema.

TEATRO RINK — Avenida Brigadeiro Luís Antônio n.º 69, cinema da empresa A. Andrade. Possuía um grande salão de patinação. Também designado como Rink Avenida e Rink Theatre.

TEATRO SÃO PAULO — Praça São Paulo, na Glória, exibia fitas e números de palco. Direção de Silvério Morais.

TEATRO VARIEDADES — Largo do Paissandu, esquina de D. José de Barros. Ex-Moulin Rouge. Café-Concerto e exibição de fitas no seu Paulicéa Cinema. Inaugurado em 30 de julho.

THEODOR LANGGAARDI & CIA. — Rua Quinze de Novembro n.º 37. Venda de gramofones e discos Victor e Odeon.

Outras diversões: Bijou-Theatre, Cinema Popular, Coliseu Theatre, Edison Cinema, Frontão Boa Vista, High-Life Theatre, Moulin Rouge, Parque Antárctica, Pavilhão dos Campos Elísios, Salão Germânia, Salão do Conservatório, Salão Itália Fausta, Teatro Sant'Ana, Teatro São José e Velódromo Paulista.

1912

AU CABARET — Praça Antônio Prado n.º 2, bar e restaurante dirigido por Vicente Rosatti & Irmão. Em 1.º de agosto inaugurou um moderno aparelho cinematográfico *Pathé*. "O Cabaret, com essa atração, será, sem dúvida, o ponto *chic* da *élite* paulistana".

BAR MAJESTIC — Rua de São Bento n.º 61-A. Concertos às quintas, sábados e dias feriados pelo Quinteto Inglês, composto "exclusivamente de professores, das 5 horas da tarde às 8 horas da noite".

BAR E RESTAURANTE CABARET — V. AU CABARET.

BEBÊ CASSINO — Local de recreio e diversão exclusivamente para crianças, inaugurado no Jardim da Aclimação, em 6 de julho.

BIJOU-SALON — Teatrinho da Cia. Cinematográfica Brasileira.

BIJOU-THEATRE — Cinema da Cia. Cinematográfica Brasileira.

CASA BEVILACQUA — Rua Direita n.º 7, propriedade de E. Bevilacqua & Cia. Edição de músicas populares.

CASA EDISON — Em seu edifício à Rua Quinze n.º 55, inaugurado em maio. Venda e audição de discos de Caruso, Melba, Tetrazzini, Bassi, Bonci, Constantin, Battistini e Titta Ruffo.

CASA MURANO — Rua Marechal Deodoro n.º 38, com venda e audição de gramofones *Victor*.

CHANTECLER THEATRE — Cinema da Cia. Cinematográfica Brasileira. A partir de 1.º de fevereiro, funcionou com a denominação de *Teatro Rio Branco*, sob nova orientação da empresa arrendatária D'Errico & Bruno.

CINEMA AMBRÓSIO — Rua das Flores n.ºs 68 e 70, da empresa Ambrósio & Cia. Inaugurado em 21 de dezembro.

CINEMA ÉLITE — Rua Barão de Iguape. Revelou *O Pirralho* (n.º 60, de 5 de outubro) que ao ser exibida a fita *Escrava Branca*, os espectadores se retiraram indignados diante de tanta pornografia.

CINEMA GUIANAZES — No largo do mesmo nome, nos Campos Elísios, da empresa J. Perrone & Cia.

CINEMA DA LAPA — Rua da Trinidade n.º 19, da empresa Amleto Pieghisco.

CINEMA POPULAR — Propriedade de Achiles Guilherme. Sofreu um pequeno incêndio na noite de 17 de junho. Os bombeiros vieram e dominaram o fogo com alguns baldes d'água.

O Viaduto do Chá, tendo ao fundo, no lado esquerdo, o Teatro São José e o Teatro Municipal, ao lado direito. (Fotografia gentilmente cedida pela Divisão de Iconografia e Museus da Prefeitura do Munícipio de São Paulo).

CINEMA RECREIO — Rua Major Diogo n.º 39, Bexiga, propriedade de Salvador Caruso. Na sessão de 19 de julho, um espectador bastante alcoolizado, ao xingar e insultar a todos no salão, foi agredido por alguns assistentes que lhe deram uma grande sova de bengaladas. Veio a polícia, mas não conseguiu prender ninguém por falta de provas e testemunhas. O ébrio, bastante ferido, foi removido para a Santa Casa.

CINEMA SÃO JOÃO — Rua da Mooca n.º 436.

CINEMATÓGRAFO — Instalado em março e abril no Club de Regatas São Paulo. Outro funcionou na quermesse do Velódromo. Também no quartel da Força Pública, no bairro da Luz, em comemoração à festa da Bandeira, foram exibidas diversas fitas cinematográficas.

CIRCO CHILENO — Armado na Rua Marechal Deodoro, próximo ao Largo da Sé, direção de Roberto Fernandes. Estreou em 5 de outubro. De suas pantomimas podemos destacar: *Aventuras de João Gostoso, Chico e o Diabo, O Inocente, O Filho da República, Os Irmãos Jogadores, Descoberta da América*, etc. Seus palhaços: Puxa-Puxa, Alcebíades e Carrapatinho.

CIRCO PHILADELPHIA — Apresentou-se em junho, no Parque Antarctica, cobrando os seguintes preços: veículos, 5$000; arquibancadas, 3$000; bancadas, 2$000; entrada geral, 1$000 e crianças, 500 réis.

COLISEU DOS CAMPOS ELÍSIOS — Alameda Nothmann, cinema da Cia. Cinematográfica Brasileira.

COMPANHIA CINEMATOGRÁFICA BRASILEIRA — Rua Brigadeiro Tobias n.º 52. Importadora, fornecedora e exibidora, aluguel e venda de filmes de todos os fabricantes mundiais.

CIA. INTERNACIONAL CINEMATOGRÁFICA — Rua da Conceição n.ºs 5 e 5-A. Diretor-gerente, Gustavo Pinfild. Importadora e fornecedora de filmes.

CIA. SPORTS E ATRAÇÕES — Sociedade formada com o capital de 600 contos de réis e tinha por objetivo a construção e exploração do Skating Palace, na Praça da República. Seus incorporadores: Evaristo da Veiga, presidente e mais Rollin, José Rossi, Asdrúbal do Nascimento, Baruel, Nicolau Hutschler e A. Zerrener pela Cia. Antarctica.

DIVERSÃO FAMILIAR — Rua Gomes Cardim n.º 20. Constava de figuras em movimento tocadas a vapor e a água, etc., como uma espécie de presépio em homenagem aos santos juninos: Santo Antônio, São João e São Pedro, "estando tudo muito bem disposto e feito com certa arte".

EDEN CINEMA — Empresa José Isola & Cia.

EDISON CINEMA — Propriedade de Francisco Cirati.

ELDORADO CINEMA — Empresa Sebastiano Cruci Médici & Cia.

EMPRESA CINEMATOGRÁFICA DE ANGELINO STAMILE — Rua Quinze de Novembro n.º 16, sobrado. Importadora, fornecedora, exibidora, venda e aluguel de fitas das fábricas norte-americanas Biograph e Vitagraph.

Cinema Guayanazes

Empreza Cinematographica

J. PERRONE & COMP.

Largo dos Guayanazes

A empreza tem a primazia na exhibição dos films Nordisk, Ambrosio, Itala Film, e todas as novidades, entre os cinemas do bairro.

Anúncio do Cinema Guayanazes (O Pirralho n.° 68 [SP], 30.11.1912).

CASA EDISON S. PAULO
A PARTIR DE 1º DE MAIO
Á Rua 15 de Novembro
Nº 55
Installação Luxuosa
Nova e Moderna
Cheia das
Ultimas Novidades
EM GRAMMOPHONES E DISCOS

Anúncio da Cia. Cinematográfica Brasileira (O Pirralho n.° 48 [SP], 6.7.1912).

Anúncio da Casa Edison (O Pirralho n.° 43 [SP], 01.6.1912, p. s/n.°).

COMPANHIA CINEMATOGRAPHICA BRASILEIRA

SOCIEDADE ANONYMA CAPITAL: 4.000:000$000

ESCRIPTORIOS:

SÃO PAULO
52 - RUA BRIGADEIRO TOBIAS - 52
TELEPHONE 61

Endereço Telegr.: "CINETEATRE"

RIO DE JANEIRO
112 - RUA DE SÃO JOSÉ - 112
TELEPHONE 2.718

EXCLUSIVIDADE EM TODO O BRASIL DOS FILMS:
PATHÉ FRÉRES, GAUMONT, ECLAIR, WITAGRAPH, LUBIN, ESSANAY, WILD WEST, MILANO, CINES, SAVOIA, PASQUALI, AQUILA, ETC.

Importação directa dos films:
NORDISCH (de Copenhague), AMBROSIO, ITALA, VITASCOP, ETC.

REPRESENTANTES dos cinematographos e accessorios Pathé Fréres. AGENTES GERAES dos motores industriaes a gazolina, alcool e kerozene ASTER, de DION BOUTON & GREI.

THEATROS: - SÃO PAULO: Bijou Theatre, Bijou Salon, Iris Theatre, Radium Cinema, Chantecler Theatre, Ideal Cinema, Theatre Colombo, Colyseu dos Campos Elyseos e Theatro S. Paulo. - RIO DE JANEIRO: Cinema Pathé, Cinema Odeon, Cinema Avenida, Theatro São Pedro de Alcantara. - SANTOS: Theatro Guarany, Colyseu Santista, em sociedade com a EMPREZA THEATRAL BRAZILEIRA

SÃO PAULO: Polytheama, Theatro São José — RIO DE JANEIRO: Palace Theatre
e em combinação com diversos Theatros da AMERICA DO SUL

EMPRESA CINEMATOGRÁFICA JATAHY-CINE — Filial na Rua Quintino Bocaiúva n.º 4, palacete Lara. Depois mudou-se para a Rua Santa Efigênia n.º 3-A. Importadora, fornecedora, venda e aluguel de fitas.

EMPRESA PASCOAL SEGRETO — Rua 24 de maio, proprietária dos Teatros Variedades e Cassino. Empresária e exibidora.

EMPRESA TEATRAL BRASILEIRA — Rua Brigadeiro Tobias n.º 52, propriedade da Cia. Cinematográfica Brasileira.

FESTAS ROMANAS — Realizadas no Parque Antarctica com cenas ao vivo da antiga Roma.

FLOR CINEMA — Rua da Conceição n.º 5, de Luís Lievore. Na madrugada de 17 de junho, por defeito nas instalações elétricas, manifestou-se pequeno incêndio neste cinema. Os bombeiros chegaram a tempo de dominar o fogo.

GRANDE EMPRESA CINEMATOGRÁFICA STAFFA — Rua Duque de Caxias n.º 23. Importadora, exibidora e fornecedora de filmes.

HARMONIUM — V. Orquestrion.

HIPÓDROMO PAULISTANO — O aviador Roland Garros voou, no dia 7 de fevereiro, por todos os bairros da Capital. Foi o vôo de aeroplano mais lindo e completo praticado em São Paulo, comentaram os jornais daqui.

IDEAL CINEMA — Antes de ser adquirido pela Cia. Cinematográfica Brasileira, o cinema dava sessões clandestinas após às 23 horas. Certa noite o Dr. Rudge Ramos, 3.º delegado auxiliar encarregado dos divertimentos públicos, chegou inesperadamente no salão. O proprietário Vicente Linguanotto, que estava na platéia, ao perceber a presença da autoridade, acionou uma campainha e, por artes de Satanás, o operador trocou imediatamente a fita pornográfica *Para o Harém*, que estava sendo exibida, pelo filme instrutivo *A Criação das Abelhas*, mas era tarde. O delegado lavrou o flagrante, apreendeu todas as fitas proibidas encontradas na cabina e multou a empresa em 200$000 *(OCSP,* 15.6.1912, p. 3).

ÍRIS-THEATRE — Cinema da Cia. Cinematográfica Brasileira.

ISIS-THEATRE — Trabalhavam no cinema os irmãos Afonso, de 10 anos de idade e Frederico Fernandes, com 14 anos, ambos encarregados da distribuição de tabuletas e programas. Os dois menores, aproveitando-se de um descuido do sócio Luís Taddeo, roubaram-lhe a quantia de 630$000. O empresário desconfiou dos garotos que, depois de um interrogatório enérgico, confessaram, dizendo ingenuamente ser o dinheiro destinado a compra de um... cinema! *(OCSP,* 1.4.1912, p. 4).

MUSEU DE CERA ANATÔMICO — Rua Quinze de Novembro n.º 37, pertencente à empresa Pascoal Segreto. Funcionou de 16 de março até 5 de maio.

ORQUESTRION — Grande aparelho musical, funcionou no Skating Palace durante a patinação, executando valsas e polcas.

PRAÇA DA REPÚBLICA — Aos domingos, feriados e dias santificados, a banda de música *Giuseppe Verdi* tocava no coreto, das 7 às 10 horas da noite.

THEATRO RIO BRANCO

Empreza Cinematographica

D' ENRICO & BRUNO

77 - Rua General Osorio - 77

Todas as noites sessões corridas cujos programmas constam de todos os films exibidos pelo Bijou, Iris e Radium da Companhia Cimematographica Brasileira

Anúncio do Teatro Rio Branco (Pirralho n.º 64 [SP], 2.11.1912).

Anúncio de 1896, do famoso fotógrafo francês Eugênio Pirou, um dos primeiros a produzir fitas brejeiras, com vedettes de espartilhos, botinas altas, meias pretas, cetins brilhantes e rendas caras (Reprodução fotográfica do Autor).

Eug. PIROU

Photographe — 5, boul. St-Germ
des Célébrités contemporaines — PAR

HOTEL PRIVÉ - Téléphone 808-83
3 ATELIERS DE POSE

10 Médailles d'Or — 2 Diplômes d'Honn
MÉDAILLE D'OR, EXPOSITION UNIVERSELLE DE 1889
Hors concours — Membre du Jury supérieur — Paris 1892

NOTA: EUG. PIROU REÇOIT LUI-MÊME, 5, BO
— SAINT-GERMAIN, ET NON AILLEURS

Fabrique de Cinématographes
GRAND MODÈLE pour exploitation
PETIT MODÈLE pour Amateu

Manufacture de Bandes pour Cinématographes de tous systè
Collection unique de Sujets artistiques
Bandes spéciales pour appareils d'Amateur

QUERMESSE — No Jardim da Luz em benefício do Instituto de Assistência à Infância e outra no Velódromo.

RADIUM-CINEMA — Propriedade da Cia. Cinematográfica Brasileira. Em outubro estreou na sua sala de espera a orquestra de senhoritas regida pelo Maestro W. Gravois: "A orquestra toca muitíssimo bem e é uma bela idéia que os outros cinemas deveriam adotar" *(OCSP,* 2.11.1912, p. 3).

RESTAURANTE PRINCE-CARNAVAL — Rua Quinze de Novembro n.º 4, concertos da orquestra Bávara.

SALÃO DO CONSERTÓRIO — Durante a representação do dia 27 de janeiro, de uma peça trágica, o amador Francisco Rodrigues, comerciante de profissão, fazia o papel de um padre. No final do 3.º ato, na cena de sua morte, deveria cair de joelhos e pronunciar: *É assim que morre um justo!* Mas foi infeliz, caindo em cima de um prego que lhe furou o queixo, sendo socorrido pelos seus colegas da Sociedade Recreativa e Atlética da Mooca e transportado para a Santa Casa.

SALÃO DO GINÁSIO SÃO BENTO — Largo de São Bento, concertos.

SALÃO DA SOCIEDADE LEALE OBERDAN — Rua Brigadeiro Machado n.º 5, Brás. Reuniões operárias e conferências.

SAVOIA-THEATRE — Rua Conselheiro Ramalho n.º 205, Bexiga. Cinema da firma Salgado, Precioso, & Cia. Inagurado em agosto.

SKATING PALACE — Praça da República n.º 50. Salão de patinação e cinema da Cia. Sports e Atrações, inaugurado em 28 de dezembro. "Possuía uma pista tecnicamente feita com tríplice assoalho e numeroso pessoal composto de 60 pessoas ao serviço do público". O jornalista reclamava dos preços altos cobrados pelo bar americano. Um cálice de vinho do Porto, por exemplo, que em qualquer botequim da cidade bebia-se a 500 réis, lá custava 1$000.

TEATRO CASSINO — Em agosto estreava o famoso faquir Olalfa, "o homem que come fogo e bebe querosene". O comentarista de *O Pirralho* chamava a atenção para um certo *Chocolat* (João Cândido Ferreira) por suas cançonetas pornográficas e gestos indecentes, "a ponto de fazer corar uma estátua de mármore".

TEATRO COLOMBO — Arrendado pela Cia. Cinematográfica Brasileira.

TEATRO RIO BRANCO — General Osório n.º 77, cinema inaugurado em 1.º de fevereiro. Era o antigo Chantecler-Theatre, que a empresa D'Errico & Bruno arrendou da Cia. Cinematográfica Brasileira pelo prazo de dois anos.

TEATRO SÃO PAULO — Cinema-teatro da Cia. Cinematográfica Brasileira. O prédio ficou completamente concluído em 1914.

Outras diversões: Bijou-Bom Retiro, Bosque da Saúde, Brás-Bijou, Cinema Brasil (ou Brasil Cinema), Cinema Central, Cinema Congresso, Cinema Familiar, Cinema Liberdade (ou Teatro Liberdade), Frontão Boa Vista, High-Life Cinema, Jardim da Aclimação, Jardim Público, Largo da Concórdia, Museu Histórico do Estado, Parque Antarctica, Pavilhão Oriente, Rink Theatre, Salão Celso Garcia, Salão Itália Fausta, Smart Cinema, Teatrinho, João Minhoca, Teatro Municipal, Teatro Polytheama, Teatro São José, Teatro Variedades e Velódromo Paulista.

1913

BAZAR DA LIRA — Rua Marechal Deodoro n.º 38-B, venda de músicas impressas para piano: operetas, valsas, cançonetas, etc.

BIJOU SANTA MARINA — Cinema na Água Branca da empresa Renato, D.B. Couto & Cia., inaugurado em 18 de junho.

BIJOU-THEATRE — Em 1.º janeiro exibiu *Um Casamento pelo Telefone*, com Max Linder e Napierkowska. Comentário de *O Pirralho* (n.º 73 de 4.1.1913): "foi o único filme que provocou aplausos de muita moça bonita".

CASA MURANO — Trecho final de um de seus anúncios: "A melhor música é a que se ouve em casa. Para isso é preciso ter um bom gramofone e bons discos, etc."

CASSINO ANTARCTICA — Rua Anhangabaú n.º 67. Café-concerto da Empresa Teatral Brasileira, inaugurado em 5 de dezembro. Direção de José Gonçalves e Gomes da Silva. Possuía galerias com 800 lugares, platéia com 1.000 cadeiras e mais 40 camarotes, um bar, espaçosos corredores e amplas varandas.

CINEMA AVENIDA — Avenida Rangel Pestana n.º 111. Quase sempre com números variados de palco e tela, como por exemplo, em dezembro quando o duo Los Colombos e Los Dondinis cantaram os melhores trechos de *A Princesa dos Dólares*. *A Viúva Alegre*, o *Conde de Luxemburgo* e a cançoneta *Caraboo*, grande êxito do ano.

CINEMA BARRA FUNDA — Rua Barra Funda n.º 16, esquina da Albuquerque Lins. Propriedade da empresa Manuel F. Lopez & Cia. Em abril passou por uma grande reforma.

CINEMA BRESSER — Rua do mesmo nome n.º 55, no Belenzinho.

CINEMA CAMPOS SALES — Rua Conselheiro Ramalho n.º 205-A, Bexiga.

CINEMA GUIANAZES — Empresa J. Perrone (José e Rafaello Perrone e Odilon Melo). Anunciado como "o *rendez-vous* da *élite* do aristocrático bairro dos Campos Elísios".

CINEMA HIGH-LIFE — Empresa Heráclito Viotti & Vallim. Gerente: J. Ferraz. Em fevereiro inaugurou o seu sistema Kinemacolor.

CINEMA INDEPENDÊNCIA — Largo do Cambuci, instalado em um velho barracão que sofreu um incêndio em 10 de agosto. Os bombeiros apareceram e com muitos baldes d'água apagaram as chamas.

CINEMA LIBERDADE — No espetáculo de 20 de setembro, o assistente Luís de Assis França Júnior aboletou-se ao lado de uma linda jovem e quis exibir seus dotes de emérito bolinador. A mocinha deu o alarma e o *coió sem sorte*, surpreendido, foi recolhido ao xadrez da... Liberdade.

NOTAS DE ARTE

A pianista Guiomar Novais O Pirralho n.° 109 [SP], 20.9.1913).

CINEMA MARIA JOSÉ — Rua Major José Bento, Cambuci. Inaugurado em 1.º de maio, verificando-se na ocasião uma grande briga entre os convidados, resultando vários feridos.

CINEMATÓGRAFO — Aparelho instalado no quartel da Força Pública no bairro da Luz. Outro aparelho funcionou na quermesse do Jardim da Infância.

CIRCO NASKA — Armado na Avenida Rangel Pestana no mês de maio. Na noite de 4 deste mesmo mês, um garoto desconhecido, irritado por não poder penetrar debaixo do pano, jogou uma pedra no vigia do circo, ferindo-o no crânio.

COMPANHIA CINEMATOGRÁFICA BRASILEIRA — Proprietária e arrendatária dos seguintes cinemas e teatros da capital: Bijou-Theatre, Marconi-Theatre (em construção), Teatro Rio Branco, Ieal Cinema, Íris-Theatre, Radium-Cinema, Pavilhão Campos Elísios, Pathé Palace, Teatro Colombo, Teatro São Paulo e Smart Cinema.

COMPANHIA KINEMACOLOR DE SÃO PAULO — Rua da Conceição n.º 1. Possui em São Paulo a exclusividade do sistema colorido de Urban-Smith. Em fevereiro adquiriu o cinema High-Life.

CONFEITARIA GUARANI — V. Salão Cinema.

EMPRESA ALBERTO ANDRADE — Avenida Brigadeiro Luís Antônio n.º 69, proprietária do Palace Theatre.

EMPRESA PASCOAL SEGRETO — Rua D. José de Barros n.º 8. Proprietária dos Teatros Variedades e Apolo.

EMPRESA TEATRAL BRASILEIRA — Proprietária do Cassino Antarctica e do Polytheama. Fazia parte do grupo da Cia. Ciematográfica Brasileira.

EROS CINEMA — Rua Piratininga. Queixavam-se os freqüentadores das várias portas deste cinema que permaneciam sempre fechadas. A empresa utilizava apenas uma porta estreita para entrada e saída dos espectadores, o que muitas vezes ocasionavam brigas, palavrões e cenas desagradáveis.

ESTABELECIMENTO MUSICAL SOTERO DE SOUZA — Rua Líbero Badaró n.º 48, próximo à Rua Direita, com "sortimento especial de músicas para pequenas orquestras, próprias para teatros e cinemas, a preços excepcionais".

EXCELSIOR-THEATRE — Rua de São Caetano n.º 226, inaugurado em 12 de novembro e anunciado como "o melhor dos cinemas do bairro".

GRANDE CIRCO NORTE-AMERICANO SHIPP & FELLUS — Estreou no dia 1.º de julho no Teatro Colombo.

HIGH-LIFE CINEMA — V. Cinema High-Life.

HIGH-LIFE THEATRE — V. Cinema High-Life.

HIPÓDROMO PAULISTANO — Também utilizado para vôos de aeroplanos dos irmãos Rapini (Miguel e Napoleone).

IDEAL CINEMA — Pertencente à Cia. Cinematográfica Brasileira, porém arrendado a outra empresa. Fato trágico ocorreu no dia 24 de junho quando o operador deste cinema, Antenor Lopes, de 20 anos de idade, suicidou-se poucos minutos antes do seu casamento. Ingeriu fortíssima dose de creolina e faleceu ao ser transportado para a Santa Casa.

KINEMACOLOR — Novo sistema de projeção cinematográfica que foi apresentado no High-Life, em 28 de fevereiro.

LANTERNA MÁGICA — Usada pelo jornalista português Homem Christo Filho na sua conferência realizada no Salão Germânia.

MARCONI THEATRE — Rua Correia de Melo n.º 6, cinema em construção da Cia. Cinematográfica Brasileira.

PALACE THEATRE — Avenida Brigadeiro Luís Antônio n.º 69-A. Cinema e teatro da empresa Alberto Andrade. Administrador: Henrique Mayor.

PARQUE BELGO-BRASILEIRO — Rua Vilela n.º 1, próximo à Avenida Celso Garcia, inaugurado em 23 de novembro. Prosperidade de Pascoal Schoeps. Tratava-se de um restaurante com música, jogos e bailes campestres.

PATHÉ PALACE — Praça Dr. João Mendes, com Rodrigo Silva. Cnema e teatro da Cia. Cinematográfica Brasileira. "Tem várias saídas para casos imprevistos estando completamente isolada a cabina do operador cinematográfico".

PATHÉCOLOR — Sistema colorido explorado pela casa francesa *Pathé Frères* e que a Cia. Cinematográfica Brasileira tinha exclusividade para todo o Brasil. Conforme explicações de Sadoul, a coloração do Pathécolor era feita por moldes e, ao contrário do Kinemacolor, não exigia projetor especial ou adaptações cromáticas. Foi fácil, portanto, a vitória do prático Charles Pathé na concorrência de mercado contra o sistema inglês.

PAVILHÃO CHILENO — Circo, estreou no Brás em 26 de abril. Provavelmente exibia filmes.

QUERMESSE — No Jardim da Infância, em benefício das obras da igreja matriz de Santa Cecília.

ROYAL CINEMA — V. Royal-Theatre.

ROYAL-THEATRE — Rua Sebastião Pereira n.ºs 62 e 66, bairro de Santa Cecília, cinema da Grande Empresa Cinematográfica Staffa.

SALÃO CINEMA — Avenida Rangel Pestana n.º 122, junto à Confeitaria Guarani.

SAVOIA-THEATRE — Cinema de Alberto de Oliveira Caldas. Operador: Armando Bertoni.

SCALA-THEATRE — Rua Barão de Itapetininga n.º 14. Este cinema possuía dois salões de exibição no mesmo local, o que possibilitava a exibição simultânea de dois filmes de grande metragem em um mesmo horário, como aconteceu em agosto, quando apresentou a fita policial *Protea* e o drama *Durante a Peste*.

SKATING RINK — É o mesmo Skating Palace. Trecho de sua propaganda: "Patinação, o mais higiênico e elegante dos esportes".

SMART CINEMA — Propriedade da Cia. Cinematográfica Brasileira, mas arrendado a outra empresa que lhe deu a denominação de Teatro Guarani.

PALACE THEATRE

Interior do Palace Theatre, na Avenida Brigadeiro Luís Antônio (O Pirralho 31.1.1914).

Charge de Silvius a propósito das fitas coloridas apresentadas pelos sistemas Kinemacolor e Pathécolor (Fon-Fon, 23.3.1912).

— A senhora finge que me despreza, mas isto é fita colorida pois a senhora mudou de cór!

TEATRINHO JOÃO MINHOCA — Instalado no Jardim da Infância durante os dias de quermesse.

TEATRO APOLO — Ex-Cassino, da empresa Pascoal Segreto. "Estabelecimento próprio para o ponto de reunião das exmas. famílias paulistas".

TEATRO CASSINO — V. Teatro Apolo. Em anúncio de 4 de agosto, a empresa comunicava a mudança, a partir daquela data, do nome de *Cassino* para *Apolo*, por ter extinguido o gênero de espetáculos de café-concerto. Um de seus últimos e grandes sucessos, foi a apresentação de *Bugrinha*, a Rainha do Maxixe "et son danseur" que compõem o duo *Os Guaranis*.

TEATRO COLOMBO — Arrendatária (por contrato de sublocação): Cia. Cinematográfica Brasileira. Gerente: João Rodrigues de Castro. Em 19 de fevereiro apresentação de Fátima Miris, "a única senhora no mundo que sozinha sustenta um programa completo". De fato, a transformista sozinha representou todos os atos da opereta *Geisha*.

TEATRO GUARANI — V. Smart Cinema, da empresa D'Errico & Bruno.

TEATRO GUARANI — Largo do Cambuci, cinema da empresa Nicola Tetani, inaugurado em 3 de julho. Dava sessões às quintas, sábados e domingos. Nota: Não confundir com o Teatro Guarani (Smart Cinema) do Largo do Arouche.

TEATRO POLYTHEAMA — Foi desapropriado pela Prefeitura em dezembro, para utilidade pública (alargamento de futura avenida), mas enquanto os projetos e a papelada burocrática corriam de repartição em repartição, a empresa explorava o teatro para outros fins. Um dos diários paulistanos reclamava contra falta de higiene dos aparelhos automáticos expostos, à maneira das *Penny Arcades* americanas, no antigo Salão Ilusão, do Polytheama. Uma das máquinas que servia para medir a energia dos músculos, era soprada por um bocal que bem poderia ser um foco de tuberculose ou de infecção sifilítica.

TEATRO SÃO JOSÉ — Em setembro inaugurou uma exposição de caricaturas, o *Salão dos Humoristas* ou *A Semana do Riso*, com trabalhos de Luís Peixoto, João Brito e Raul Pederneiras. Entrada, 1$000.

THEATRE CRISTAL — Rua Lopes Chaves n.º 37, Barra Funda. Cinema da empresa F. Rossi & Cia.

VELÓDROMO PAULISTA — Nos dias 28, 30 e 31 de agosto foram realizados *matchs* do Corinthians, de Londres, que visitava São Paulo pela segunda vez, contra o Paulistano, o Mackenzie e o antigo Palmeiras, com os preços de 5$000 a arquibancada e 2$000 a geral.

Outras diversões e empresas: Bebê Cassino, Brás-Bijou, Casa Edison, Cinema Ambrósio, Cinema Brasil, Cinema Congresso, Cinema Élite, Cinema Familiar, Cinema da Lapa, Cinema Progredior, Cinema Recreio, Coliseu (ou Pavilhão) dos Campos Elísios, Cia. Internacional Cinematográfica, Cia. de Sports e Atrações, Eden Cinema, Edison Cinema, Eldorado Cinema, Frontão Boa Vista, Grande Empresa Cinematográfica Staffa, Íris-Theatre, Ísis-Theatre, Jardim da Aclimação, Jardim do Palácio do Governo, Jardim Público, Museu Histórico do Estado, Parque Antarctica, Pavilhão

Oriente, Radium-Cinema, Salão do Conservatório, Salão do Club Germânia, Teatro Municipal, Teatro Rio Branco, Teatro São Paulo e Teatro Variedades.

1914

AGÊNCIA GERAL CINEMATOGRÁFICA (de Blum & Sestini, Rio de Janeiro) — Representante em São Paulo: Gustavo Zieglitz & Cia., Rua Major Quedinho n.º 4.

BAR E DIVERSÕES — Rua Líbero Badaró n.º 132-A, propriedade da firma Brandão & Cia., inaugurado em 2 de agosto, com várias diversões, entre as quais um tiro ao alvo.

BIJOU-AURORA — Cinema da Rua Aurora n.º 59.

BIJOU-ORIENTE — Rua do Oriente, cinema.

BIJOU-THEATRE — Foi condenado pela Prefeitura em fins do ano. Por isso teve que fechar e a Cia. Cinematográfica Brasileira passou a utilizar o Polytheama (também condenado!) para exibir alguns de seus filmes. Administrador: José Farina.

CABARET DE L'ETOILE MONTMARTRE — Rua Conselheiro Crispiniano n.º 19, com baile mourisco e concerto árabe sobressaindo-se a "danse des almées".

CAFÉ BRAZIL — Rua Quinze de Novembro, de Caldeira & Silva, com "excelente orquestra todas as noites executando um escolhido repertório".

CASA EDISON — Anunciava em agosto "grandes novidades paulistas gravadas" pelos grupos Tupinambá, Veríssimo, Excêntrico, do Choroso, do Canhoto, do Phoenix, o repertório de Jaime Redondo e os duetos de Pepe & Oterito "cantando pela primeira vez para gramofones".

CASSINO ANTARCTICA — Administrador: Alberto Ângelo. Possuía "amplos jardins com entrada para automóveis e ótimo serviço de *buffet*".

CINEMA AMERICAN — Rua da Consolação n.º 324.

CINEMA AVENIDA — Apresentava números musicais no palco durante os intervalos. Em janeiro, criticava-se a dupla Pepe & Oterito "por se entregar tanto ao maxixe, pois a platéia do Brás, composta de famílias, não apreciava este gênero".

CINEMA BARRA FUNDA — Gerente: Paolo Napoli.

CINEMA CELSO GARCIA — Avenida C. Garcia n.º 42, da empresa Estevam Knoeller & Cia.

CINEMA CONGRESSO — Operador: Rodolfo Tartari.

CINEMA FAMILIAR — Empresa Malta & Cia.

CINEMA MARCONI — V. Teatro Marconi.

CINEMA PENHA — Esteve fechado por falta de público, mas começou a funcionar depois de 24 de janeiro, atendendo a pedido de diversas famílias do bairro.

CINEMA SÃO JOSÉ — Rua Nova São José n.º 22.

CINEMA THEATRE — Rua General Jardim n.º 57, de Matos & Cia. Em 12 de abril deu uma sessão em benefício dos jorna-

José Leonardo Gonçalves, administrador do Teatro São José. (Reprodução fotográfica do Autor, Álbum Imperial n.º 4 [SP], 20.4.1908, p. 142).

Um aspecto da Rua Líbero Badaró (antiga São José) (Reprodução fotográfica do Autor, O Pirralho n.º 160 [SP], 7.11.1914).

A REMODELAÇÃO DE S. PAULO

listas cariocas aqui foragidos por motivo do estado de sítio decretado pelo governo no Rio de Janeiro e comarca de Niterói.

CINEMA-TEATRO TIRADENTES — Avenida Tiradentes n.ºs 110 e 112, da empresa Dias & Pompeu.

CIRCO CHILENO — Armado na Avenida Rangel Pestana. Direção de Roberto Fernandes. Mais tarde transferiu-se para a Várzea do Carmo, perto do Mercado Velho, onde esteve o circo Oklahoma Ranch.

CIRCO EUROPEU — Estreou em 23 de maio na Avenida Rangel Pestana n.º 202, da empresa Oliveira & Cia. Direção do conhecido artista Antônio das Neves. Em junho apresentou-se no Palace Theatre. A figura destacada do circo era o palhaço Serrano, cantor de lundus e modinhas.

CIRCO FÁ — Estreou em 24 de março no velho Polytheama do centro da cidade. Empresa F. Del Mauro. Possuía cavalos, macacos, burros e cachorros amestrados, além dos *clowns,* malabaristas, acrobatas e pantomimas.

CIRCO DE FERAS — Do domador Havemann, estreou no Polytheama em 4 de março e lá ficou poucos dias.

CIRCO FRANÇOIS — Montado na Rua de São João n.º 256, onde estreou em 11 de julho. Propriedade de Mr. Jean François. Possuía pano impermeável, iluminação elétrica gerada por motor próprio e excelentes acomodações. Preços: camarotes, com 5 entradas, 15$000; cadeiras reservadas, 3$000; cadeiras, 2$000 e gerais, 1$000.

CIRCO INGLÊS — Estreou em 22 de maio no Polytheama.

COLISEU CAMPOS ELÍSIOS — Ex-Pavilhão. Administrador: Caetano di Campi. Em 16 de dezembro, às 8 horas da noite, foi realizada ali a primeira palestra caipira de Cornélio Pires, da série de conferências promovidas pela revista *O Pirralho.*

COMPANHIA CINEMATOGRÁFICA BRASILEIRA — Gerente: Carlos Salgado.

COMPETIDORA, A — Empresa cinematográfica com sede à Rua da Conceição n.º 13-A.

CONFEITARIA FASOLI — Rua Direita n.º 5, de Alfredo Pelegrini & Cia. "Todas as noites exibições de belas fitas cinematográficas".

EMPRESA ALBERTO ANDRADE — Diretor: Ângelo Semenza. Proprietária do Palace Theatre e do Follies Bergères.

EXCELSIOR-THEATRE — Empresa Henrique e Emílio Romeo.

FOLLIES BERGÈRES — Ladeira de Santa Efigênia n.º 7. Café-concerto e cinema da Empresa Alberto Andrade. Inauguração em 3 de novembro.

GRANDE CIRCO NORTE-AMERICANO — Vide Oklahoma Ranch Wild West.

HIPÓDROMO PAULISTANO — Onde eram realizados também vôos de aeroplanos de Edu Chaves, irmãos Rappini, etc. No dia 12 de maio, pela primeira vez em São Paulo, o aviador italiano Bartolomeu Cattaneo executou o *looping the loop.* Depois da façanha, o aviador foi carregado em triunfo. Em 8 de março o paulista Cícero Marques voou no seu aeroplano denominado *Bahiano* e demonstrou ser um hábil piloto.

ÍRIS-THEATRE — Administrador: José Porto.

KINETOPHONE — Aparelho falante de Edison, anunciado como o seu último invento e apresentado nos cinemas da Cia. Cinematográfica Brasileira no mês de outubro.

OKLAHOMA RANCH WILD WEST (Grande Circo Norte-Americano) — Armado na Várzea do Carmo, perto da Rua do Gasômetro.

ORQUESTRION HUPFELD — Grande aparelho musical movido a eletricidade demonstrado às 17 horas do dia 1.º de julho, no Íris-Theatre pelo seu agente em São Paulo, o Sr. Luís Sica de Fina.

PARQUE ANTARCTICA — Jogos oficiais do campeonato da Liga Paulista de *Football*.

PATHÉ PALACE — Administrador: Alberto Viana.

PAVILHÃO CAMPOS ELÍSIOS — V. Coliseu.

PAVILHÃO RECREIO — Circo armado no Largo do Riachuelo.

PROGREDIOR (Grande Bar, Resturante e Confeitaria) — Rua Quinze de Novembro n.º 38, de Leiroz & Livreri. Todas as noites concertos variados por um sexteto.

RADIUM-CINEMA — Funcionou pela última vez em 8 de fevereiro, com este programa: Pathé-Journal n.º 222, *Na Delícia das Praias*, comédia da *Gaumont* e o drama italiano *Almas em Tempestade*.

TEATRO APOLO — Administrador: Florentino Segreto. Em junho o ilusionista Watry apresentou no palco um colossal canhão *Krupp*, de 350 mm expelindo no ar *A Mulher Voadora*.

TEATRO COLOMBO — Quando iniciava a sessão de 23 de fevereiro, o operador notou que a objetiva do aparelho desaparecera. Interrogou o ajudante João Picolo e este, depois de rigorosa pressão terminou confessando ter furtado e vendido a peça por 25$000. O fato foi levado ao conhecimento do delegado Dr. Mascarenhas Neves, que recuperou a lente do projetor.

TEATRO ESPÉRIA — Rua Conselheiro Ramalho n.º 132, Bexiga, inaugurado em 2 de abril. "Destinado a exibições cinematográficas e espetáculos de variedades e conta com amplas instalações".

TEATRO MARCONI — Rua Visconde de Três Rio, cinema da Cia. Cinematográfica Brasileira. Administrador: José Gambaro.

TEATRO MUNICIPAL — Presidente da comissão administradora: Dr. Ramos de Azevedo.

TEATRO DA PAZ — Rua João Teodoro n.º 47, cinema de Domingos Mezzacapa Irmãos & Cia. Os jornalistas perseguidos no Rio de Janeiro por motivos políticos e aqui asilados, tiveram no dia 15 de abril uma sessão beneficente com fitas, lutas romanas e números variados.

TEATRO POLYTHEAMA — Gerente: José Farina. O barracão, pertencente à Cia. Antarctica Paulista, funcionava por conta e risco da Cia. Cinematográfica Brasileira, apesar da interdição municipal. Incendiou-se em 27 de dezembro.

TEATRO POLYTHEAMA (DO BRÁS) — Avenida Rangel Pestana, próximo ao Largo da Concórdia. Propriedade de Antônio Godinho Filho. Iniciada a sua construção em princípio de abril.

TEATRO SÃO JOSÉ — Administrador: José Leonardo Gonçalves ou simplesmente J. Gonçalves (Nota: não confundir com o célebre ator e cançonetista José Gonçalves Leonardo).

TEATRO SÃO PAULO — Administrador: Ângelo Ângeli.

TEATRO VARIEDADES — Administrador: Manuel Ballestreros.

THE EDISON CINEMA — Empresa distribuidora de fitas, de Francisco Cirati com escritório à Rua da Boa Vista n.º 68. Proprietária do Cinema Edison.

VELÓDROMO PAULISTA — Jogos oficiais do campeonato de *football* da Associação Paulista de Sports Atléticos.

Outras diversões e empresas: Brás-Bijou, Cinema Bresser, Cinema Independência, Cinema Recreio, Cia. Internacional Cinematográfica, Cia. Kinemacolor de São Paulo, Cia. de Sports e Atrações, Eden-Cinema, Eldorado Cinema, Empresa Pascoal Segreto, Empresa Teatral Brasileira, Eros Theatre, Frontão Boa Vista, Grande Empresa Cinematográfica Staffa, High-Life Theatre, Ideal Cinema, Ísis-Theatre, Lapa Cinema-Teatro, Palace Theatre, Royal Cinema, Salão do Club Germânia, Salão Itália Fausta, Skating Palace (ou S. Rink), Teatro Guarani(Largo do Arouche), Teatro Rio Branco e Theatre Cristal.

ÍNDICE DOS FILMES CITADOS

A

Abaixo as Armas (Ver *Os Horrores da Guerra*), 245
Agente de Polícia, O, 144
Ai dos Vencidos!, 245
Aladim, 63
Aladim e a Lâmpada Maravilhosa, 146
Alegrias do Divórcio, 140
Ali Babá e os 40 Ladrões, 96
Almoço à Imprensa no Restaurante do Pão de Açúcar, 159
Almoço aos Conselheiros Argentinos no Pavilhão Navional de Agricultura, 159
Almoço no "Kaiser" oferecido ao Presidente da República e Esposa, 237
Amolador, O, 199
Amor de Escrava, 140
Amor e Fumo, 242
Amor é mais Forte do que a Razão, O, 140
Amor em Pane, 234
Amor Mascarado, 212
Amor Ilícito, 212
Amor te Vieta, 180
Amputação de uma Perna, 89
Angola e Moçambique, 245
Antro dos Espíritos, 114
Antro Infernal, 128
Apaches de Paris, 129
Aprendizagem de Sanchez, 141
Ária do Toreador (V. *Carmen*, da Gaumont). 199, 242
Arioso, 180
Armário dos Irmãos Dawenport, 82
Arte Negra do Egito, 75
Ascensão do Balão "Pilot", 189
Ascensão ao Corcovado, Uma, 226
Ascensão do Duque de Abruzzos ao Himalaia, 186
Ascensão em Funicular da Montanha Corcovado do R. Janeiro, 226
Aspirador, O, 159
Assassino de uma Alma, 209
Astúcia de Gribouillette, A, 238
Ataque aos Automóveis, 129
Atirador Desastrado, O, 132
Atlantis, 237

Atribulação de um Criado como Porteiro, 29
Augusta, 189
Automóvel do Fagulhas, O, 215
Automóvel do Zé Caipora, O, 216
Aventuras de um Aeronauta, 114
Aventuras de um Namorado, 129
Aventuras de Saturnino Farandola, 238

B

Bailado Excelsior, 236
Bailes Espanhóis, 63
Balão André no Pólo Norte, O, 82
Balão de Santos Dumont na sua Viagem Triunfal, 74
Bandeira, A, 199
Banhista em Apuros, 75, 144
Banho de Cavalos, 63
Banho do Carvoeiro, 129
Banho Impossível, 82, 86
Barba-Azul, O, 82
Batalha de Flores e Desfilar de Carruagens do High-Life Parisiense, 29
Bela Adormecida do Bosque, A, 118
Bigodinho Candidato a Deputado, 245
Bigodinho e a Gata Borralheira, 238
Bigodinho e a Viúva Alegre, 238
Bigodinho Mau Operário, 238
Bigodinho Rico e Pobre, 215
Bigodinho Tenor, 215
Bijou-Jornal n.º 1, 187, 188
Boa Noite, 159
Bohéme, La, 242
Bohemios, Los, 183
Boireau e a Filha do Vizinho, 215
Boireau e a Índia, 238
Bolero Espanhol, 157
Bombardeio de Porto Artur, 114
Bonde Telheuds, O, 96
Boneca Vivente, A, 75, 82
Bonsoir Mme. La Lune, 114
Borboleta, A, 82
Briga entre Lavadeiras, 75
Briga de Mulheres Portuguesas, 29

C

Cabana do Pai Tomás, 171
Caça a Raposa, 232
Cães Contrabandistas, 141
Café de Puerto Rico, 172
Cake-Walk, 132
Cake-Walk à Força, 146
Cake-Walk Infernal, 114
Calça Rasgada, 154
Calino quer ser Cowboy, 216
Calvário de uma Rainha, 245
Cambrioleur Insaissisable, 118
Caminho para a Fazenda de Café, A, 187
Caminho da Perdição, No, 212
Campeonato do Rio de Janeiro, 202
Campos Elísios de Paris, 75
Canção do Aventureiro, 160, 177
Cancion Andaluza, 186
Cão Justiceiro, 150
Caretas Horríveis, 129
Carmela Mia, 186
Carmen (1902), 83
Carmen (1910), 186
Carmen (1911), 199, 242
Carnaval Paulista de 1909, O, 169
Carnaval no Rio em 1911, O, 195
Carnaval no Rio em 1913, O, 218
Carnaval no Rio em 1914, O, 237
Carnaval de São Paulo em 1910, 186
Carnaval de São Paulo em 1914 e O Corso, na Avenida Paulista, 237
Carnaval de Veneza, 76
Carreze e Baci, 186
Carvoeiro, O, 75
Casa do Bruxo Mágico, Em, 114
Casa Sossegada, A, 114
Casa Tranqüila, 83
Casaca da Emília, A, 199
Casamento de Afonso XIII, O, 153
Casamento Infantil, 140
Casamento do Marechal Hermes, O, 232
Casamento pelo Telefone, Um, 318
Casamento de Vitório Emanuel III, 82

Cascata das Antas em Poços de Caldas, 198
Caso dos Caixotes, O (v. Mil e Quatrocentos Contos), 213
Cavalaria de São Paulo, A, 162
Caverna dos Fantasmas, 76
Cendrillon, 76
Centenário do 1.º Regimento de Cavalaria, 158
Centurião de São Jorge, O, 209
Chá Oferecido a Bordo do Couraçado "São Paulo" pelo Almirante Alexandrino de Alencar, 232
Chaminé está Fumegando, A, 146
Chapéu Mágico, 118
Chapeuzinho Vermelho, 113
Charutos, Os, 130
Che Gelida Manina, 186
Chegada do Aviador Brasileiro Edu Chaves, 210
Chegada de um Expresso a Roma, 75
Chegada do General Roca no Rio de Janeiro, 141
Chegada do Maestro Mascagni em São Paulo, 202
Chegada do Marechal Hermes ao Rio a bordo do "São Paulo", 189
Chegada do Ministro das Relações Exteriores, 231
Chegada de Santos Dumont ao Brasil, 237
Chegada em São Paulo do ex-Ministro da Agricultura Dr. Rodolfo Miranda, 189
Chiribiribi, 172
Ciclista Liliputiano, 129
Cinderela (v. O Sapatinho Maravilhoso), 238
Cine-Jornal, 215
Cine Jornal Brasil, 226
Circolo Operaio em São Paulo, 42
Circuito de São Gonçalo, 177
Circuito de La Sarthe, 132
Cleópatra, 183
Cobra d'Água, 242
Cofre Encantado, 118, 144
Colegiais, Os, 242
Colheita do Café e Preparo dos Terreiros, 187
Colocação da Primeira Pedra na Nova Matriz de Santos, 177

Colônias Silvícolas de Mato Grosso, 162
Combate entre Boers e Ingleses na África, 75
Comemoração da Batalha do Riachuelo, 226, 237
Como se faz um Campeão de Boxe, 245
Como se forma uma Mulher, 76
Como se Planta o Café, 187
Concurso de Aviação: O Vôo de Plauchut, 202
Concurso Hípico no Posto Zootécnico Dr. Carlos Botelho, 232
Concurso Hípico Realizado no Velódromo, 232
Conde de Luxemburgo, O, 200, 244
Condessa Úrsula, 238
Conflagração Européia, 245
Conflagração Européia (n.º 14), 246
Conquista de um Dote, 167
Conversação Telefônica, 114
Corredor de Pernas de Pau, O, 144
Corridas de Policiais, 140
Corso de Carruagens na Avenida Paulista, 206
Corso de Carruagens na Exposição, 159
Corso de 1913 na Avenida Paulista, 218
Cortejo do Casamento da Princesa da Inglaterra, 29
Cortejo do Casamento do Príncipe de Nápoles, 29
Criação das Abelhas, 315
Criação do Gado Cavalar no Brasil, 237
Criada Curiosa, 130
Criada Relaxada, 146, 149
Criado Atrevido, 129
Crianças no Parque Antarctica, 149
Crime da Mala, O, 160
Crime da Montanha, 144
Crime de Paula Matos, O (v. Um Crime Sensacional), 228
Crime Sensacional, Um (v. O Crime de Paula Matos), 227
Crisália e a Borboleta de Ouro, 118
Crisântemos, 146
Crispino e la Comare, 172, 199

Cristo no Júri, 215
Cristóvão Colombo, 114
Cultura da Cana-de-Açúcar no Estado de São Paulo, 203
Cultura e Preparação do Café e seu Embarque, 152
Curioso Castigado, Um, 132

D

Dama da Serpente, A, 214
Danação de Fausto, 139
Dança no Fogo, A, 76
Dança Russa, 82
Dança Serpentina, 75
Dançarina Microscópica, 118
Danças Cosmopolitas, 140
Danças da Moda (O Tango Argentino e o Maxixe Brasileiro), 238
Dei Miei Collenti Sprit, 180
Delegado Magnetizado, 140
Delenda Catargo, 245
Delícia das Praias, Na, 327
Dentista Alemão, O, 199
Dentista Americano, Um, 75
Dentista Pândego, Um, 157
Derruba de um Muro, 29
Derby Club Dr. Frontin, 189
Desabrochar das Flores, O, 219
Desafio Singular, Um, 234
Desembarque do Presidente Francês em Carnet, 29
Desembarque e Recepção dos Estudantes Franceses em Santos, 171
Desfilar do Regimento de Cavalaria Francesa, 29
Desfilar das Tropas Alemãs perante Guilherme II, 29
Desgraça Nunca Chega Só, Uma, 114
Deslocação, 82
Despertar da Consciência, O, 246
Destruição de Messina, 168
Dez Mulheres para um Homem (v. Dez Mulheres para um Marido), 128
Dez Mulheres para um Marido (v. Dez Mulheres para um Homem), 132
Dezessete Mulheres Norte-Americanas para um Marido, 153
Di Quel'a Pira, 186
Dia de Pagamento, 141
Diabo no Convento, O, 82
Dinamiteiros de Paris, 159
Divertimentos Esportivos no Rio de Janeiro, 231
Dois Bebês Comendo, 64
Dois "Chuvas", Os, 129
Dominós Brancos, 212
Donna é Mobile, La, 180
Doutor Saenz Peña no Rio, O, 189
Drama nos Ares, Um, 128
Drama no Fundo do Mar, 212
Dranem e a Crioula, 129
Dueto do Chateau Margaux, 172
Dueto da Mascote, 172
Duo de La Africana, El, 172
Duo de Amor, 172
Duo de Los Baturros, 186
Duo de Los Paraguas, 172
Duo de Los Patos, 172
Durante a Peste, 321

E

Educanda di Sorrento, Le, 172
Efeitos da Jupe-Culotte, Os, 196
Efeitos do Melão, 132
Ele Espera para Almoçar, 144
Embarque do Café no Interior, 187
Embarque de Café em Santos, 149
Encontro de Dois Trens, 86
Encontro Imprevisto, O, 128
Enforcado, O, 141
Ensinamentos de Cristo Redentor, Os, 212
Entrada na Exposição de Paris, 29
Entrada Infernal, 132
Entrada em Santos do Cruzador Português "São Gabriel", 186
Entrada do Encouraçado Minas Gerais na Baía do Rio de Janeiro, 186
Entrega das Taças aos Campeões Paulistas de Football, 149
Erupção do Monte Pelée, 118
Escola de Farmácia Odontológica e Obstetrícia de São Paulo, 186
Escola de Heróis, 245
Escrava Branca, 311
Escravo de Amor, 212
Esperteza de um Preso, 76

Esquife de Vidro, O, 209
Estação Aquática de 1911 em Caxambu, 198
Estação Hidromineral de Cambuquira, 226
Estátua Mágica, 96
Estrada de Ferro Noroeste do Brasil, 198
Estréia de um Patinador, 140, 146
Estudantes em Paris, Os, 153
Estudo sobre os Animais, Um, 219
Excelsior, 82
Exéquias do Dr. Afonso Pena na Catedral de São Paulo, 171
Exéquias do Barão do Rio Branco em São Paulo, 208
Exéquias do Dr. Joaquim Nabuco, As, 186
Exercício de Artilharia em Ordem de Fogo, 29
Exercícios do Corpo Policial, 162
Exercícios Executados pelo Corpo de Infantaria da Marinha Brasileira na Ilha das Cobras, 189
Exercícios de Ginástica Sueca pela Brigada Policial do Rio, 214
Experiência da Dinamite "Ideal" Fabricada por Scarpia Lima & Cia. de Sorocaba, 226
Exposição de Paris (v. *Exposição Universal de Paris em 1900*), 63
Exposição do Rio de Janeiro, 177
Exposição da Seção Pecuária, 159
Exposição Universal de Paris em 1900 (v. *Exposição de Paris*), 62
Extração de um Papo, 89
Extração dos Rins, 89

F

Fábrica de Laticínios "Borboleta" de Palmira, 202
Fábrica Modelo de Aeroplanos, Uma, 245
Fada das Flores, 129
Fada da Primavera, 118
Falso Mendigo, 129

Família de Colonos Africanos em uma Fazenda, 187
Farfalla, La, 177
Farsa no Atelier, Uma, 82
Farsas de Estudantes, 159
Faust et Margueritte (v. *Metamorfose de Fausto e Aparição de Margarida*), 29
Fausto, 189
Fausto nos Infernos, 153
Fazenda do Brejão, 208
Feitiçaria Culinária, 118
Feiticeira, A (v. *A Filha do Diabo*), 219
Femme est un Jouet, La, 115
Fera Humana, A, 237
Ferreiros Musicais, Os, 242
Festa da Associação de Imprensa, A, 177
Festa do Divino Espírito Santo em Avaré, 198
Festa da Escola 7 de Setembro no Parque Antarctica, 237
Festa Esportiva do Club de Regatas São Paulo e Tietê, 211
Festa Esportiva no Parque Antarctica, 171
Festa Esportiva do São Paulo Atletic Club, 215
Festa das Flores, 114
Festa do Juramento à Bandeira, 237
Festa no Parque Antarctica, 168
Festa de São Norberto em Pirapora, 177
Festas em Casa Branca, 177
Festas no Colégio Militar do Rio, 198
Festas do Dia 14 de Julho no Rio de Janeiro, 215
Festas do Espéria em 30 de Março, As, 226
Festejos Escolares de 7 de Setembro, Os, 215
Festejos realizados no Rio em Honra do ex-Presidente Theodoro Roosevelt, 232
Festival em Benefício das vítimas do "Guarany" na Praça da República, 232
Festival Esportivo do Club Atlético Paulistano, 186
Festival no Parque Antarctica, 177
Filha do Diabo, A (v. *A Feiticeira*), 219
Filha do Lenhador, A, 174

Filhas do Diabo mais Velho, As, 129
Filho do Diabo, O, 141
Filho Pródigo, O, 89
Firuli Apache, 216
Five o'Clock Desagreable, 132
Five o'Clock em 27 de setembro no Velódromo, 202
Flores Animadas (v. *O Paraíso das Deusas),* 132
Florescimento dos Cafeeiros, O, 187
Football: Os 2 Primeiros Matchs entre Portugueses e Brasileiros, 231
Football entre A.A. das Palmeiras e Botafogo C.A., 198
Football em Cavalos, 115
Football: 7.º Match do Campeonato de 1911, São Paulo A.C. e C. A. Paulistano, 198
Fotógrafo e o Camponês, O, 75
Frango Maravilhoso, O, 83
Fruto Proibido, 141
Fuga de um Condenado, 141
Funeral Árabe, Um, 83
Funerais do Dr. Afonso Pena, Os, 170
Funerais do Coronel Melo Oliveira, Os, 160
Funerais dos Estudantes, Os 177
Funerais da Rainha Vitória, 114
Funerais do Rei Humberto I, 76
Funerais do Tenente-Coronel José Pedro, Os, 177
Funiculi-Funiculá, 199

G

Gabriel e Lusbel, 75
Galinha dos Ovos de Ouro, 129
Garden Party do C.A. Paulistano, O, 202
Gata Borralheira, A, 96
Gavroche e sua Sogra, 215
Geisha, 179, 180, 200
General Kouroupatkine Montado no seu Cavalo Branco, 114
Genevieve de Brabant, 82
Gigante e Anão, 83
Glu, La, 238
Gontran Candidato Pacifista, 215
Gontran e o Caso do Colar, 244

Gontran Professor de Flauta, 215
Grande Bailado, 132
Grande Combate entre as Esquadras Americana e Espanhola, 75
Grande Corso de Automóveis e Carruagens na Avenida Paulista, 195
Grande Desastre na Central do Brasil, 215
Grande Maratona de 20 Quilômetros, 189
Grande Naufrágio, 64
Grande Ópera de Fausto, A, 153
Grande Parada de 7 de Setembro, 189
Grande Prêmio Jockey Club, 189
Grande Prestidigitador Hermann, O, 76
Grande Ressaca em 8 de Março e seus Efeitos no Rio de Janeiro, 226
Grande Revista Cômica, Uma, 82
Grande Tourada na Espanha, 29
Grandes Corridas de Cavalos, 132
Grandes Funerais de Humberto I, 62
Grandes Manobras da Força Pública, 232
Greve, A (v. *La Pared),* 118
Griboullette e o Tio Valentim, 245
Grupo Escolar do Pari, O, 169
Guarani, O (de Lazzaro), 200
Guarani, O (de Capellaro), 139
Guarani, O (estrangeiro) 181
Guarda-Chuva Fantástico, 140
Guerra Anglo-Boer, 63
Guerra Russo-Japonesa, 114, 175
Guitarrico, El, 172

H

Herança de uma Criada, 149
Herança Difícil, 150
História de um Crime, 82
Homem da Cabeça de Cautchuc, O, 144
O Homem Mosca, 118
Homem-Orquestra, O, 82
Homem de Palha, O, 141

Homenagem ao Precursor da Aviação, 237
Honra de um Pai, A, 129
Horrores da Guerra, Os (v. Abaixo as Armas), 245
Horrores da Inquisição, Os, 129
Hospital Humberto I da Avenida, O, 149
Hotel do Bom Repouso, 115
Hotel Encantado, 75
Hotel Tranqüilo, 149

I

Idéia de Apaches, 141
Idéias de Suicida, 96
Idílio Interrompido, 158
Idílio em um Túnel, 83
Ilusionismo, 82
Ilusionista do Século XX, 114
Imigração e Colonização no Estado de São Paulo, 188
Imitador do Célebre Transformista Fregoli, O, 86
Imponentes Funerais de Afonso Pena, Os, 170
Imponentes Funerais do Chanceler Barão do Rio Branco, Os, 206
Inauguração da Escola Naval em Batista das Neves, 237
Inauguração da Estátua do Marechal Floriano, 186
Inauguração da Exposição de Animais no Posto Zootécnico, 186
Inauguração da Exposição de Paris em 1900, 75
Inauguração da Herma de Cesário da Mota, 177
Inauguração do Novo Material dos Bombeiros de São Paulo, 198
Inauguração da Quinta da Boa Vista e da Escola "Nilo Peçanha", 189
Inauguração do Ramal da Sorocabana em Itararé, 169
Incêndio do Club Germânia, 171
Incidente do Corredor Taccola, O, 189
Índios e Cowboys, 114
Indústria de Madeira no Paraná, 152
Infortúnio de Pierrô, 82

Inglês Tal como Max o Fala, O, 238
Inimigos da Pátria, 245
Instituto Serumterápico do Butantã, 198
Intervenção Européia na China, 62
Inundações em Diversas Ruas de São Paulo, As, 168
Inundações de Paris, 183

J

Japoneses Apanhando Café nas Fazendas Paulistas, 162
Jardim de Espanha, 242
Jardim Italiano, 29
Jardim da Luz nos Dias de Quermesse, 162
Joana D'Arc (v. Santa Joana D'Arc), 62, 63
João Bobo Mata sua Sogra, 216
João José, 171
Jolie Boiteuse, 167
Jubileu da Rainha Vitória em Londres, 82
Judeu Errante, O, 153
Julians, Os (Acrobatas de Fama), 153
Jupe-Culottes no Rio de Janeiro e o seu Lado Cômico, As, 196

K

Kri-Kri e a Amiga de sua Mulher, 238

L

Laboratoire de Méphistophéles, Le (v. Mefistófeles), 75
Ladrão que Rouba a Ladrão, 146
Ladrões de Crianças, Os, 128
Ladrões de Vinho numa Adega, Os, 89
Lágrimas do Perdão, As, 245
L'Amuore Ó Commio Zuccaro, 186
Lanterna Mágica, 146
Laparotomia, 89
Laparotomia no Instituto Paulista, Uma, 202
Lavagem e Secagem dos Cafés, 187
Lavoura Antiga de Café, Uma, 187

Lavradores, 63
Léa Telefonista, 216
Leggenda Vallaca, 177
Lei do Perdão, A, 130
Leviandade, 212
Little Pich, 82, 130
Lua a um Metro, A, 83
Lucevan Le Stelle, E, 180
Lucia de Lammermoor, 242
Lúcifer Gigante, 96
Lucíola, 226
Lunge de Lei, 180
Luta Romana, 75
Luta pela Vida, A, 238

M

Magia Preta, 118
Mágico dos Bonecos, 76
Mágico Mal Recompensado, 146
Magnetismo, O, 82
Maior Abadia do Mundo, A, 199
Mala de Barnun, A, 114
Mala Sinistra, A, 160
Maldita seja a Guerra!, 238
Manca un Foglio, 157
Manifestação ao Cardeal Arcoverde e aos Arcebispos e Bispos Brasileiros, 189
Manobras de Alpinos, 63
Manta de sua Mãe, A, 199
Manufatura de Fumos Costa Ferreira & Pena, 215
Mapa Animado da Guerra, 245
Maravilhas do Universo, 96
Maravilhoso Leque Vivo, O, 118
Marca do Dólar, A, 246
Marcha Patriótica, 186
Maria Antonieta, 114
Marmita Diabólica, 118
Mártir do Gólgota, 210
Máscaras e Caretas, 96
Match de Football entre São Paulo Atletic e Americano, 203
Match de Football entre Corinthians (de Londres) e Paulistas, 189
Match de Football entre Palmeiras e Paulistano, 197
Match de Football entre Paulistano e Americano, 275
Match de Football Uruguaios x S.C. Americano, 202
Max Bandido por Amor, 215
Max e a Bela Banhista, 237
Max Ganha a Legião de Honra, 238
Max Ilusionista, 238
Max Professor de Tango, 238
Max Vítima da Quiquina, 215
Mefistófeles (v. Le Laboratoire de Méphistophéles), 75
Meninas Xifópagas, 141
Metamorfose da Borboleta, 132
Metamorfose de Fausto e Aparição de Margarida (v. Faust et Margueritte), 29
Metamorfose do Rei de Espadas, 114
Metempsicose, 141
Meu Amor não Morre, 237
Mil e Quatrocentos Contos (v. O Caso dos Caixotes), 213
Milagre de São Cipriano nas Águas, O, 75
Minas de Carzerelli, 150
Minhas Filhas usam Jupe-Culottes, 196
Ministréis de Edison, 242
Mireile e Magati, 167
Miseráveis, Os, 237
Moço Condescendente, Um, 199
Moda dos Chapéus de Senhoras, A, 128
Momento Solene, O, 219
Monsieur e Madame Pressée, 82
Morte do Brasileiro Augusto Severo, A, 114
Mouro de Veneza, O (v. Otelo Io), 246
Mulher Nua, A, 246
Mulher do Saltimbanco, A, 193
Mundo da Lua, No, 75
Music-Hall, 242
Música de Pancadaria, 129

N

Namorado em Apuros, Um, 132
Não Beijes Nunca a tua Criada, 238
Napoleão, 238
Napoleão Bonaparte, 114
Naturalismo na Ásia Menor, 199
Naufrágio do Navio "Sírio", O, 157
Navio em Alto Mar, Um, 132
Nero e Agripina, 238
Nick Winter contra o Banqueiro Werb, 216
Nick Winter e o Homem da Máscara Cinzenta, 238
Noite de Carnaval, 146

Noivado Fatal, 212
Notre Dame de Paris, 202
Novo Governo: Posse do Marechal Hermes, 189

O

Obras do Cabuçu, As, 141
Ódio Humano, 227
Oh! Que Cheiro de Fumaça, 159
Olhadela pelo Buraco da Fechadura, Uma (v. Pelo Buraco da Fechadura), 129
Ondas do Danúbio, 199
Onze de Junho, Grande Parada Militar no Rio, 198
Operação Cesariana, 89
Operação de um Quisto, 89
Otelo (v. O Mouro de Veneza), 246
Ovo do Bruxo, O, 114
Ovos de Páscoa, 146, 150

P

Pagliacci, I, 199, 242
País do Carvão, No, 153
País dos Gigantes e dos Anões, O, 114
Palácio das Mil e Uma Noites, 153
Palácio do Vaticano, 75
Palhoça Fantástica, A, 96
Para o Harém, 315
Parada Militar da Força Pública, 215
Parada Militar de 15 de Novembro no Prado da Mooca, 149
Parada Militar em 15 de novembro no Rio, 215
Parada de 15 de Novembro, 189
Parada de 15 de Novembro no Rio de Janeiro, 203
Parada de 11 de junho no Rio de Janeiro, 198
Parada e Revista das Sociedades de Tiro do Estado de S. Paulo, 202
Parado na tua Janela, 199
Paraíso das Deusas, O (v. Flores Animadas), 132
Pared, La (V. A Greve), 118
Passagem da Rainha Vitória, 29
Passagem pelo Rio de S.A. Henrique da Prússia, 237

Passeata dos Batalhões Escolares de São Paulo, 177
Passeio na Baía do Rio de Janeiro, 226
Passeio de Carros nos Campos Elísios, 64
Passeio Marítimo Oferecido ao Sr. Theodoro Roosevelt, 232
Passeio de Pepa, O, 177
Passeio com o Sr. Cura, Um, 140
Pathé-Journal n.º 27, 193
Pathé-Journal n.º 36, 196
Pathé-Journal n.º 222, 327
Pátria Estranha, 231
Paz e Amor, 200
Pedreiros Destruindo uma Casa, 34
Pele de Asno, 141
Pelo Buraco da Fechadura (v. Uma Olhadela pelo Buraco da Fechadura), 132
Pena de Talião, A, 141
Penhor do Beijo, O, 212
Pequena Cega, A, 140
Pequeno Pasteleiro, O, 129
Peregrinação a Nossa Senhora de Lourdes, 79
Pereirinha entre os Leões, 216
Pesca em Alto Mar, 140
Pesca da Baleia em Terra Nova, A, 153
Pescador Pescado, O, 129
Pik-Nik Professor de Boxe, 216
Piquers de Futs, 118
Pó da Ligeireza, 193
Pó de Perlimpimpim, 167
Pobre Mãe, 144
Polidor Furtou um Pato, 215
Pombos de São Marcos em Veneza, Os, 34
Porco Cantor, O, 199
Porta Aberta, A, 237
Posse do Dr. Rodrigues Alves, 211
Posse do Marechal Hermes, 189
Posto Zootécnico de São Paulo, 169
Praça de Touros em San Sebastian, 64
Preito de Gratidão ao Dr. Pereira Passos, 226
Presidente da República Francesa Passeando nos Campos Elísios, O, 29
Primeira Regata de 1911, 198

Primeiras Jupe-Culottes em São Paulo, 196
Primeiro Match de Football Uruguaios x C.A. Paulistano, O, 202
Primeiros Vôos em Aeroplano no Brasil, Os, 192
Príncipe Encantado, O, 75
Príncipe D. Luiz de Bragança Rodeado de Brasileiros em Lausanne, 231
Prisioneiro Dreyfus, 83
Problema Difícil, 144
Procissão de Corpus-Christ em São Paulo, 226
Protea, 228, 321

Q

Que Anda, O, 144
Quem tem Calças é Agora a Mulher, 146
Quermesse no Velódromo, 208
Questa o Quello, 180
Químico Repopulador, O, 118
Quo Vadis?, 83

R

Raid Paris-Monte Carlo em Automóvel, 153
Rais X, 75
Ramul, Célebre Hipnotizador Oriental, 76
Recondita Armonia, 180
Recepção ao Dr. Campos Sales em Buenos Aires, 62
Reflexo Vivo, 167
Regada General (v. *Regador Regado*), 118
Regador Regado (v. *Regada General*), 118
Regatas na Ponte Grande, 149
Regatas na Praia do Botofogo, 186
Reinado de Luís XIV, O, 118
Retrato Mágico, O, 83
Rêve Passé, La, 186
Revista do Rei Humberto I e Casamento de Vitorio Emanuel III, 82
Revolta do Batalhão Naval e Ilha das Cobras antes da Revolta, 189
Revolta da Esquadra no Rio de Janeiro, A, 189
Revolta dos Marinheiros da Armada do Rio de Janeiro, A, 189
Revolução Russa, 141
Rio de Janeiro, 198
Robert Macaire e Bertrand, Ladrões Célebres, 118
Robinet Grevista, 216
Robinson Crusoé (de Méliès), 114
Robinson Crusoé (de Universal), 245
Rocambole, 246
Roceiro em Paris, Um (v. *Viagem a Paris de um Camponês*), 129
Rodolphi Casa com a Cozinheira, 238
Roi du Maquillage, Le, 118
Rosa Encarnada, 209
Rosália achou um Emprego, 216
Rua XV de Novembro, A, 149
Ruas de Paris, As, 141
Ruínas de Roma, As, 132

S

Saída de um Estudante, 129
Saída do Mercado na Turquia, 29
Saída de uma Missa na Catedral de Roma, 29
Sair de um Café, Ao, 129
Salve Dimora Casta e Pura, 186
Salve Espanha, 129
Salida de Roberto, La, 186
Sanfona Misteriosa, 159
Sansão e Dalila, 114, 130
Santa Joana D'Arc (v. *Joana D'Arc*), 114
Santos Dumont e o seu 14-Bis, 141
Sapatinho Maravilhoso, O (v. *Cinderela*), 238
Satanás se Diverte, 146
Se Fosse, 186
Segredo do Polichinelo, 146
Segunda-Feira de Páscoa na Cantareira, 186
Selon La Saison, 114
Serenata, La, 177
Serpentina Fuller, 83
Serra de Santos, A, 167
Sete Castelos do Diabo, 82
Sete Pecados Mortais, Os, 86
Sherlock Holmes Embrulhado por Bigodinho, 238
Silhuetas Animadas, 141

Sogra Terrível, 129
Sole Mio, O, 186
Sonho de um Astrônomo, 114
Sonho de um Avarento, 76
Sonho da Lua, 129
Sonho de um Mendigo, 75
Sonho de Natal, 82, 89
Sonho de Noivado, 144
Sonho de um Palhaço, 76
Sonho de um Sultão, 75
Sonho de Valsa, 180, 200
Sphinx, Le, 186
Suzana Quer. Dançar a Tango, 238

T

Tempestade de Almas, 221
Tempestade Dentro de um Quarto (v. Tempestade em um Quarto), 82
Tempestade no Mar, 29
Tempestade em um Quarto (v. Tempestade dentro de um Quarto), 118
Templo da Magia, O, 118
Temporal nas Costas de Cornuailles, Um, 34
Tentação de um Frade, 76
Tentações de Santo Antônio, 177
Terra à Lua, Da, 114
Terremoto da Calábria, O, 130
Terremoto de São Francisco, O, 153
Terrível Angústia, 140
Terrível Zezinho Campeão de Jiu-Jitsu, O, 216
Terror na Rússia, 141
Tesoro Mio, 183
Tesouro de Kermandie, O, 244
Testadurillo tem Peste, 199
Tomada de um Reduto, 132
Tomada de Saragoça, 189
Tomba Degli Avi Miei, 180
Tontolini Veste-se Barato, 216
Torna Sorrento, 177
Torrando, Pilando e Coando Café, 187
Totó Entusiasmado pela Nova Moda, 216
Totó e o Ovo de Páscoa, 216
Tourada à Espanhola, 75
Tout Petit Faust, Le, 304
Traição de Judas, A, 130
Transformações de Artistas no Teatro, 64
Transformações de Homens Célebres Franceses, 82
Transformista Fregoli, O, 75
Transformista Original, 200
Translação dos Restos Mortais do Almirante Barroso, 170
Trepanação, 89
Trovador, O, 200, 242
Tui-Tui-Tui-Tui-Zi-Zi-Zi, 172

U

Última Geada em São Paulo e seus Efeitos, A, 187
Últimos Acontecimentos no Norte de Portugal, Os, 213
Últimos Acontecimentos no Rio de Janeiro, Os, 189
Una Voce Poco Fa, 157
Urso Sábio, 146

V

Valsa da Viúva Alegre, 186
Velha Estrada do Vergueiro, 237
Vendetta, La, 129
Veneno da Humanidade, 202
Veneza e o Grande Canal em Gôndola, 167
Vesti La Giubba, 180
Vestido de Noiva, O, 189
Véu da Felicidade, 189
Via Dolorosa e a Entrada do Santo Sepulcro, 29
Viagem Através do Impossível, Uma (v. Le Voyage à Travers l'Impossible), 118
Viagem Fantástica à Lua, 96
Viagem a Paris de um Camponês (v. Um Roceiro em Paris), 132
Viagem de Paul Doumer ao Brasil, 152
Viagem de Prazer com a Sogra, Uma, 129
Viagem do Presidente da França na Argélia, 153
Viagem à Volta de uma Estrela, 141
Viajantes e Ladrões, 29
Vida de Cristo (v. Vida,, Paixão e Morte de Jesus Cristo), 78, 79, 93, 94
Vida de um Jogador, 153
Vida de Moisés, 129
Vida, Paixão e Morte de Jesus Cristo (v. Vida de Cristo), 115, 141, 175

Vida do Soldado Americano, A, 153
Vingança de um Corso, 140
Vingança do Ferreiro, 146
Vingança de uma Mulher, 75
Visita ao Instituto Serumterápico de São Paulo, Uma, 226
Visita do Dr. Afonso Pena a São Paulo, 153
Visita do Conselheiro Ruy Barbosa à Faculdade de Direito, 177
Visita do Senador Ruy Barbosa a São Paulo, 177
Visões da Guerra, 245
Vissi d'Art, Vissi d'Amore, 182
Vítimas do Hipnotismo, 212
Vitória de Santos Dumont no Concurso de Balões, 146
Viúva Alegre, A, 172, 173, 176, 179, 180, 200, 244, 306
Volta ao Mundo, 28
Volta ao Mundo de um Policial, 130
Vôos de Ruggerone no Prado da Mooca ,Os, 192
Voyage à Travers l'Impossible (v. Uma Viagem Através do Impossível), 118

W

Willy quer Igualar Nick Carter, 216

Y

Yola, 199

Z

Zapatillas, Las, 172
Zazá, 221
Zé Caipora quer ser um Homem Chic, 216

ÍNDICE ONOMÁSTICO

A

A. C. P., 163
A. Manfredo & Cia., 287
Ebd-El-Kader, 139
Abelardo, 215
Abreu, Carlos, 213
Abruzzos, Duque de, 166
Adelaide, 116
Adelaide, Hermínia, 37
Adéia, 64
Adolfi, Maestro, 242
Adra (Ver Vampa-Adra), 69
Afonso, 184
Aguinaga, 66
Alberto Fonseca & Cia., 279
Abuquerque, Alexandre de, 233, 234, 306
Albuquerque Lins, Manuel Joaquim de, 188, 197, 211
Albuquerque, Medeiros e, 121, 122
Alcebíades, 313
Alencar, José de, 88, 181
Alexandre, Mr., 238, 246
Alfredo Pelegrini & Cia., 326
Almeida, E., 184
Almeida, Ena de, 120
Almeida, Gastão de, 304
Almeida, Mlle G. de, 116
Almeida Júnior, 24, 255, 268
Altamiro, 64
Alvarez, Inês, 55, 133
Alves, João, 292
Alzira, 282
Amar-Nath, 302
Amaral, Crispim do, 179
Ambrósio & Cia., 311
Amendoim, 112, 274
Amparo, 64
Andrade, Alberto, 157, 236, 242, 295, 310, 320, 321, 326
Andrade, Gabriel Martins de, 300
Andreani, 183
Ângeli, Ângelo, 328
Ângelo, Alberto, 315
Ângelo Pelegrini & Cia., 306
Anores, Juan, 35
Antão, Maestro Tenente (V. Joaquim Antão Fernandes), 55
Antônio Conselheiro, 18, 112
Antônio Sem Medo, 270
Apóstolo, José, 299

Aramburo, 14
Araújo, José Bento de, 284
Arbraar & Parther, 224
Arbues Júnior, Pedro, 42, 106
Arcoverde, Carbeal, 288
Argentina (cantora), 181, 307
Aristides (V. Aristy Wilson), 81
Armat, Thomas, 256
Arnaud, Joseph, 138, 141, 148
Arnery, F., 226
Aroso, Mário, 228
Arruda, Joaquim Alves de, 307
Asdrúbal (A. Miranda), 310
Athos, Sante, 200
Aveline, Mlle
Ayestaron, 14
Azerua, 279
Azevedo, Armando de, 145
Azevedo, Ramos de, 327

B

B. M. A., 292
Baccaro, Doménico, 28
Bachiller, 66
Bahia, José, 284
Bahiano (Manuel Pedro dos Santos), 112, 287
Ballesteros, Manuel, 25, 142, 265, 287, 292, 328
Balsells, José, 170, 181, 300
Balsemão, Mendonça, 228
Bannino, Enzo, 180, 186
Barakin, M. R., 142
Barão de Caiapó (V. João José Fagundes de Rezende e Silva), 125
Barbosa, 157
Barbosa, João, 37
Baron, Berthe, 180
Barra, Carmo, 20, 31, 254, 257
Barrera, Antônio (V. Barrerito), 83
Barrerito (V. Antônio Barrera ou Barreiros), 83, 270
Barros, Antônio (V. Barrerito e A. Barrero), 270
Barros, Georgette de, 181
Barros, D. José de Camargo, 157
Barros, Rego, 49
Barros, Vicente de Paula Monteiro de, 208
Barros, Xavier de, 113
Baruel, 313
Bascans, Jeanne, 55
Basílio, Pedro, 256
Bassi, 311

Bastos & Galdino (V. Galdino Pinto, Santos & Pinto), 112
Battistini, Mattia, 311
Bauer, Harold, 96
Bayeux, José Th., 174
Bebê, 215
Beccucci, 266
Bella, Blanche, 181
Bella, Florentino, 286
Belostas, Fernando, 277
Benedetti, Paulo, 200
Benevente, Elvira, 181, 196, 307, 310
Benjamin (V. Benjamin de Oliveira, 69, 76, 88
Benn, 67
Bentoca, 215
Bernal Graciliano, 270
Bernardes (V. Ferramenta), 120
Bernhardt, Sarah, 121, 258
Berra, João M. (V. Berra, Pinto & Cia.), 282
Berra, Pinto & Cia. (V. João M. Berra), 268
Bertoldinho, 215
Bertoni, Armando, 224, 321
Beting, 76
Beul, 199
Bevilacqua, E., 311
Bigodinho (Charles Seigneur), 215, 238, 245
Billetero, El (V. José Garcia), 284
. Bispo, Marcelino, 24
Bittencourt Filho, Antônio, 222, 231
Bittencourt, General, 24
Blanco, Juanita, 74
Blancos, Los, 71
Blériot, 192
Blom, Auguste, 237
Blum & Sestini, 324
Boireau (V. André Deed, Cretinetti e Did), 215, 224, 226, 238, 307
Boito, Arrigo, 55
Bolognesi, Antônio, 298
Bonafous, 266
Bonci, Alessandro, 311
Bonde Elétrico (V. Adolfo Peruccini), 68
Bonheur, Alice, 106
Bonifácio, 215
Bontempo, N., 308
Borelli, Lyda, 237, 246
Botelho, Alberto, 146, 155, 160, 167, 168, 171, 172, 177, 186, 187, 188, 189, 192, 195, 196,

198, 202, 215, 218, 231, 237, 292
Botelho, Carlos, 108
Botelho, Irmãos, 202, 208, 218, 231
Botelho, Paulino, 119, 189, 202 206, 213, 215, 228, 231, 237
Botet, 264
Boucher Filho, A., 288
Boucot, 215
Bouvard, 246
Boyer, Mme., 167
Boyes, 98
Bradford, 96
Braga, A.R., 104, 282
Braga, Manoel, 88
Brahms, 257
Brandão, 139, 258
Brandão, Aristóteles de Oliveira, 68
Brandão & Cia., 324
Brasil, Artur, 35
Brasil, Dr. Vital, 46, 198
Brasiliense, 279
Breton, 31
Brito, João de Almeida, 245, 323
Brito, Olívio de, 286
Brose, Elisa, 156, 157, 292, 295, 297, 297, 302, 308
Brown, Frank, 256, 292, 303
Brown, Tim, 254
Bruni, Mary, 94
Bruno (V. D'Errico & Bruno), 307
Buch (V. Olívio & Buck), 69
Bueno, Amador da Cunha, 232
Bueno, Bento, 74
Bueno, João, 30
Bugrinha (V. Duo Os Guaranys), 97, 133, 323
Burjonas, 218

C

C. Seguin & Cia. (V. Seguin & Cia.), 69
Cabral, Veiga, 66
Cadete, Jorge, 270
Caetano, 270, 284
"Caixa D'Água" (V. Paulo Ventura dos Santos), 113, 123, 124
Caldas, Alberto de Oliveira, 224, 321
Caldeira & Silva, 324
Calino, 215
Camarate, Alfredo, 268

Camargo, Antônio Cândido de, 222
Camera, Carmen, 226
Camili, C.G., 23
Campi, Caetano di, 326
Campoamor, Sra., 46
Campos (autor), 37
Campos, Antônio, 68, 69, 139, 169, 171, 177, 186, 189, 195, 197, 198, 202, 203, 208, 211, 215, 218, 226, 232, 237, 286
Campos, Caros de, 257
Campos Sales, Manuel Ferraz de, 23
Campos, Sebastião de, 152
Canário, 37
Candburg, Empresa, 128, 129, 156, 157, 287, 288, 295, 297
Candinha (V. Cândida, artista circense), 88
Candinha, Mlle (pianista), 308
Cândida (V. Candinha, artista circense), 69, 88
Canhoto (Américo Jacomino), 315
Cantalamessa, 270
Cantinho Filho, 197
Canto & Cia., 155
Capellani, Alberto, 141, 146, 215, 237
Capellaro, Vittorio, 139
Capozzi, Alberto, 215, 237
Cardim, Gomes, 37
Cardoso, João Pedro, 197
Carletta, 67
Carlos, Delphim, 81
Carlos I, Dom, 96, 304
Carmen (atriz circense), 69
Carmen (mulher-pássaro), 29
Carolina (C. Farhat), 160
Carpentier, Georges, 245
Carranza, General, 240
Carrapatinho, 313
Caruggi, Giovanni, 228, 307
Caruso, Enrico, 193, 311
Caruso, José, 89, 273
Caruso, Salvador, 313
Carvalho, A., 286
Carvalho, Amâncio de, 71
Carvalho, Arnaldo Vieira de, 49
Carvalho, Carlos Teixeira de 257
Carvalho, Herculano de, 35
Carvalho & Cia., 279
Casals, Pablo, 96
Caserini, Mário, 211, 237, 238
Castilho, César, 44

Castro, 83, 273
Castro, Cândido de, 213
Castro, Clementino de Souza e, 279
Castro, Francisco de, 54
Castro, João de, 133, 288
Castro, João Rodrigues de, 323
Castro, Pedro, 277
Castro, Plácido de, 96
Castro & Ferreira, 273
Castro & Lago, 304
Cataldi, Antônio, 177, 179
Cateysson, Joseph (V. Joseph), 66, 67, 69, 78, 137, 139, 148, 266, 273, 292
Catorrita, 76
Cattaneo, Barlomeu, 326
Celso, Conde Afonso, 121
César (imperador), 211
Cézar (anunciante), 181
Chaby, 282
Charlus, 199
Chaves, Edu, 109, 205, 210, 211, 326
Cherton, 96
Chiaffarelli & Cia., 274
Chiaffarelli & Melo, 295
Chilena, Bela, 133
Chiquito, 270
Chocolat (João Cândido Ferreira, cançonetista), 317
Chocolat (toureiro), 270
Christo Filho, Homem, 321
Christo, João, 256
Chrysanthème, 180
Cibuto, Orestes, 40
"Cinematógrafo" (anunciante), 182
Cinta, 64
Cirati, Francisco, 313, 328
Clarendon, 141
Clay, 56
Clementino, 88
Clotildes, Miss, 112
Cocito & Cia. (V. Ernesto Cocito & Cia.), 162
Cocito Irmão & Cia. (V. Ernesto Cocito & Cia.), 287
Coelho, José Batista (V. João Phoca), 244
Coelho Neto, 121
Coelho, Domingos José, 16, 255
Cohl, Émile, 304
Colás, João, 179
Colberg, Hugo, 106
Colinette, 133
Colombos, Los, 318
Conceição, Antônio da, 286

Conceição, J., 257
Constantin, 311
Contes, Lina, 67
Cook, Jenny, 67
Coquelin (Ainé), 121
Corisco, Benedito, 270
Corradetti, Ferruccio, 157, 199
Correia, José A., 257, 264
Costa, Álvaro, 213
Costa, Assis, 286
Costa, Avelino, 20
Costa, Empresa, 156, 295
Costa, Magalhães, 119
Costa, Manuel S. da, 278
Costa, Nair, 181
Costa Júnior, Maestro, 176
Costabile, Vicente, 300
Costamagna, Adriana, 215
Crespi, Renata, 192
Crespi, Rodolfo, 192
Cretinetti (V. Boireau e Did), 215
Criola, Bela, 96
Cruzet, 76, 88, 93
Cubano, 274
Cuneo, Enrico, 23
Cunha Arêas & Cia. (V. José Caetano da Cunha), 167, 299
Cunha, Francisco, 308
Cunha, José Caetano da (V. Cunha Arêas & Cia.), 165

D

Dantas, Alberto, 295
Darras, Os, 71
Darty, Léa, 73/74
Daubray, 71
D'Avigny, 270
Dean, Bonnie, 96
Deed, André (V. Boireau, Did e Cretinetti), 141, 224, 238, 245
Deed, Mme. Frascarolli (V. Valentina Frascarolli), 224
Deed, Louis, 226
Del Mauro, F., 326
Delgado, 85
Delgado, Pepa, 181
Dell'Acqua, 23
Della Guardia, 40
Deltorelli, Delfim, 308
Dennery, Adolfo, 193
D'Errico & Bruno (V. Bruno), 311, 317, 323
Dessort, Henrique, 25, 255
Dharville, Mlle., 74

Diaghilev, Serge, 230
Dias, Artur, 176
Dias, Padre Francisco Martins, 125, 288
Dias & Pompeu, 326
Did (V. Boireau, Cretinetti e André Deed), 215
Didier, Empresa, 152, 153, 297
Dinah, Mlle. Léo, 199
Diniz, A. 18, 255
Dixon, 242
Dondinis, Los, 318
Donizetti, Gaetano, 180, 266
Dorado, 270
Doria, Liette, 71
Doria Neto, M., 163
Doufray, 199
Doumer, Paul, 152
Doyen, Dr. 88, 89
Dozeville, H., 244
Dranem, 199, 215
Drolhe, Diógenes, 255
Dumarly, M. 244
Duperrier, Berthe, 74
Duprat & Cia., 212
Duprat, Raymundo, 226
Duse, Eleonora, 139, 258
Duvernot, Pierrete, 133

E

Edison, Thomas Alva, 16, 19, 20, 29, 31, 42, 51, 76, 241, 255, 256, 265, 327, 328
Egídio, Olavo, 188, 242
Ellis, Guilherme, 306
Elvira, 64
Emília, 215
Ernesto Cocito & Cia. (V. Cocito & Cia.), 295
Esmeralda, 133
Espanholita, 133
Esperança, 64
Espinosa, Dom, 126
Estevam Knoeller & Cia., 324
Etelvina, 93

F

F. M. Varela & Cia., 168, 300
F. Rossi & Cia., 231, 323
F. Tripoli & Rheinfranch, 264
Fabri, Pina, 215.
Fabricatore, Enrico, 260
Fabrício Pierrot (V. Couto de Magalhães), 30, 39, 46, 50, 254, 273
Fagulhas, 215
Fahrbach, 257

Falb, Rudolf, 46, 47
Fall, Léo, 242
Fanet, Charlotte, 37
Fantato, José, 242
Faria & Sampaio, 261
Farina, José, 247, 324, 328
Fasoli, André, 277, 326
Fátima Miris, 120, 284, 323
Feiarrão, 22
Feinkind, Inácio, 256
Felipe, Luís, 304
Fenina, Jorge, 286
Fernandes, Afonso, 315
Fernandes, Anísio, 62, 83, 268
Fernades, Frederico, 315
Fernandes, Maestro Joaquim Antão (V. Tenente Antão), 51
Fernandes, Roberto, 142, 292, 313, 326
Fernandes, Serafim, 68, 266
Fernandez, Carmen, 35
Fernandez, José, 15, 266
Fernandez, N., 62
Fernandez, Ricardo Ximenez, 258
Fernando, Francisco, 240
Ferramenta (V. Bernardes), 111, 120, 124
Ferrari, José, 286
Ferraz, J., 318
Ferreira, 83, 273
Ferreira, João Cândido (V. Chocolat, cançonetista), 317
Ferreira, Oscar A., 278
Ferrez, Júlio, 152, 158, 160, 201, 203, 226
Ferrez, Marc, 153, 160
Figner, Gustavo (V. Figner Irmãos), 106, 260, 261, 264, 298
Figner Irmãos (V. Gustavo Figner), 59, 261, 264, 266, 278
Fina, Luís Sica de, 327
Firuli, 215
Flora do Lago, 261
Follet, Stella, 55, 57
Fonseca, Marechal Deodoro da, 66
Fonseca, Marechal Hermes da, 226
Forster, Bento, 19
Fourma, Marc, 193
França Filho, 231
França Júnior, Luís de Assis, 318
François, E., 116
François, Irmãos, 284

345

François, Jean, 116, 326
Franqueira, Jaime, 235
Frascarolli, Mme. (V. Valentina Frascarolli), 226, 245
Frascarolli, Valentina (V. Mme. Frascarolli), 238
Fregoli, Leopoldo, 157, 297
Freichutz, Maestro, 306
Freire, M. L., 295
Freitas, Antônio, 38
Freitas, J.F. Rangel de, 300
Freitas, Luís de, 159
Freitas, Urbino de, 66
Fubeca, 287
Fuchs, Guilherme, 266, 274
Füller, Loie, 106, 112

G

Gabriellina, 133
Gadotti, Antônio (V. Gadotti & Cia.), 151, 152, 222, 231
Gadotti & Cia. (V. Antônio Gadotti), 234
Galdós, Benito Perez, 60
Galli, Maestro Riccardo, 291
Gallina & Cia., 299
Galvani, Maria, 157
Gama, José Tomaz Saldanha da, 302, 306
Gambaro, José, 327
Gamine, La, 244
Gamborena, 14
Gambrinus, 22
Garcez & Cia., 302
Garcia, Dolores, 35
Garcia, José (V. El Billetero), 284
Garros, Roland, 315
Gatti & Cia., 299
Gauthier, Mr., 167
Gaviolli, 19
Gavroche, 215
Georges Flores, 22
Geraldo (V. Os Geraldos e G. Magalhães), 71, 73
Geraldos, Os (V. Geraldo e G. Magalhães), 133, 224, 310
Ghezzi, Maria, 200
Ghirra, Alberto, 213
Gillet, 55, 242
Giordano, 180
Glória, Maria da, 88
Godinho Filho, Antônio, 328
Gomes, Antônio Carlos, 18, 39, 201, 257, 282, 300, 302
Gomes, Luís José, 71
Gonçalves, Maestro, 172
Gonçalves, Antônio, 268

Gonçalves, J. (V. José Leonardo Gonçalves), 328
Gonçalves, José Leonardo (V. J. Gonçalves), 328
Gontran, 215, 244
Gonzaga, Francisca (Chiquinha), 258
Gorgenyl, 71
Gounod, 186, 266
"Gozo Alagoa", 22
Grandais, Suzanne, 236, 238
Grang, Marie, 35
Granito, José, 295
Gravois, Maestro W., 317
Grisolia Neto, Domingos, 241
Grosset, Elie Auguste, 59, 269
Grunewald, Henrique, 38
Gruschka, Henrique, 86, 270, 273
Guadiz, Morocha, 133
Guaranys, Duo Os (V. Bugrinha), 323
Guaritá, Ilídio, 49
Guazzoni, Enrico, 211
Guerra, José, 284
Guilherme, Achiles, 311
Guilherme II, 96
Guimarães, Carlos, 188
Guimarães, Emílio, 138, 188
Guimarães, G. 85
Guimarães, Ruben (V. Ruben & Alcides), 159
Gurgel, Leôncio, 300
Gustavo Zieglitz & Cia., 324

H

H. K., 171
Hammes, Frederico, 279
Harris, 108, 279
Havemann, 326
Hedda, 244
Heillbronn, Lorant, 118
Henrique Lustre & Pierre, 251
Heráclito Viotti & Vallim, 318
Heralda, 244
Hermínio, Carisi Dobler, 118
Hervet, Edouard, 113, 115, 118, 284
Hett, Vivian, 244
Heuze, André, 141
Hinne, 96
Hipólito, 112
Hitzeler, 103
Hohenberg, Sofia de, 240
Hollender, Eugênio, 254, 258
Holmer, Ângelo, 274
Holmer, Carlos H., 261
Holzer, 266

Hpoo, Sing, 106
Humberto I, 52, 63
Hurley, Geo L., 260
Hutschler, Nicolau, 313

I

Ignez, 88
Illona, 35
Irene, Islanza, 52
Irvings, 199
Isabel, Princesa, 288

J

J. Nemo (Brandão), 242
J. Perrone & Cia. (V. José, Rafaello Perrone e Odilon Melo), 311
Janusky, 242
Jeffery, 98
João Bobo, 215
João do Diabo, 286
João da Ega, 22
João da Rua, 290
João de Siqueira & Cia., 274
José, 66
José Bemol, 30
José, Francisco, 240
José Isola & Cia., 313
Josefina, 64
Joseph (V. Joseph Cateysson), 15, 256
Jota Jota, 218
Juan, 14
Jules, 176
Jules Vallet, 22

K

Kij, Professor, 15, 19, 24, 31, 42, 51, 256, 258, 265
Kiky, Rosa, 73
Konietzko, 133
Kralik, 67
Krauss, Henri, 201, 237
Kri-Kri, 215, 238

L

L. P., 171
L. Milone & Cia. (V. Luigi Milone), 258
Labanca, José, 171
Lagartijo, 85
Lahoz, 172, 302
Lajona, 14
Lalanza, 287
Lambertini, signorina, 94

Landa, 299
Lathan, 192
Laura, 71
Lavalle, Fúlvio, 297
Lavaud, Demétrio Sensaud de, 304
Lazzaro, Brazília, 200
Lazzaro, Griselda, 200, 269, 273, 274
Lazzaro, Salvador, 35, 200, 258, 269, 273, 307
Lazzaro, Virgínia, 269
Lazzaro & Cia. (V. Salvador Lazzaro), 200
Léa, 215
Leal, Antônio (cinematografista), 158, 171, 226
Leal, Antônio (maestro), 158
Leal, Antônio Garcia, 303, 306
Leal, Arlindo, 37, 286
Lehar, Franz, 176, 242
Leiroz & Livreri, 327
Leite, Augusto, 214
Leite, Manuel Correia, 307
Léo, Mário, 307
Leonardo (V. José Gonçalves Leonardo), 73, 179, 265, 328
Leoncavallo, Ruggero, 180
Leôncio, 124
Lepanto, Vitória, 215, 238
Lepine, 141
Levato, Francisco, 247
Levy, Henri, 236
Lídia, Lily de, 71
Liavore, Luís, 315
Liliane, 181
Lima, J.B. Paula, 300
Lima, Joaquim F. de, 278
Lima, Maestro Modesto de, 193, 230
Lima & Cia., 163, 297
Lima Coutinho & Cia., 168
Linguanotto, Vicente, 308, 315
Lino, 71
Lipmann, Prof. Gabriel, 96, 277
Lisette, Mlle., 258
Little Moritz, 215
Little Pich, 106
Lobo, Francisco, 242
Lochino & Cia., 308
Lopes, Antenor, 320
Lorena, Maestro, 310
Louis, Auer, 68
Louzada, Domingos, 213
Lubin, 86
Luísa (atiradora), 64
Luísa (atriz circense), 88

Lumière, Louis, 27, 28, 38, 62, 63, 118, 167, 256, 265
Lutz, Dr. Adolfo, 49

M

M. B., 59
M. M. (boêmio), 22
Mac Pherson, 304
Macedo, Claro Liberato de, 212
Machado (ator), 213
Machado (empresário), 187, 188
Machado, Labieno da Costa, 297
Machado, Pinheiro, 212
Maddock, W.M., 176
Madrileño, 270
Magalhães, Couto de (V. Fabrício Pierrot), 30
Magalhães, Geraldo (V. Geraldo e Os Geraldos), 310
Magliani, Franco, 226
Maia, Abigail, 244, 245
Maio, Vitor de, 38, 49, 58, 66, 76, 79, 81, 82, 83, 260, 265, 266, 268, 270
Mallet, Júlia, 55
Malta, Francisco, 74, 78
Malta, Laura, 200
Malta & Cia., 324
Manduca, 85
Manery, Ada, 210
Manielli, Pedro, 306
Manolita, 67
Manuel F. Lopes & Cia., 318
Many, Joanita, 96
Marc Ferrez & Filhos (V. Marc Ferrez), 146
Marcel, 226
Marconi, Os, 303
Marino, 293
Maroni & Nardini, 55, 261
Marques, Cícero, 133, 306, 327
Marques, Isabel, 270
Marsy, Elisa de, 35
Martin, Georges Charles, 277
Martinelli, José M., 277
Martinez, Lola, 35
Martins, Beatriz, 213
Martins, Carlos, 74
Martins, Raul, 213
Mascagni, Pietro, 55
Massenet, Jules, 257
Matheus, Mr., 287
Matheus, Ismênia, 177, 179
Matos, 37
Matos, Joaquim de (V. Matos & Cia. e Jaime Franqueira), 235

Matos & Cia. (V. Joaquim de Matos e Jaime Franqueira), 235, 324
Mattei, Polinice, 40
Mattia, F., 23
Maurice, Clément, 89
Max Linder (Gabriel Leuvielle), 129, 141, 146, 215, 237, 238, 242, 318
Mayor, Henrique, 321
Mayor, Tomaz, 28
Mayrenas, Ywonne, 292
Mazza, Maria, 71
Mazzi, Maestro, 300
"Mazzantine" (toureiro juvenil), 85
Mazzantini (toureiro espanhol), 64
Medeiros, Alfredo, 49
Medeiros, Anacleto de, 284
Medeiros, Capitão Aristides de, 160
Medroso, 85
Meirelles, Rolinha, 211
Reissner, Carlos, 44
Melba, 311
Méliès, Georges, 30, 75, 76, 82, 96, 114, 115, 118, 141, 146, 153, 238
Melo, Inácio de, 152
Melo, Jorge, 240
Melo, Odilon, 318
Mendelssohn, 55
Mendes, Teixeira, 49
Mendonça Sobrinho, Alexandre, 257
Menezes & Cia., 144
Menichelli, Pina, 245
Meryan, Juliett, 35
Metra, 266, 286
Mezzacapa, Domingos, 328
Mezzacapa, Francisco, 306
Mezzacapa, Irmãos, 328
Michel Bohème, 22
Mignon, Mlle., 96
Miller, Charles W., 98, 187, 273
Milone, Luigi (V. L. Milone & Cia.), 39
Miranda, Luís Bueno de, 187
Miris, Fátima, 284
Mistinguet (Jeanne Bougeois), 215, 238
Mitchell, James, 51
Mix Max, 22
Mocchi, Walter, 230
Monaco, Atílio, 76
Montani, Olímpia, 37
Montenegro, Claudina, 172, 183

Monteiro, Assis, 49
Monteiro, Oscar, 286
Monti, La, 133
Montmorency, 264
Morais, Didi, 181
Morais, Domingos de, 51, 101, 104
Morais, Cel. Mendes de, 24
Morais, Prudente de, 24, 92
Morais, Silvério, 310
Moreira, Alberto, 176, 179
Moreira, Leônidas, 217, 222, 223
Moreira, Luís, 244, 245
Moreira César, Cel., 18, 23
Morenito, 85
Morhdon, Camille de, 237
Mota, Adelino, 142, 292
Moura, Augusto, 247
Mourão, José, 284
Moya, 76
Muller, Lauro, 288
Musso, Alfredo, 237

N

Nakache, S.K., 255
Napierkowska, Stacia, 183, 201, 318
Napoli, Paolo, 324
Nascimento, Asdrúbal do, 313
Nasha, Mr., 287
Navarro, René, 237
Nazareth, 37
Ness, Annie, 67
Netzel, Júlio, 278
Neves, Antônio das, 326
Neves, Eduardo das, 112, 113, 115, 116, 133, 284, 288, 292
Neves, Mascarenhas, 327
Nevierre, A., 236
Nick Winter (Léon Durac), 215, 238
Nicolay, Faure, 28, 256, 269
Nicolay, Luís, 28
Nicolay, Luísa, 28
Nicolay, Paula, 28
Nicolay, Rosina, 28
Nielson, Asta, 215
Nijinsky, 230
Nogueira, Almeira, 121
Nogueira, Clóvis de Melo, 233
Nogueira Filho, José Paulino, 97
Nostradamus, Michel, 247
Notaroberto, F., 170
Novelli, Ermette, 245
Nunes, Luís Pinto, 255
Nuno Castelões & Cia., 121

O

Odarp (V. Antônio Prado Júnio), 255
Odria, 14
Offack, José, 292
Offenbach, Jacques, 56
Oishiyako & Cia., 144, 291
Olalfa, 317
Olga, 258
Olímpio, 292
Oliveira, Benjamin de (V. Benjamin), 74, 88, 93, 268, 270
Oliveira, Celso de, 292
Oliveira, Cremilda de, 244
Oliveira, Fernando de, 270
Oliveira, Cel. João Batista de Melo, 160
Oliveira, Luísa de, 228
Oliveira, Manuel de, 287
Oliveira, Trajano de, 152
Oliveira & Cia., 326
Olívio & Buck (V. Buch), 274
Orpheolino, 22
Ortega, Trio, 244
Oscar, General Artur, 23
Oscar, Professor, 29
Oson, Henrique, 38
Oterito (V. Pepe & Oterito), 244
Otero, Bela (Caterina Otero), 157
Ottonelli, Felix, 55
Oyanguren, Eugênio, 37

P

P. Botelho & Cia. (V. Paulino e Alberto Botelho), 206
Pacheco, Juvenal, 300
Padre Bacalhau (V. Joaquim de Assumpção Saldanha), 37, 124
Pagliucchi, Maestro Carlo, 210
Pancrácio, 215
Pando, General, 92
Paquilo, 270
Paris Chantecler, Duo, 224
Passepartout, 215
Passos, Libório, 277
Passos, Manuel dos, 37, 286
Pathé, Charles, 321
Patrocínio, José do (Pai), 288
Paulo, 306
Paupério & Cia., 24, 254, 264
Peçanha, Nilo, 288
Pederneiras, Raul, 228, 323
Pedro I (Rei da Sérvia), 240

Pedro II (Imperador do Brasil), 66, 288
Pedroso, João Evangelista, 255
Peirani, Giovanni, 39
Peixoto, 37
Peixoto, Marechal Floriano, 66
Peixoto, José Floriano, 170, 231, 306
Peixoto, Luís, 228, 323
Pelegrini, Ângelo, 306
Pellissier, Amica, 182, 183
Peludo, 270
Penteado, Antônio Álvares Leite (V. Conde Álvares Penteado), 265
Penteado, Conde Álvares (A. Álvares Penteado), 138, 265, 304
Penteado, José Roberto Leite, 257
Penteado, Olívia Guedes, 232
Penteado, Sílvio, 97
Pepe & Oterito (V. Oterito), 324
Pepe, Santiago, 172, 183
Pepino, Maestro, 34
Pereira, A., 286
Pereira, Albano, 38, 254, 258
Pereira, Avelar, 213
Pereira, Batista, 121
Pereira, C., 115
Perez J. dos Santos & Cia., 254
Perosi, Lorenzo, 79
Perrone, José, 318
Perrone, Rafaello, 318
Peruccini, Adolfo (V. "Bonde Elétrico"), 68
Pery, Anchises, 39, 292
Pery, Aristotelina, 39
Pery, Irmãos, 258
Pery, Políbio, 39
Pestana, Sinésio Rangel, 49
Petit, 274
Petri, 157
Petroni, 96
Peyre, Henry, 106
Peyres, F., 60
Peyres & Cia., 302
Phoca, João (V. José Batista Coelho), 228, 244
Phoca, Trio, 244
Piccolo, Giulio, 191
Piccolo, João, 327
Picossi, Antônio, 300
Pieghisco, Amleto, 311
Pik-Nik (Armando Fineschi), 215

Pilar, José, 286
Pimpinela, 307
Pinfild, Gustavo, 206, 313
Pinheiro, P.P., 116
Pinoni, Miguel, 299
Pinto, B., 282
Pinto, Galdino (V. Santos & G. Pinto, Bastos & Galdino), 274, 287
Pinto, Guilherme, 274
Pinto, Pedro França, 298
Pinto & Cia., 74, 268
Pipoca, 124
Pires, Cornélio, 326
Pistol, 113
Plastino, Pascoal, 307
Plauchut, Edmond, 68, 192, 195
Polidor (Ferdinand Guillaume), 215
Polidoro, 100, 274, 287
Polônio, Cinira, 85
Poole, 98
Popy, 242
Porchat, 260
Porten, Henny, 215, 236, 238, 245
Porthos, 66, 67, 268
Porto, José, 327
Porto Mayor & Cia., 28
Poz, Os Pix, 71
Prado, Antônio, 75, 126
Prado Júnior, Antônio (V. Odarp), 97, 255
Prado, Eduardo, 208
Prado, Martinho, 97
Prado, Paulo, 97
Prado, Pinheiro e, 81
Prado, Plínio, 97
Prates, Conde de, 152
Prates, Joaquim, 192
Price, Miss, 258
Prince, Charles (V. Bigodinho), 238, 245
Privat, Odette, 199
Psilander, Waldemar, 215
Puccini, Giacomo, 55, 180
Pujol, Alfredo, 121
Puxa-Puxa, 313

Q

Quedinho, Major Manuel Nunes, 257
Queiroz, Alaor Marcondes Torres de, 124, 308
Queiroz, Manequinho, 211
Queiroz, Wenceslau de, 37, 121

R

Ramalho, Cel., 278
Ramiro Manso, 22
Ramos, Antônio, 213, 228
Ramos, Rudge, 224, 315
Rapini, Irmãos, 320, 326
Rapini, Miguel, 320
Rapini, Napoleone, 320
Raposo, Adelino, 126, 270, 288
Raul-Luís (V. Raul Pederneiras e Luís Peixoto), 228
Ray, E.C., 287
Raymond, Ywonne, 55
Reanza, Mlle., 183
Record, Ema, 258
Redondo, Jaime, 109, 315
Redondo, Manuel F. Garcia, 257
Reis, Amélia, 213
Reis, Carlos, 78
Reis, Domingos dos, 257
Reis, Júlio, 284
Réjane, Mlle, 62, 85
Remédios, 64
Renato D. B. Couto & Cia., 318
Reni, Capitão, 264
Reverte, La, 244
Reyne, Ferdinand, 269
Rheim, Capitão Phillipe, 113
Ribas, Dr. Emílio, 44, 49
Ribeiro, J. Brunet, 286
Ribeiro & Cia., 64
Richards (cômico), 71
Richards, Los (ginastas), 15
Richebourg, Empresa (V. F. Serrador), 139, 140, 145, 159, 167, 293, 295, 308
Ricardo Arruda & Cia., 269
Rigotti, Hermette, 297
Rio Branco, Barão do, 92, 206
Riri, 215
Robine, Gabrielle, 238, 245
Robinet (Marcel Fabre), 215, 238
Robinson, 98
Robles, 14
Roch, Madeleine, 183
Roca, General Júlio, 138
Rocha, Luís, 227
Rocha Bressane & Cia., 256
Rochinha, 282
Rodier, Fanny, 244
Rodolphi, Troupe, 238
Rodrigues Alves, Francisco de Paula, 51, 74, 96, 211, 221
Rodrigues Alves Filho, 74
Rodrigues, Francisco Lemes, 317
Rodriguez, Amália, 210
Roger, 85
Rollin, 313
Romeo, Emílio, 235, 326
Romeo, Henrique, 235, 326
Romolo & Barros, 298
Rondon, Tenente-Coronel Cândido, 308
Rosália, 215
Rosalvos, Samuel, 213, 228
Rosatti, Vicente, 311
Rosenthal, Max, 94
Rossetto, Antônio, 264
Rossi Clair, 22
Rossi, José, 313
Rossini, 257
Rostand, Edmond, 303
Rotellini, Vitalino, 37
Rouéde, Emílio, 251
Ruben & Alcides (V. Ruben Guimarães), 158, 297
Ruffo, Titta, 201, 311
Rufino, 85
Ruggerone, Eros, 191, 192
Ruiz, Çarmen, 103
Ruiz, L., 284
Ruiz, Pepa, 71, 269
Russell, 96
Russo, Maestro Francisco, 200
Russomano, Miguel, 200

S

Sá, B. Moreira de, 96
Sá, Ernesto, 129, 286, 288
Sadoul, Georges, 321
Saint-Saens, 55
Saldanha, Joaquim de Assumpção (V. Padre Bacalhau), 124
Saldanha, Judith, 228
Salerno, José de, 212
Sales, Dr. Cunha, 27, 28, 29, 30, 256
Sales, Pádua, 188
Salgado, Artur, 303
Salgado, Carlos, 145, 247, 326
Salgado Precioso & Cia., 317
Salinas, 88
Salinas, Lola, 284
Salomé, 244
Salvini, Felipe, 52, 277
Sálvio, Francisco de, 255
Sampaio, Teodoro, 75
Sanchez, Mlle., 133
Sanges, Prof. Jacinto, 260
Sangiori, Alfredo, 195

Santaello, Manuel, 264
Santareno, José, 270
Santiago, 66, 112
Santos (V. Santos & Pinto ou Santos & Galdino Pinto), 270
Santos Dumont, Alberto, 71, 74, 75, 78, 92, 96, 98, 103, 106, 107, 119, 192, 237, 278, 282
Santos, Francisca dos, 152
Santos, Maestro João dos, 88
Santos, Joaquim Rodrigues dos, 300
Santos, Júlio dos, 286
Santos, Manuel dos, 270
Santos, Olímpio, 300
Santos, Paulo Ventura dos (V. "Caixa D'Água"), 124
Santos, Pedro dos, 286
Santos, Plácida dos, 264
Santos & Galdino Pinto (V. Santos & Pinto), 274
Santos & Pinto (V. Santos & G. Pinto), 112, 284
Santucci, 177, 179
Sar Phará, 139
Sarracino, G., 160, 196
Sayago, Rodrigo, 290, 304
Scarpini, 274
Schoeps, Pascoal, 321
Sebastiano Cruci Médici & Cia., 313
Segré, Maestro, 292
Segreto, Afonso, 40, 42, 102, 159, 202, 310
Segreto, Florentino, 327
Segreto, Gaetano, 40
Segreto, Pascoal, 40, 66, 130, 142, 155, 159, 160, 208, 227, 268, 288, 292, 295, 315, 320, 323, 328
Seguin & Cia. (V. C. Seguin & Cia.), 78, 130
Semenza, Ângelo, 326
Serena, Gustavo, 215
Serrador, Francisco (V. Empresa Richebourg), 139, 141, 145, 151, 152, 155, 156, 159, 160, 162, 167, 168, 170, 171, 172, 174, 176, 179, 180, 182, 184, 186, 187, 192, 193, 198, 206, 209, 212, 213, 221, 222, 223, 231, 236, 242, 290, 292, 295, 297, 298, 299, 300, 302, 303, 307, 308, 310.
Serrano, 88, 270, 288, 326
Serry, Cecilie, 35

Sevilla, La, 244
Seyssel, Irmãos, 287
Shelley, Miss, 74
Shipp & Fellus, 320
Sica, Maestro Giuseppe de, 54
Sidney, Royal, 231
Silimbani, Captião, 297
Silva, Abílio, 300
Silva, Alberto, 85
Silva, Demóstenes, 288
Silva, Fiel Jordão da, 257
Silva, Gabriel Dias da, 300
Silva, Gomes da, 318
Silva, Guilherme P. da, 300
Silva, João José Fagundes Rezende e (V. Barão de Caiapó), 125
Silva, Pattapio, 287
Silva Pinto, 251, 306
Silveira, Bernardo da, 116
Silveira, J. da, 102
Silvino, Silvério, 170, 299
Simon, Oscar, 286
Sônia, La, 231
Souquiérs, Daniel, 298
Souza, Luís de, 19, 254
Souza, Manuel Otávio Pereira e, 257
Souto & Saul (V. J. Souto), 287
Spencinette, Mlle., 94
Spinelli, Afonso, 76, 93, 268, 270
Spinelli, R., 15, 251
Sprovieri Fiori & Gogliano, 307
Staffa, Jacomo Rosário, 213, 214, 230, 231, 290, 292, 315, 323, 328
Stamato, João, 187, 188, 231
Stamile, Angelino, 212
Star & Cia., 130, 287
Strauss, 257, 266, 286
Succi, Giovanni, 40
Suppé, Franz von, 257, 266
Sylvia, 71

T

Taccola, Urbino, 189
Taddeo, Irmãos (V. Luís Taddeo), 308
Taddeo, Luís (V. Irmãos Taddeo), 315
Takssawa, Irmãos, 256
Tamarindo, Coronel, 18
Tartari, Rodolfo, 324
Tauboraki, 279
Tavares, Adelina, 20

Tavares, Empresa, 288
Tavares, J.P., 286
Tavolari, Vicente, 212
Teixeira Bastos & Cia., 310
Teixeira, Procópio, 284
Tejero, Rosita, 55, 57, 67, 75
Teodorico, 295
Tereocreude, 279
Terezinha, 64
Terralavoro, Antônio, 264
Testadurillo, 215
Tetani, Nicola, 323
Tetrazzini, Luísa, 211
Theodor Langgaardi & Cia., 310
Theophilo, 88
Thevard, Andréa, 55
Thomas, Ambroise, 201
Thompson, Oscar, 169
Tibiriçá, Jorge, 286
"Tigre do Amazonas", 268
Tiozzo, 23
Tissot, Mme., 60
Toledo, Álvaro de, 103
Tolentino, 139
Tolosa, 14
Tommazelli, 192
Tonino, 274
Tontolini (Ferdinand Guillaume), 215
Tosca, Aida, 186
Totó (Emílio Vardannes), 215
Traad, Michel, 158
Trio Alegre (V. João Phoca, Raul Pederneiras e Luís Peixoto), 228
Trio Phoca (V. J. Phoca, Abigail Maia e Luís Moreira), 244
Turco, Biaggio Lo, 231

U

Urban-Smith (Charles Urban e George Albert Smith), 219, 320

V

Vaitz, Amélia, 35
Valente, Alcebíades, 298
Valeriano, família, 286
Vampa, 69, 88
Vampré, Danton, 242
Vanorden, Henrique, 300
Vasconcelos, Antônio, 54
Vasconcelos, Cunha, 44
Vasques, Antônio Correia, 306
Veiga, Evaristo da, 313

Veiga, João Pedro da, 49
Velle, Gaston, 114, 129, 141
Verdi, Giuseppe, 55, 180, 257, 266
Veridiano, Afonso, 257
Veríssimo, 303, 324
Viana, Alberto, 286, 327
Viany, Alex, 218
Vicente, Cônego Manuel, 78
Vidal, Sampaio, 227
Videgaia, 14
Vieira, Afonso Fernandes, 264
Vieira, Severino, 46
Vieira, Valério, 121, 286
Viero, Rina, 200
Vila, Mercedes, 94, 179
Vila Real, 68
Vinci, Leonardo da, 60
Vitale, Maestro Edoardo, 201
Vitale, Ettore, 196
Vitória, Mlle., 88
Vuono, Francisco Eugênio, 282

W

Waldteufel, 257, 266
Warteley, 270
Watry, Cesare, 82, 83, 270, 273, 304, 307, 327
Watry, Mme., 304
Wencesgau, 218
William & Cia., 168, 306
Williamson, James, 82
Willy, 215
Wilson, Aristy (V. Aristides), 76
Wilson, William Smith, 273
Wosmel, 287

Y

Ywone, 29

Z

Zambelli, Rina, 133
Zapata, General Emiliano, 240
Zazá, 123
Zé Caipora, 215
Zé Silva, 217
Zecca, Ferdinand, 82, 118, 141, 146, 153, 183, 238, 245/246
Zeller, 257
Zerrener, A., 313
Zezinho, 215
Zola, Emílio, 79
Zovetti, A., 116
Zovetti, Idalina, 115
Zulmo Marco, 22

COLEÇÃO DEBATES

1. *A Personagem de Ficção*, Antonio Candido e outros.
2. *Informação, Linguagem, Comunicação*, Décio Pignatari.
3. *Balanço da Bossa e Outras Bossas*, Augusto de Campos.
4. *Obra Aberta*, Umberto Eco.
5. *Sexo e Temperamento*, Margaret Mead.
6. *Fim do Povo Judeu?*, Georges Friedmann.
7. *Texto/Contexto*, Anatol Rosenfeld.
8. *O Sentido e a Máscara*, Gerd A. Borheim.
9. *Problemas da Física Moderna*, W. Heisenberg, E. Schrödinger, M. Born e P. Auger.
10. *Distúrbios Emocionais e Anti-Semitismo*, N. W. Ackerman e M. Jahoda.
11. *Barroco Mineiro*, Lourival Gomes Machado.
12. *Kafka: Pró e Contra*, Günther Anders.
13. *Nova História e Novo Mundo*, Frédéric Mauro.
14. *As Estruturas Narrativas*, Tzvetan Todorov.
15. *Sociologia do Esporte*, Georges Magnane.

16. *A Arte no Horizonte do Provável*, Haroldo de Campos.
17. *O Dorso do Tigre*, Benedito Nunes.
18. *Quadro da Arquitetura no Brasil*, Nestor G. Reis Filho.
19. *Apocalípticos e Integrados*, Umberto Eco.
20. *Babel & Antibabel*, Paulo Rónai.
21. *Planejamento no Brasil*, Betty Mindlin Lafer.
22. *Lingüística. Poética. Cinema*, Roman Jakobson.
23. *LSD*, John Cashman.
24. *Crítica e Verdade*, Roland Barthes.
25. *Raça e Ciência I*, Juan Comas e outros.
26. *Shazam!*, Álvaro de Moya.
27. *Artes Plásticas na Semana de 22*, Aracy Amaral
28. *História e Ideologia*, Francisco Iglésias.
29. *Peru: da Oligarquia Econômica à Militar*, A. Pedroso d'Horta.
30. *Pequena Estética*, Max Bense.
31. *O Socialismo Utópico*, Martin Buber.
32. *A Tragédia Grega*, Albin Lesky.
33. *Filosofia em Nova Chave*, Susanne K. Langer.
34. *Tradição, Ciência do Povo*, Luís da Câmara Cascudo.
35. *O Lúdico e as Projeções do Mundo Barroco*, Affonso Ávila.
36. *Sartre*, Gerd A. Borheim.
37. *Planejamento Urbano*, Le Corbusier.
38. *A Religião e o Surgimento do Capitalismo*, R. H. Tawney.
39. *A Poética de Maiakóvski*, Boris Schnaiderman.
40. *O Visível e o Invisível*, M. Merleau-Ponty.
41. *A Multidão Solitária*, David Reisman.
42. *Maiakóvski e o Teatro de Vanguarda*, A. M. Ripellino.
43. *A Grande Esperança do Século XX*, J. Fourastié.
44. *Contracomunicação*, Décio Pignatari.
45. *Unissexo*, Charles F. Winick.
46. *A Arte de Agora, Agora*, Herbert Read.
47. *Bauhaus: Novarquitetura*, Walter Gropius.
48. *Signos em Rotação*, Octavio Paz.
49. *A Escritura e a Diferença*, Jacques Derrida.
50. *Linguagem e Mito*, Ernst Cassirer.
51. *As Formas do Falso*, Walnice N. Galvão.
52. *Mito e Realidade*, Mircea Eliade.
53. *O Trabalho em Migalhas*, Georges Friedmann.
54. *A Significação no Cinema*, Christian Metz.
55. *A Música Hoje*, Pierre Boulez.
56. *Raça e Ciência II*, L. C. Dunn e outros.
57. *Figuras*, Gérard Genette.
58. *Rumos de uma Cultura Tecnológica*, Abraham Moles.
59. *A Linguagem do Espaço e do Tempo*, Hugh M. Lacey.
60. *Formalismo e Futurismo*, Krystyna Pomorska.
61. *O Crisântemo e a Espada*, Ruth Benedict.
62. *Estética e História*, Bernard Berenson.
63. *Morada Paulista*, Luís Saia.
64. *Entre o Passado e o Futuro*, Hannah Arendt.
65. *Política Científica*, Heitor G. de Souza, Darcy F. de Almeida e Carlos Costa Ribeiro.
66. *A Noite da Madrinha*, Sergio Miceli.
67. *1822: Dimensões*, Carlos Guilherme Mota e outros.
68. *O Kitsch*, Abraham Moles.

69. *Estética e Filosofia*, Mikel Dufrenne.
70. *O Sistema dos Objetos*, Jean Baudrillard.
71. *A Arte na Era da Máquina*, Maxwell Fry.
72. *Teoria e Realidade*, Mario Bunge.
73. *A Nova Arte*, Gregory Battcock.
74. *O Cartaz*, Abraham Moles.
75. *A Prova de Gödel*, Ernest Nagel e James R. Newman.
76. *Psiquiatria e Antipsiquiatria*, David Cooper.
77. *A Caminho da Cidade*, Eunice Ribeiro Durhan.
78. *O Escorpião Encalacrado*, Davi Arrigucci Júnior.
79. *O Caminho Crítico*, Northrop Frye.
80. *Economia Colonial*, J. R. Amaral Lapa.
81. *Falência da Crítica*, Leyla Perrone Moisés.
82. *Lazer e Cultura Popular*, Joffre Dumazedier.
83. *Os Signos e a Crítica*, Cesare Segre.
84. *Introdução à Semanálise*, Julia Kristeva.
85. *Crises da República*, Hannah Arendt.
86. *Fórmula e Fábula*, Willi Bolle.
87. *Saída, Voz e Lealdade*, Albert Hirschman.
88. *Repensando a Antropologia*, E. R. Leach.
89. *Fenomenologia e Estruturalismo*, Andrea Bonomi.
90. *Limites do Crescimento*, Donella H. Meadows e outros. (Clube de Roma).
91. *Manicômios, Prisões e Conventos*, Erving Goffman.
92. *Maneirismo: O Mundo como Labirinto*, Gustav R. Hocke
93. *Semiótica e Literatura*, Décio Pignatari.
94. *Cozinhas, etc.*, Carlos A. C. Lemos.
95. *As Religiões dos Oprimidos*, Vittorio Lanternari.
96. *Os Três Estabelecimentos Humanos*, Le Corbusier.
97. *As Palavras sob as Palavras*, Jean Starobinski.
98. *Introdução à Literatura Fantástica*, Tzvetan Todorov.
99. *Significado nas Artes Visuais*, Erwin Panofsky.
100. *Vila Rica*, Sylvio de Vasconcellos.
101. *Tributação Indireta nas Economias em Desenvolvimento*, J. F. Due.
102. *Metáfora e Montagem*, Modesto Carone.
103. *Repertório*, Michel Butor.
104. *Valise de Cronópio*, Julio Cortázar.
105. *A Metáfora Crítica*, João Alexandre Barbosa.
106. *Mundo, Homem, Arte em Crise*, Mário Pedrosa.
107. *Ensaios Críticos e Filosóficos*, Ramón Xirau.
108. *Do Brasil à América*, Frédéric Mauro.
109. *O Jazz, do Rag ao Rock*, Joachim E. Berendt.
110. *Etc..., Etc... (Um Livro 100% Brasileiro)*, Blaise Cendrars.
111. *Território da Arquitetura*, Vittorio Gregotti.
112. *A Crise Mundial da Educação*, Philip H. Coombs.
113. *Teoria e Projeto na Primeira Era da Máquina*, Reyner Banham.
114. *O Substantivo e o Adjetivo*, Jorge Wilheim.
115. *A Estrutura das Revoluções Científicas*, Thomas S. Kuhn.
116. *A Bela Época do Cinema Brasileiro*, Vicente de Paula Araújo.
117. *Crise Regional e Planejamento*, Amélia Cohn.
118. *O Sistema Político Brasileiro*, Celso Lafer.

119. *Extase Religioso*, I. Lewis.
120. *Pureza e Perigo*, Mary Douglas.
121. *História, Corpo do Tempo*, José Honório Rodrigues.
122. *Escrito sobre um Corpo*, Severo Sarduy.
123. *Linguagem e Cinema*, Christian Metz.
124. *O Discurso Engenhoso*, Antonio José Saraiva.
125. *Psicanalisar*, Serge Leclaire.
126. *Magistrados e Feiticeiros na França do Século XVII*, R. Mandrou.
127. *O Teatro e sua Realidade*, Bernard Dort.
128. *A Cabala e seu Simbolismo*, Gershom G. Scholem.
129. *Sintaxe e Semântica na Gramática Transformacional*, A. Bonomi e G. Usberti.
130. *Conjunções e Disjunções*, Octavio Paz.
131. *Escritos sobre a História*, Fernand Braudel.
132. *Escritos*, Jacques Lacan.
133. *De Anita ao Museu*, Paulo Mendes de Almeida.
134. *A Operação do Texto*, Haroldo de Campos.
135. *Arquitetura, Industrialização e Desenvolvimento*, Paulo J. V. Bruna.
136. *Poesia-Experiência*, Mário Faustino.
137. *Os Novos Realistas*, Pierre Restany.
138. *Semiologia do Teatro*, J. Guinsburg e J. Teixeira Coelho Netto.
139. *Arte-Educação no Brasil*, Ana Mae T. B. Barbosa.
140. *Borges: Uma Poética da Leitura*, Emir Rodríguez Monegal.
141. *O Fim de uma Tradição*, Robert W. Shirley.
142. *Sétima Arte: Um Culto Moderno*, Ismail Xavier.
143. *A Estética do Objetivo*, Aldo Tagliaferri.
144. *A Construção do Sentido na Arquitetura*, J. Teixeira Coelho Netto.
145. *A Gramática do Decamerão*, Tzvetan Todorov.
146. *Escravidão, Reforma e Imperialismo*, R. Graham.
147. *História do Surrealismo*, M. Nadeau.
148. *Poder e Legitimidade*, José Eduardo Faria.
149. *Práxis do Cinema*, Noel Burch.
150. *As Estruturas e o Tempo*, Cesare Segre.
151. *A Poética do Silêncio*, Modesto Carone.
152. *Planejamento e Bem-Estar Social*, Henrique Rattner.
153. *Teatro Moderno*, Anatol Rosenfeld.
154. *Desenvolvimento e Construção Nacional*, S. N. Eisenstadt.
155. *Uma Literatura nos Trópicos*, Silviano Santiago.
156. *Cobra de Vidro*, Sérgio Buarque de Holanda.
157. *Testando o Leviathan*, Antonia Fernanda Pacca de Almeida Wright.
158. *Do Diálogo e do Dialógico*, Martin Buber.
159. *Ensaios Lingüísticos*, Louis Hjelmslev.
160. *O Realismo Maravilhoso*, Irlemar Chiampi.
161. *Tentativas de Mitologia*, Sérgio Buarque de Holanda.
162. *Semiótica Russa*, Boris Schnaiderman.
163. *Salões, Circos e Cinema de São Paulo*, Vicente de Paula Araújo.
164. *Sociologia Empírica do Lazer*, Joffre Dumazedier.
165. *Física e Filosofia*, Mário Bunge.
166. *O Teatro Ontem e Hoje*, Célia Berrettini.

167. *O Futurismo Italiano*, Org. Aurora Fornoni Bernardini.
168. *Semiótica, Informação e Comunicação*, J. Teixeira Coelho Netto.
169. *Lacan: Operadores da Leitura*, Americo Vallejo.
170. *Dos Murais de Portinari aos Espaços de Brasília*, Mário Pedrosa.
171. *O Lírico e o Trágico em Leopardi*, Helena Parente Cunha.
172. *A Criança e a FEBEM*, Marlene Guirado.
173. *Arquitetura Italiana em São Paulo*, Anita Salmoni e E. Debenedetti.
174. *Feitura das Artes*, José Neistein.
175. *Oficina: Do Teatro ao Te-Ato*, Armando Sérgio da Silva.

Impresso nas oficinas
SANTOS MARCONDES GRÁFICA EDITORA LTDA.
Rua Espírito Santo, 268 — Tel. 279-1859
Armazém 8 - Aclimação - São Paulo